Studien zum Handels-, Arbeits- und Wirtschaftsrecht

Band 200

Yiyi Li

Künstliche Intelligenz im Rahmen unternehmerischer Entscheidungen des Vorstands der AG

Nomos

Onlineversion
Nomos eLibrary

Die Deutsche Nationalbibliothek verzeichnet diese Publikation in der Deutschen Nationalbibliografie; detaillierte bibliografische Daten sind im Internet über http://dnb.d-nb.de abrufbar.

Zugl.: Diss., Ludwig-Maximilians-Universität München, 2021

ISBN 978-3-8487-8715-9 (Print)
ISBN 978-3-7489-3106-5 (ePDF)

1. Auflage 2022

Vorwort

Die vorliegende Arbeit wurde im Sommersemester 2021 von der Juristischen Fakultät der Ludwig-Maximilians-Universität München als Dissertation angenommen. Rechtsprechung und Literatur befinden sich auf dem Stand von Januar 2021, vereinzelt konnten Publikationen bis Oktober 2021 berücksichtigt werden.

Mein besonderer Dank gilt zuerst meinem Doktorvater, Prof. Dr. *Mathias Habersack*, der mir in allen Phasen meiner Dissertation stets mit Hilfe und Rat zur Seite stand und auch das Erstgutachten außerordentlich zügig erstellt hat. Mein herzlicher Dank gilt weiterhin Professor Dr. *Hans Christoph Grigoleit* für die zügige Erstellung des Zweitgutachtens sowie Professor Dr. *Rüdiger Veil* für die Übernahme des Beisitzes in der mündlichen Prüfung am 12. Oktober 2021.

Darüber hinaus danke ich allen Freunden, die mich während meiner Dissertationszeit begleitet und unterstützt haben. Hervorzuheben ist insbesondere Herr *Peter Zickgraf*, der sich mit dem Korrekturlesen dieser Arbeit viel Mühe gemacht und wertvolle Hinweise gegeben hat.

Schließlich möchte ich mich bei meiner Familie bedanken, die mich auf meinem Lebensweg stets unterstützt hat. Zu ganz besonderem Dank bin ich meinen Eltern, *Haiping Qin* und *Xutong Li*, und meinen Großeltern, *Yuhua Yan* und *Maotang Qin*. Ihnen ist diese Arbeit gewidmet.

München, im November 2021 Yiyi Li

Inhaltsverzeichnis

Teil 1: Einleitung und Gang der Arbeit

Wir leben im Zeitalter der vierten Industriellen Revolution.[1] Wie die Elektrizität in der Vergangenheit ist es jetzt die künstliche Intelligenz (KI), die unsere Welt grundlegend verändert.[2] In den letzten Jahren hat KI eine neue Reifephase erreicht und entwickelt sich zum Treiber der Digitalisierung und intelligenter Systeme in allen Lebensbereichen.[3] Mittlerweile hat sich der breite Einsatz von KI als globaler Trend etabliert, dem sich keine entwickelte Volkswirtschaft und kaum noch ein Unternehmen zu entziehen vermag.

Innerhalb eines Unternehmens sind die Anwendungsmöglichkeiten von KI vielfältig und reichen von der Automatisierung über Chatbots bis hin zu neuen Dienstleistungen, Produkten und Geschäftsmodellen.[4] Laut einer Studie von *PwC* ist „Datenanalyse für Entscheidungsprozesse" heutzutage die wichtigste KI-Anwendung für die Unternehmen. Dabei geht es oft um KI-gestützte Ereignis- und Trendprognosen im Vertrieb, Lieferengpass-Vorhersagen, Kundendatenmuster für die Kundenansprache oder Betrugsprävention.[5] Nicht bloß auf untergeordnete Unternehmensebenen, sondern auch auf Ebene der Geschäftsleitung wird KI kaum mehr wegzudenken sein. Insbesondere eröffnet die KI-gestützte Datenverarbeitung neue Möglichkeiten für unternehmerische Entscheidungen des Vorstands.[6] Ein Beispiel hierfür ist der „VITAL"-Fall. Ein KI-System namens VITAL wurde im Jahr 2014 von Deep Knowledge Ventures, eine Venture-Capital-Gesellschaft aus Hong Kong, in ihren Vorstand „berufen".[7] Mithil-

---

1 *Bitkom*, Künstliche Intelligenz, S. 25.

2 *Europäische Kommission*, Mitteilung der Kommission, Koordinierter Plan für künstliche Intelligenz, 7.12.2018, COM (2018) 795 final, S. 1; *Europäische Kommission*, Mitteilung der Kommission, Künstliche Intelligenz für Europa, 25.4.2018, COM (2018) 237 final, S. 2.

3 *Die Bundesregierung*, Strategie Künstliche Intelligenz der Bundesregierung, November 2018, S. 10; *Die Bundesregierung*, Eckpunkte der Bundesregierung für eine Strategie Künstliche Intelligenz, 18. Juli 2018, S. 3.

4 S. hierzu ausführlich unten Teil 2 B.II.1.

5 *PwC*, Künstliche Intelligenz in Unternehmen, S. 9.

6 S. dazu ausführlich unten Teil 2 B und C.

7 Entgegen einigen Medienberichten hat VITAL keine rechtliche Stellung eines Vorstandsmitglieds erworben. In Wahrheit haben die menschlichen Vorstandsmitglieder lediglich beschlossen, ihn als eine Art Beobachter in ihre Entscheidungen

fe maschinellen Lernens sei VITAL imstande, die Finanzierungstrends in Datenbanken der Life-Science-Unternehmen zu analysieren und erfolgreiche Investitionen zu prognostizieren.[8] VITAL wurde von *Aging Analytics* in Zusammenarbeit mit dem *Center for Biogerontology and Regenerative Medicine* entwickelt. Sie entwickelten VITAL mit dem Ziel, eine Software zu erstellen, die auf Basis einer umfangreichen Analyse von historischen Daten den Erfolg eines Projekts oder eines Unternehmens vorhersagen kann.[9]

Die Einbeziehung des KI-Systems in Vorstandsentscheidungen markiert einen technologischen Entwicklungsschritt, der dem Unternehmen neben Chancen auch Herausforderungen bringt. Einerseits zeigt dieser Entwicklungsschritt die Bedeutung von KI-Technik für unternehmerische Entscheidungen des Geschäftsführungsorgans. Die Haftungsprivilegierung der deutschen Business Judgment Rule (§ 93 Abs. 1 S. 2 AktG) verlangt, dass unternehmerische Entscheidungen auf einer angemessenen Informationsgrundlage getroffen werden. Heutzutage befinden sich die Unternehmen in einer digitalen Welt, in der die für unternehmerische Entscheidungen wichtigen Informationen vor allem in Form von Daten existieren. Für den Umgang mit den heutigen, höchst variablen und in Echtzeit anfallenden Datensätzen („Big Data") sind die Menschen nicht mehr in der Lage. Vielmehr werden dabei neue Werkzeuge und Methoden, also Algorithmen, benötigt. Algorithmen können Big Data effizient analysieren, verdeckte Muster und Trends erkennen und wertvolle Analyseergebnisse sowie Empfehlungen in Echtzeit geben. Im Hintergrund von Big Data und KI wird KI-gestützte Datenverarbeitung somit eine immer wichtigere Rolle für die Geschäftsleiter bei der Vornahme unternehmerischer Entscheidungen spielen.[10]

---

einzubeziehen, vgl. *Burridge*, Artificial intelligence gets a seat in the boardroom, Nikkei Asia vom 10.05.2017, abrufbar unter https://asia.nikkei.com/Business/Companies/Artificial-intelligence-gets-a-seat-in-the-boardroom; *Möslein*, ZIP 2018, 204, 206.

8 *Zolfagharifard*, Would you take orders from a ROBOT? Daily Mail vom 19.05.2014, abrufbar unter https://www.dailymail.co.uk/sciencetech/article-2632920/Would-orders-ROBOT-Artificial-intelligence-world-s-company-director-Japan.html; *Taylor*, V.C. Firm Names Robot To Board of Directors, Obsever vom 13.05.2014, abrufbar unter_https://observer.com/2014/05/v-c-firm-names-robot-to-board-of-directors/.

9 *Groome*, Deep Knowledge Venture's Appoints Intelligent Investment Analysis Software VITAL as Board Member, PRWeb vom 13.05.2014, abrufbar unter https://www.prweb.com/releases/2014/05/prweb11847458.htm.

10 S. dazu unten Teil 2 C.V.3.

Andererseits stellt diese technische Entwicklung den Vorstand aber vor Herausforderungen. Zunächst ist die Delegation der Geschäftsführungsaufgaben wie die Vornahme unternehmerischer Entscheidungen nicht immer erlaubt. Auch ist das KI-System kein menschlicher Delegatar wie ein Mitarbeiter oder Berater. Damit stellt sich zuerst die Frage, ob es rechtlich zulässig ist, unternehmerische Entscheidungen an KI-Systeme zu delegieren.[11] Wenn die rechtliche Zulässigkeit solcher KI-Delegation bejaht wird, dann hat man weiter zu überlegen, welche Fähigkeiten und Kenntnisse die Vorstandsmitglieder beim KI-Einsatz besitzen sollen, um die neuen KI-bezogenen Aufgaben erfolgreich erfüllen zu können,[12] und welche Pflichten ihnen obliegen, um zu gewährleisten, dass KI-Systeme die ihnen übertragenen Aufgaben ordnungsgemäß und erfolgreich erledigen werden.[13] Aufgrund der steigenden Bedeutung der Informationssicherheit hat der Vorstand beim KI-Einsatz zudem dafür Sorge zu tragen, IT-Sicherheit im Unternehmen sicherzustellen.[14]

Das Aktiengesetz enthält keine Regelung über künstliche Intelligenz. Allenfalls lassen sich in § 80 Abs. 2 Wertpapiergesetz (WpHG) einige organisatorische Anforderungen im so genannten algorithmischen Handel finden. Ob diese Anforderungen auf Vorstandspflichten beim KI-Einsatz im Rahmen unternehmerischer Entscheidungen übertragen werden dürfen, steht noch in Frage. In der rechtswissenschaftlichen Literatur gibt es zwar bereits einige Aufsätze, die die rechtlichen Probleme bezüglich des KI-Einsatzes in unternehmerischen Entscheidungen erörtern;[15] es fehlt aber noch an einer umfassenden Untersuchung.

Ziel dieser Arbeit ist es somit, oben erwähnte rechtlichen Probleme bezüglich des KI-Einsatzes im Rahmen unternehmerischer Entscheidungen des Vorstands der AG auszuloten und so die diesbezüglich bestehende Rechtsunsicherheit zu beseitigen. Ausgehend von dieser Zielsetzung ergibt sich folgender Gang der Untersuchung:

---

11 Zur rechtlichen Zulässigkeit der Delegation der unternehmerischen Entscheidungen an KI-Systeme s. ausführlich unten Teil 3 C.

12 S. dazu unten Teil 4 B.

13 S. hierzu ausführlich unten Teil 5.

14 S. hierzu ausführlich unten Teil 6.

15 *Becker/Pordzik*, ZfPW 2020, 334; *Noack*, ZHR 183 (2019), 105; *Armour/Eidenmüller*, ZHR 183 (2019), 169; *Zetzsche*, AG 2019, 1; *Hoch*, AcP 219 (2019), 646; *Lücke*, BB 2019, 1986; *Wagner*, BB 2018, 1097; *Weber/Kiefner/Jobst*, NZG 2018, 1131; *Sattler*, BB 2018, 2243; *Spindler*, ZGR 2018, 17; *ders*, DB 2018, 41; *Möslein*, ZIP 2018, 204.

Nach dieser Einleitung wird im zweiten Teil zunächst ein Überblick über KI-Technik und KI-Einsatz in der Praxis geschafft. Nachdem die KI-Anwendung bei unternehmerischen Entscheidungen vorgestellt wird, ist weiter zu untersuchen, wie KI und unternehmerische Entscheidungen durch § 93 Abs. 1 S. 2 AktG verbunden werden können.

In einem dritten Teil wird die rechtliche Zulässigkeit der Delegation der Entscheidungsvorbereitung und der unternehmerischen Entscheidungen als solche an KI-Systeme behandelt. Dabei wird zunächst die Delegierbarkeit der Entscheidungsvorbereitung und der unternehmerischen Entscheidungen erörtert. Danach ist zu untersuchen, ob Algorithmen als Delegatar solche Arbeiten überantwortet werden dürfen.

In einem vierten Teil soll beleuchtet werden, welche neuen Aufgaben die Vorstandsmitglieder beim KI-Einsatz zu erfüllen haben, welche neuen Fähigkeiten und Kenntnisse sie besitzen sollen und, wenn die KI-bezogenen Aufgaben durch Geschäftsverteilung an ein einzelnes Mitglied delegiert werden, welche Pflichten den Vorstandskollegen gegenüber dem für KI-Einsatz zuständigen Mitglied obliegen.

In einem fünften Teil soll der Frage nachgegangen werden, wie der Vorstand gewährleisten kann, dass KI-Systeme die ihnen übertragenden Aufgaben ordnungsgemäß und erfolgreich erfüllen werden. Nach der Untersuchung der Delegationsregelungen im Deliktsrecht und der von Rechtsprechung und Rechtslehre entwickelten Ision-Kriterien wird es klar, dass die Pflichten des Delegierenden in drei Sorgfaltskategorien zusammengefasst werden können: Auswahl-, Einweisungs- und Überwachungspflicht. Bei der Konkretisierung der Pflichten des Vorstands als Delegierende gegenüber dem KI-System als Delegatar sollen diese Pflichten ebenfalls gelten. Dabei ist eine Detailanpassung an die Besonderheiten der KI-Delegation im Rahmen unternehmerischer Entscheidungen unerlässlich.

Nachdem die Vorstandspflichten aus dem Delegationsverhältnis erörtert werden, ist es zudem notwendig, in einem sechsten Teil eine Leitungspflicht des Vorstands hinsichtlich Gewährleistung der IT-Sicherheit zu untersuchen. Insofern werden zunächst die aktienrechtlichen und aufsichtsrechtlichen Regelungen über Vorstandspflichten bei Schaffung und Erhaltung der IT-Sicherheit erläutert. Auf dieser Basis werden sodann die Verhaltensvorgaben des Vorstands bei der Gewährleistung der IT-Sicherheit konkretisiert.

In einem siebten Teil werden die Ergebnisse schließlich thesenartig zusammengefasst.

Teil 2: KI-Einsatz bei unternehmerischen Entscheidungen

Bevor den rechtlichen Problemen bezüglich des KI-Einsatzes im Rahmen unternehmerischer Entscheidungen nachgegangen werden kann, ist es notwendig, zuerst folgende grundlegende Fragen zu beantworten: Was ist künstliche Intelligenz? Wie kann ein KI-System die unternehmerischen Entscheidungen unterstützen? Wie können unternehmerische Entscheidungen und KI-Einsatz durch aktienrechtliche Regelung verbunden werden? Zur Beantwortung dieser Fragen soll in diesem Teil zunächst ein Überblick über die KI-Technik gegeben werden. Danach ist der Einsatz der KI-Systeme in der Praxis vorzustellen. Insofern wird vor allem mithilfe praktischer Anwendungsfälle dargelegt, wie das KI-System die unternehmerischen Entscheidungen unterstützen kann und wie der komplette KI-Funktionsmechanismus tatsächlich aussieht. Nach der Vorstellung der KI-Technik und derer Anwendung bei unternehmerischen Entscheidungen soll untersucht werden, wie KI und unternehmerische Entscheidungen durch § 93 Abs. 1 S. 2 AktG verbunden werden können. Zur Beantwortung dieser Frage werden wichtige Merkmale der Business Judgment Rule und Eigenschaften der Big Data beleuchtet. Danach wird die Bedeutung der KI-Systeme für die Verarbeitung der Big Data und mithin für die Beschaffung einer angemessenen Informationsgrundlage erklärt. Zu erörtern ist weiterhin die Frage, ob in der Big Data-Ära sogar eine Vorstandspflicht zum KI-Einsatz bei der Entscheidungsstützung entstehen kann. Am Ende dieses Teils soll der KI-Einsatz im Rahmen gebundener Entscheidungen kurz erläutert werden, um den Gegenstand dieser Arbeit zu verdeutlichen.

A. Überblick über KI

I. Historische Entwicklung der KI

Seit den Anfängen des elektronischen Computing ist die Ausstattung der Computer mit menschlicher Intelligenz immer ein Traum von Computerexperten gewesen.[16] Im Sommer 1956 traf sich ein Team von Forschern am

16 *Executive Office of the President National Science and Technology Council Committee on Technology (NSTC)*, Preparing for the future of artificial intelligence, S. 5.

Dartmouth College, um zu untersuchen, wie die Maschinen die menschliche Intelligenz simulieren konnten.[17] Der Organisator der Konferenz, John McCarthy, hat den Begriff „artificial intelligence“ erstmals in seinem Vorschlag (1955) verwendet, den er gemeinsam mit anderen Forschern für die Konferenz verfasst hat.[18] Diese Dartmouth-Konferenz, mit dem vollständigen Titel „Dartmouth Summer Research Project on Artificial Intelligence“, gilt seither als die Geburtsstunde des akademischen Fachgebiets der künstlichen Intelligenz.[19]

Obwohl der Begriff "künstliche Intelligenz" erst im Jahr 1956 geprägt wurde, reichen die Wurzeln des Feldes mindestens in die 1940er Jahre zurück,[20] und die Idee der KI wurde in Alan Turings berühmtem Papier „Computing Machinery and Intelligence“ (1950) kristallisiert.[21] In diesem Artikel hatte Alan Turing den sogenannten „Turing-Test“[22] vorgeschlagen und darauf hingewiesen, dass eine Maschine so programmiert sein könnte, dass es wie ein kleines Kind aus Erfahrungen lernt.[23]

In den folgenden Jahrzehnten erlebte die KI aber Höhen und Tiefen, denn einerseits erwiesen sich manche Fragen im Bereich der KI-Forschung schwieriger als erwartet, und andererseits waren viele Probleme mit den damaligen Technologien unüberwindbar.[24] Erst in den 1990er Jahren begann sich der Forschungsfortschritt in der KI zu beschleunigen, da sich

---

17 *Stanford University*, Artificial Intelligence and life in 2030, S. 50.

18 *McCarthy/Minsky/Rochester/Shannon*, A Proposal for the Dartmouth Summer Research Project on Artificial Intelligence, S. 2.

19 *Bitkom*, Künstliche Intelligenz, S. 29; *Microsoft*, The Future Computed, S. 31; *Moor*, AI Magazine Vol. 27 No. 4 (2006), 87.

20 Angeregt durch das Verständnis verteilter neuronalen Prozesse im Gehirn entstanden bereits in den späten 1940er Jahren die ersten Konzepte von Künstlichen Neuronalen Netzen, vgl. *McCulloch/Pitts*, Bulletin of Mathematical Biophysics Vol. 5 (1943), 115 ff.

21 *Turing*, Mind Vol. 59 No. 236 (1950), 433.

22 Der Turing-Test ist eine Prüfung, die dazu dient, bei einer Maschine menschenähnliche Intelligenz festzustellen. Dazu unterhält sich ein Mensch via Text-Chat mit zwei ihm unbekannten Gesprächspartnern, von denen einer ein Mensch, der andere eine Maschine ist. Beide versuchen, den Probanden davon zu überzeugen, dass sie Menschen sind. Der Test gilt als bestanden, wenn es dem Computer in mehr als 30 % einer Serie kurzer Unterhaltungen gelingt, seinem menschlichen Gegenüber nicht als Computer aufzufallen, und dieser nicht sicher zwischen Mensch und Maschine unterscheiden kann, vgl. *Turing*, Mind 1950, 433, 434 ff.

23 *Turing*, Mind Vol. 59 No. 236 (1950), 433, 456.

24 *NSTC*, Preparing for the future of artificial intelligence, S. 5; *Fraunhofer*, Künstliche Intelligenz in Deutschland, S. 6.

die Forscher stärker auf Unterprobleme der KI und den Einsatz der KI auf reale Probleme konzentrierten.[25]

Die derzeitige Welle des Fortschritts und der besonderen Begeisterung für KI begann um das Jahr 2010 und wurde durch drei aufeinander abgestimmte Faktoren vorangetrieben: Big Data, leistungsstärkere Computer und maschinelles Lernen.[26] Aus Quellen wie E-Commerce, soziale Medien, Wissenschaft, Unternehmen und Regierung stammt eine große Menge von Daten („Big Data“).[27] Diese immensen Datensätze können (nur) mithilfe des maschinellen Lernens analysiert werden. Umgekehrt kann Big Data als Rohmaterial der Verbesserung der Algorithmen des maschinellen Lernens dienen. Dabei steht den leistungsstärkeren Computern die erforderliche Rechenleistung zur Verfügung, die großen Datenmengen in Echtzeit zu speichern und auszuwerten.[28]

Mit der zunehmenden Rechnerkapazität, der Verfügbarkeit von Daten und Fortschritten bei den Lernalgorithmen tauchen heute immer mehr KI-Produkte auf dem Markt auf. Bekannte Beispiele sind die intelligenten Roboter, Drohnen, selbstfahrenden Autos usw. In Bezug auf Branchenlösungen wird künstliche Intelligenz in einem breiteren Anwendungsspektrum benutzt. In verschiedenen Branchen wie Gesundheitswesen, Finanzwirtschaft, Industrie, Bildung und Handel wird KI schon eingesetzt.[29]

---

25 *Stanford University*, Artificial Intelligence and life in 2030, S. 51; *NSTC*, Preparing for the future of artificial intelligence, S. 5.

26 *Ernst & Young*, Think beyond tomorrow, S. 7; *Microsoft*, The Future Computed, S. 35; *Bitkom*, Künstliche Intelligenz, S. 27; *China Institute for Science and Technology Policy at Tsinghua University (CISTP)*, Report of AI Development in China 2018, S. 1.

27 *NSTC*, Preparing for the future of artificial intelligence, S. 6; zu der Definition und den Eigenschaften von Big Data s. ausführlich unten Teil 2 C.V.2.

28 *Die Bundesanstalt für Finanzdienstleistungsaufsicht (BaFin)*, Big Data trifft auf Künstliche Intelligenz S. 7; *Microsoft*, The Future Computed, S. 35.

29 *Fraunhofer*, Zukunftsmarkt Künstliche Intelligenz, S. 12 ff.; *CISTP*, Report of AI Development in China 2018, S. 47 ff; zur Vorstellung der KI-Anwendung in verschiedenen Branchen s. unten Teil 2 B.I.

II. Definition, Klassifizierung und technische Ansätze der KI

1. Ein Definitionsversuch

Es gibt bis heute noch keine einheitliche Definition von KI, die von Praktikern allgemein akzeptiert wird.[30] Ein beliebtes und angesehenes KI-Lehrbuch[31] bietet acht Definitionen und unterteilt diese in vier Kategorien: (1) Systeme, die wie Menschen denken (z.B. kognitive Architekturen und neuronale Netzwerke); (2) Systeme, die wie Menschen handeln (z.B. Systeme, die den Turing-Test durch natürliche Sprachverarbeitung und maschinelles Lernen bestehen können); (3) Systeme, die rational denken (z.B. Algorithmen-basierter Logik-Solver); und (4) Systeme, die rational handeln (z.B. intelligente Software-Agenten und Roboter, die bestimmte Ziele durch Wahrnehmung, Planung sowie Kommunikation erreichen können).[32]

Die rasante Entwicklung der KI und die Vielfalt der KI-Probleme und Lösungen machen es aber schwierig, eine klare Trennung zwischen dem, was KI ausmacht und was nicht, zu definieren. In dem „Dartmouth Vorschlag (1955)" haben die damaligen KI-Forscher ihre Absicht bekundet, eine Maschine zu entwickeln, die die Intelligenz simulieren könnte.[33] *Nils J. Nilsson*, eine der Gründungsforscher in der KI Disziplin, ist der Auffassung, dass diese Intelligenz der Qualität entspricht, die eine Entität ermöglicht, in ihrer Umgebung angemessen und vorausschauend zu funktionieren.[34] *Microsoft* versteht KI als eine Reihe von Technologien, die den Computern ermöglichen, Entscheidungen zu treffen, zu lernen, zu begründen und bei der Entscheidungsfindung zu unterstützen, um Probleme auf eine Weise zu lösen, die den Menschen ähnelt.[35] *Die europäische Kommission* betrachtet KI als Systeme mit einem „intelligenten" Verhalten,

---

30 *CISTP*, Report of AI Development in China 2018, S. 6; *NSTC*, Preparing for the future of artificial intelligence, S. 6; *Stanford University*, Artificial Intelligence and life in 2030, S. 12.

31 *Russell/Norvig*, Artificial Intelligence: A Modern Approach.

32 *Russell/Norvig*, Artificial Intelligence: A Modern Approach, S. 1 ff.; *NSTC*, Preparing for the future of artificial intelligence, S. 6 f.

33 *McCarthy/Minsky/Rochester/Shannon*, A Proposal for the Dartmouth Summer Research Project on Articial Intelligence, S. 2.

34 *Nilsson*, The Quest for Articial Intelligence, S. 13.

35 *Microsoft*, The Future Computed, S. 31.

die ihre Umgebung analysieren und mit einem gewissen Grad an Autonomie handeln, um bestimmte Ziele zu erreichen.[36]

Zwar sind die Grenzen der KI noch unbestimmt und werden sich im Laufe der Zeit ändern, doch liegt das Kernziel der KI-Forschung und KI-Entwicklung immer darin, intelligentes Verhalten zu automatisieren oder zu replizieren.[37] Eine Definition der KI in Bezug auf die Aufgaben, die Menschen wahrnehmen, und nicht die Art und Weise, wie Menschen denken, erlaubt es uns, ihre praktischen Anwendungen und Rechtsfragen heute zu diskutieren, lange bevor die Wissenschaftler zu einem endgültigen Verständnis der neurologischen Mechanismen der Intelligenz gelangen.[38] Deswegen bedeutet künstliche Intelligenz in dieser Arbeit ein Teilgebiet der Informatik, welches sich mit der Erforschung von Mechanismen des intelligenten menschlichen Verhaltens befasst. Dabei geht es darum, technische Systeme so zu konzipieren, dass sie Probleme eigenständig bearbeiten und sich selbst auf veränderte Bedingungen einstellen können. Diese Systeme haben die Eigenschaft, aus neuen Daten zu „lernen" und mit Unsicherheiten umzugehen, statt klassisch programmiert zu werden.[39]

2. Klassifizierung der KI und einige wichtige Konzeptionen

Künstliche Intelligenz wird grundsätzlich in schwache KI und starke KI unterteilt. Schwache KI (engl.: weak AI oder narrow AI) bezeichnet ein KI-System, das einen ganz bestimmten, eng eingegrenzten Zweck erfüllt (z.B. Spracherkennung, Schachspielen oder Mail-Spamfilterung). Sämtliche heutigen KI-Lösungen sind in diese Kategorie einzureihen.[40] Im Gegensatz zur schwachen KI bezieht sich die starke KI (engl.: strong AI oder general AI) auf ein theoretisches zukünftiges KI-System, das die glei-

---

36 *Europäische Kommission*, Mitteilung der Kommission, Koordinierter Plan für künstliche Intelligenz, 7.12.2018, COM (2018) 795 final, S. 1.

37 *NSTC*, Preparing for the future of artificial intelligence, S. 7.

38 *Schatsky/Muraskin/Gurumurthy*, Demystifying artificial intelligence: What business leaders need to know about cognitive technologies, Deloitte vom 04.11.2014, abrufbar unter https://www2.deloitte.com/us/en/insights/focus/cognitive-technologies/what-is-cognitive-technology.html/#endnote-12.

39 BT-Drucks. 19/1982, S. 2.

40 *Ernst & Young*, Think beyond tomorrow, S. 24; *Die Bundesregierung*, Strategie Künstliche Intelligenz der Bundesregierung, November 2018, S. 4 f.; *Bitkom*, Künstliche Intelligenz, S. 31; *High Level Expert Group on Artificial Intelligence*, A definition of AI, S. 5.

chen intellektuellen Fertigkeiten von Menschen erlangt oder dies sogar übertrifft. Stand heute ist es noch nicht gelungen, eine starke KI zu entwickeln.[41]

Neben der oben erläuterten Klassifizierung der KI ist es auch notwendig, einige wichtige Konzeptionen im Bereich der KI vorzustellen, besonders die Algorithmen, das maschinelle Lernen, das tiefe Lernen, die natürliche Sprachverarbeitung und die prädiktive Analytik, die die Grundlage für viele aktuelle Fortschritte und kommerzielle Anwendungen der KI bilden.

Unter Algorithmen versteht man die mathematisch-statistische Modelle, die auf Basis einer bestimmten Fragestellung und dem zu Grunde liegenden Datenmodell neue Erkenntnisse oder Aussagen bis hin zur Entscheidungsunterstützung liefern. Wirtschaftlich betrachtet sind die Algorithmen der Motor für Innovation und neue Wertschöpfung gepaart mit dem Treibstoff Daten.[42] Bekannte Modelle sind unter anderem die Entscheidungsbäume, Regressionskurven, Cluster-Mittelpunkte und künstliche neuronalen Netze.[43]

Maschinelles Lernen beschreibt die Technologie, die es Computersystemen ermöglicht, aus Beispielen, Daten und Erfahrungen zu lernen und so Aufgaben eigenständig zu lösen und die bisherige Lösung selbstständig zu verbessern. Algorithmen für maschinelles Lernen bilden ein mathematisches Modell auf der Basis der Trainingsdaten, um Vorhersagen oder Entscheidungen zu treffen, ohne explizit zur Ausführung der Aufgabe programmiert zu sein.[44]

Tiefes Lernen, eine Teilmenge des maschinellen Lernens, bedeutet das Lernen in den künstlichen neuronalen Netzen mit mehreren bis sehr vielen inneren Schichten.[45] Es zeichnet sich dadurch aus, dass es sich um

---

41 *Bitkom*, Machine Learning und die Transparenzanforderungen der DS-GVO, S. 6; *Die Bundesregierung*, Strategie Künstliche Intelligenz der Bundesregierung, November 2018, S. 4.

42 *Bitkom*, Künstliche Intelligenz, S. 67; *Executive Office of the President (EOP)*, Big Data: Seizing opportunities, preserving values, S. 46; *Fraunhofer*, Maschinelles Lernen, S. 43.

43 *Fraunhofer*, Maschinelles Lernen, S. 10 f.; *Fraunhofer*, Zukunftsmarkt Künstliche Intelligenz, S. 8.

44 *Bitkom*, Empfehlungen für den verantwortlichen Einsatz von KI, S. 4; *NSTC*, Preparing for the future of artificial intelligence, S. 8 f.; *Fraunhofer*, Künstliche Intelligenz in Deutschland, S. 7 ff.; *BaFin*, Big Data trifft auf Künstliche Intelligenz, S. 26 f.; *Fraunhofer*, Zukunftsmarkt Künstliche Intelligenz, S. 8.

45 *Europäische Kommission*, Mitteilung der Kommission, Künstliche Intelligenz für Europa, 25.4.2018, COM (2018) 237 final, S. 12; *NSTC*, Preparing for the future

eine der wenigen Klassen von Lernverfahren handelt, die sowohl sehr komplexe Modelle erlaubt, als auch effizient mittels paralleler Computerinfrastrukturen auf Big Data trainiert werden kann.[46] Das tiefe Lernen ist besonders erfolgreich bei der Verarbeitung von unstrukturierten Daten wie Bild-, Video-, Sprach- und Textdaten.[47]

Natürliche Sprachverarbeitung ist eine der KI-Disziplinen, die die Techniken zur Interpretation und Erzeugung von natürlicher Sprache in Wort und Schrift umfasst. Dazu gehören z.B. die Vertextung gesprochener Sprache, Stimmungserkennung, Informationsextraktion und maschinelle Übersetzung.[48]

Prädiktive Analytik stellt eine Teildisziplin der Business Analytik und des Data-Minings dar. Innerhalb der Prädiktiven Analytik werden strukturierte und unstrukturierte vorhandene Daten analysiert, um Muster, Zusammenhänge und Trends aufzudecken und somit zukünftige Ereignisse und Resultate vorhersagen zu können.[49] Für die Unternehmen kann die Prädiktive Analytik insbesondere dazu beitragen, Trends vorherzusagen, Kunden besser zu verstehen und die Vornahme strategischer Entscheidungen zu unterstützen.[50]

B. Einsatz von KI

I. Einsatz von KI in verschiedenen Branchen

Künstliche Intelligenz ist kein gewöhnlicher technischer Fortschritt, sondern eine technologische Revolution, die die Ordnungsprinzipien der Ge-

---

of artificial intelligence, S. 9 f.; *BaFin*, Big Data trifft auf Künstliche Intelligenz, S. 28 f.

46 *BaFin*, Big Data trifft auf Künstliche Intelligenz, S. 29.

47 *Stanford University*, Artificial Intelligence and life in 2030, S. 9; *Fraunhofer*, Künstliche Intelligenz in Deutschland, S. 8; *Fraunhofer*, Zukunftsmarkt Künstliche Intelligenz, S. 9.

48 *Gentsch*, Künstliche Intelligenz für Sales, Marketing und Service, S. 31 f.; *Fraunhofer*, Maschinelles Lernen, S. 46; *Deloitte*, State of AI in the Enterprise, S. 31.

49 *Deloitte*, Entscheidungsfindung: Wie kann KI in der Praxis einen Mehrwert für Unternehmen schaffen?, abrufbar unter https://www2.deloitte.com/de/de/pages/technology-media-and-telecommunications/articles/kuenstliche-intelligenz-ki.html; *IBM Corporation*, From business insight to business action, S. 3.

50 *IBM Corporation*, From business insight to business action, S. 3.

sellschaft, der Industrie und des Wirtschaftssystems verändert.[51] Obwohl die Theorie und Praxis der KI sich noch in ihrem Anfangsstadium befinden,[52] haben bereits Organisationen in vielen Branchen die KI-Technologien in verschiedenen Geschäftsfunktionen eingesetzt.[53] Erwähnenswert sind die folgenden typischen Anwendungsfälle:

Im Gesundheitswesen unterstützen die KI-Systeme die Ärzte bei der Diagnose und Früherkennung potenzieller Pandemien.[54] Beispielsweise könnte KI in Form von selbstlernenden neuronalen Netzwerken die Brustkrebs genauer und effektiver identifizieren.[55] In der Automobilwirtschaft werden die KI-Systeme bei der Motorüberwachung und vorausschauenden autonomen Wartung eingesetzt. Auch bei der Entwicklung autonomer Flotten für Fahrgemeinschaften und semi-autonomer Funktionen wie Fahrerassistenzsysteme spielt die KI-Technologie eine wichtige Rolle.[56] In der Finanzdienstleistung findet man bereits die Anwendung des maschinellen Lernens bei den Bonitätsbewertungen, der Prognose von Aktienkursen, dem Erkennen von Betrugsversuchen und der Gruppierung von Privatkunden.[57] Für die Unternehmen im Energiesektor erlaubt der Einsatz der KI-Technologien die vorausschauende Wartung der Infrastruktur und genauere Vorhersage von Nachfragehochs. So lassen sich zum einen die Prozesskosten senken und zum anderen die Preisbildungen effizienter gestalten.[58]

---

51 *Europäische Kommission*, Mitteilung der Kommission, Künstliche Intelligenz für Europa, 25.4.2018, COM (2018) 237 final, S. 2; *Ernst & Young*, Think beyond tomorrow, S. 19; *Bitkom*, Künstliche Intelligenz, S. 25 f.

52 *BaFin*, Big Data trifft auf Künstliche Intelligenz, S. 7.

53 *PwC*, Sizing the prize, S. 11 ff.; *CISTP*, Report of AI Development in China 2018, S. 47 ff.

54 *Ernst & Young*, Think beyond tomorrow, S. 6; *CISTP*, Report of AI Development in China 2018, S. 50; *PwC*, Künstliche Intelligenz als Innovationsbeschleuniger im Unternehmen, S. 4.

55 *Ernst & Young*, Think beyond tomorrow, S. 6.

56 *PwC*, Sizing the prize, S. 13; *PwC*, Künstliche Intelligenz als Innovationsbeschleuniger im Unternehmen, S. 4.

57 *BaFin*, Big Data trifft auf Künstliche Intelligenz, S. 27; *PwC*, Künstliche Intelligenz als Innovationsbeschleuniger im Unternehmen, S. 4.

58 *Ernst & Young*, Think beyond tomorrow, S. 10; *PwC*, Sizing the prize, S. 18.

II. Einsatz von KI bei unternehmerischen Entscheidungen

1. Überblick der KI-Anwendung in Unternehmensbereichen

Nicht nur in unterschiedlichen wirtschaftlichen und industriellen Sektoren, sondern auch innerhalb eines Unternehmens, also in verschiedenen Bereichen wie Marketing, Kundenservice, Logistik und Produktion, gibt es bereits eine große Vielfalt an Möglichkeiten, die KI effektiv einzusetzen.[59] Im Folgenden ist daher darzustellen, wie man die KI-Technologien in unterschiedlichen Unternehmensbereichen einsetzen und dadurch Effizienz- und Wettbewerbsvorteile erzielen kann.

Beim Marketing und Vertrieb können große Datensätze mittels KI effizienter bearbeitet werden. Die Algorithmen des maschinellen Lernens helfen dabei, Muster und Trends aus der Big Data zu erkennen und zuverlässige Empfehlungen in Echtzeit zu geben. Auf derer Basis kann das Unternehmen dann bessere Marketing-Strategien wie z.B. Cross-Selling und personalisierte Produktwerbung ableiten und umsetzen.[60] Zudem kann die Customer-Service-Abteilung mit den persönlichen digitalen Assistenten wie Chatbots effizienter gestaltet werden. Beispielsweise sind die Bots mithilfe der natürlichen Sprachverarbeitung in der Lage, die Standardanfragen zu beantworten, Kundenanfragen zu automatisieren und intelligent zuzuordnen.[61] Des Weiteren können bei der Logistik die KI-unterstützenden Big Data-Analysen ein übergreifendes Lagebild der Lieferkette für transparentere und effizientere Entscheidungen liefern. Lager können mithilfe von Simulationen und Szenarien-Bildung überwacht und optimal verwaltet werden; mögliche Störungen der Lieferkette werden früh erkannt.[62] Darüber hinaus spielen die KI-Techniken in der Produktionsabteilung heute eine immer wichtigere Rolle. Typische Anwendungsfälle sind z.B. die intelligenten Überwachung und Wartung von Produktionsanlagen

---

59 *Gentsch*, Künstliche Intelligenz für Sales, Marketing und Service, S. 42; *Deloitte*, State of AI in the Enterprise, S. 3 ff.; *Armour/Eidenmüller*, Selbstfahrend Kapitalgesellschaften?, ZHR 183 (2019), 169, 174.

60 *BaFin*, Big Data trifft auf Künstliche Intelligenz, S. 10; *Gentsch*, Künstliche Intelligenz für Sales, Marketing und Service, S. 63 ff.

61 *Bitkom*, Künstliche Intelligenz, S. 45; *Gentsch*, Künstliche Intelligenz für Sales, Marketing und Service, S. 44; *Ernst & Young*, Think beyond tomorrow, S. 10.

62 *Dorschel*, Praxishandbuch Big Data, S. 108; *Gentsch*, Künstliche Intelligenz für Sales, Marketing und Service, S. 56; *Bitkom*, Künstliche Intelligenz, S. 45 f.

sowie die automatische Qualitätskontrolle durch Robotik und intelligente Assistenzsysteme.[63]

2. KI-Anwendung bei unternehmerischen Entscheidungen

Künstliche Intelligenz kann nicht nur die Arbeiten verschiedener Unternehmensbereiche unterstützen, erleichtern und verbessern. Auch auf die Ebene der Geschäftsleitung, besonders bei der Vornahme unternehmerischer Entscheidungen, können die KI-Systeme hilfreich sein. Zum einen können die KI-unterstützenden Computersysteme die Entscheidungsprozesse durch umfangreiche Analysen unterstützen. Zum anderen sind KI-Lösungen auch in der Lage, bestimmte Entscheidungen selbst zu treffen, die heute schon die Qualität menschlicher Entscheidungen übertreffen.[64] Diese Entwicklungen werden durch die vielfältigen Möglichkeiten der Datenauswertung und -verarbeitung getrieben, die unter den Schlagworten von Big Data und KI zusammenzufassen sind.[65] Da diese Arbeit sich vor allem auf KI-Einsatz im Rahmen unternehmerischer Entscheidungen des Vorstands der AG konzentriert, soll im Folgenden der KI-Einsatz zur Datenanalyse und zur Unterstützung der unternehmerischen Entscheidungen durch Vorstellung einiger wichtiger Anwendungsbereiche und Beispielfälle näher beleuchtet werden.

a) Marktforschung

Marktforschung ist die systematische Sammlung, Aufbereitung, Analyse und Interpretation von Daten über Marktgegebenheiten. Die Forschungsergebnisse stellen häufig die Basis für unternehmerische Entscheidungen dar. Ziel der Marktforschung ist demzufolge der Gewinn entscheidungsrelevanter Erkenntnisse zu einem konkreten Untersuchungsgegenstand.[66]

---

63 *Gentsch*, Künstliche Intelligenz für Sales, Marketing und Service, S. 58; *Beste*, Künstliche Intelligenz für die Produktion, Springer Professional vom 05.12.2018, abrufbar unter https://www.springerprofessional.de/produktion---produktionstechnik/kuenstliche-intelligenz/kuenstliche-intelligenz-fuer-die-produktion/16315710.

64 *Gentsch*, Künstliche Intelligenz für Sales, Marketing und Service, S. 3.

65 *BaFin*, Big Data trifft auf Künstliche Intelligenz, S. 17.

66 *Homburg*, Grundlagen des Marketingmanagements, S. 62; *Dorschel*, Praxishandbuch Big Data, S. 112.

Eine der zentralen Aufgaben der Marktforschung ist das systematische Ableiten und Erklären der „Customer Insights". Um die Einschätzung von Kunden zu Produkten zu erhalten, verfügt die klassische Marktforschung über ein umfangreiches Instrumentarium: Fokusgruppen, Kundenbefragungen, Panels usw. Der Hauptnachteil dieser traditionellen Forschung besteht darin, dass sie viele personelle Ressourcen erfordert und kann zeit- und geldaufwendig sein. KI-Technik wird die Marktforschung grundsätzlich verändern. Mit KI-Technologie lassen sich z.B. Tausende von Produktbewertungen automatisch jederzeit verarbeiten. Ratings und Reviews, die über verschiedene Internetplattformen global verteilt sind, werden über Bots intelligent erhoben und mithilfe von natürlicher Sprachverarbeitung analysiert. Um tiefergehende Einblicke zu erhalten, können die gewonnenen Erkenntnisse zudem mit anderen Daten wie Reklamationen, Umsatz oder Kundenzufriedenheit korreliert und durch KI-Systeme weiter ausgewertet werden.[67]

b) Umsatzprognose

Der Umsatzprognoseprozess ist für die meisten Unternehmen entscheidend, aber auch ein schwieriger Bereich des Managements. Die meisten Forscher und Unternehmen nutzen statistische Methoden wie die Regressionsanalyse, um die Verkaufsmengen vorherzusagen und zu analysieren. Aufgrund der begrenzten Zeit und menschlichen Kapazität können für die Vorhersage von Abverkäufen aber nur einige wenige Daten berücksichtigt werden. Um die Qualität der Prognose zu erhöhen, können durch KI zahlreiche weitere Datensätze berücksichtigt werden. Hierzu gehören sowohl historische als auch Echtzeitdaten, interne und externe Daten, ökonomische und umweltbezogene Daten, unternehmensindividuelle, mikro- sowie makroökonomische Daten. Algorithmen und KI helfen zum einen, diese strukturierten und unstrukturierten Daten systematisch zu gewinnen, und zum anderen, die Daten automatisiert für die genaue Vorhersage zu analysieren.[68]

Ein Beispiel für die KI-gestützte Umsatzprognose ist der Otto-Fall. *Otto* ist ein Multikanal-Handelsunternehmen in Deutschland. Um präzise Absatzprognosen auf Einzelartikelebene zu erhalten, arbeitet *Otto* mit *Blue*

---

67 *Dorschel*, Praxishandbuch Big Data, S. 112 f; *Gentsch*, Künstliche Intelligenz für Sales, Marketing und Service, S. 45.

68 *Gentsch*, Künstliche Intelligenz für Sales, Marketing und Service, S. 48.

Yonder, einem führenden KI-Produkte Anbieter in Deutschland, zusammen. Auf Basis von historischen Daten mit unterschiedlichen Inputvariablen wie Preis, Onlineplatzierung, Bestandssituation und Wetter wurden die Algorithmen von *Blue Yonder* trainiert. Mithilfe des maschinellen Lernens lernt die KI-Lösung aus vergangenen Ereignissen und überprüft permanent ihre eigene Prognosequalität. Durch die KI-Lösung bekommt *Otto* damit präzise Ergebnisse über Absatzprognosen, die dabei helfen können, das Sortiment und die Logistik zukunftsorientiert zu planen und zu optimieren.[69]

c) Kundenprofil

Profiling kommt heute in immer mehr Unternehmen zur Anwendung. Das Bank-, Finanz-, Gesundheits-, Steuer- und Versicherungswesen sowie die Marketing- und Werbebranche stellen nur einige wenige Bereiche dar, in denen Profiling regelmäßig zur Unterstützung der Entscheidungsfindung eingesetzt wird.[70] Den Begriff des Profilings findet man bereits in der europäischen Datenschutzgrundverordnung (DSGVO). Art. 4 Abs. 4 DSGVO definiert Profiling als *„jede Art der automatisierten Verarbeitung personenbezogener Daten, die darin besteht, dass diese personenbezogenen Daten verwendet werden, um bestimmte persönliche Aspekte, die sich auf eine natürliche Person beziehen, zu bewerten, insbesondere um Aspekte bezüglich Arbeitsleistung, wirtschaftliche Lage, Gesundheit, persönliche Vorlieben, Interessen, Zuverlässigkeit, Verhalten, Aufenthaltsort oder Ortswechsel dieser natürlichen Person zu analysieren oder vorherzusagen*“.

Profiling von Kunden ist eine Art des Profilings und das dadurch erzeugt Kundenprofil bezieht sich auf das markierte Kundenmodell, das nach den Kundeneinstellungen, Lebensgewohnheiten, Kundenverhalten und anderen Informationen abstrahiert wird.[71] In der Regel umfasst der Prozess der Erstellung eines Kundenprofils die folgenden drei Schritte: (1) Erhebung der kundenbezogenen Daten, (2) Modellierung auf der Grundlage der KI-gestützten Datenverarbeitung und (3) Erstellung der Kunden-

---

69 *Blue Yonder*, Replenishment und Price Optimization bei OTTO, S. 4 ff.

70 *Artikel-29-Datenschutzgruppe*, Leitlinien zu automatisierten Entscheidungen im Einzelfall einschließlich Profiling für die Zwecke der Verordnung 2016/679, 6. Februar 2018, S. 5.

71 *Qin/Zhuang/Guan/Li*, Journal of Changsha University Vol. 32 No. 5 (2018), 44; *Liu/Sun/Sun/Zhang*, Information studies: Theory & Application Vol. 41 No. 11 (2018), 155.

profile.[72] Die kundenbezogenen Daten, die bei die Erstellung der Kundenprofile zu erheben sind, sind vor allem die Grundinformationen der Kunden, die Transaktionsdaten, die Interessenmerkmale, die Verbrauchsmerkmale, die Standortmerkmale usw. Nach der Erhebung der relevanten Daten kann das Unternehmen diese Daten durch KI-Technologie wie Cluster-Algorithmus, maschinelles Lernen und natürliche Sprachverarbeitung aufbereiten und analysieren. Schließlich wird das benötige Kundenprofil automatisch erstellen.[73]

Die Hauptfunktionen von Kundenprofils sind: (1) Lead-Prognose und Präzisionsmarketing: Mithilfe der KI kann das Unternehmen durch historische Daten die potenziellen Nutzer und potenziellen Bedürfnisse der Nutzer entdecken und dann durch SMS, E-Mails und andere Marketingmittel diese Kunden kontaktieren oder personalisierte Werbung und Produktempfehlung organisieren.[74] (2) Produktverbesserung: Durch das Kundenprofil des Produktes kann das Unternehmen die psychologischen Motivationen, Verhaltensgewohnheiten sowie Bewertungen des Produktes von Kunden analysieren und besser verstehen. Solches Verständnis kann zur weiteren Produktverbesserung und Neuproduktentwicklung beitragen.[75] (3) Branchenbericht: Durch die Analyse des Kundenprofils kann das Unternehmen die Kenntnis über Branchendynamik wie Konsumgewohnheiten, Verbraucherpräferenzen und Verbrauchsunterschiede in verschiedenen Regionen gewinnen. Diese Informationen bilden eine Grundlage für die Entwicklung der weiteren Unternehmensstrategie dar.

Für ein konkretes Beispiel kann man hier den Fall eines Automobilunternehmens in China anführen. *Percent* ist ein führender KI-Produkte-Anbieter in China. Nach den vielfältigen Bedürfnissen eines Automobilunternehmens erstellt *Percent* mithilfe KI-Technik mehrere Kundenprofile für das Unternehmen. Anhand dieser Kundenprofile kann das Automobilunternehmen zum einen nach den Paramentern wie Einkommen, Präferenz und Bildung die potenziellen Kunden jedes Produktmodells finden und dann eine genaue Segmentierung und Vermarktung der Kundengruppen durchführen. Zum anderen ermöglichen die Kundenprofile dem Automo-

---

72 *Qi/Wu*, Journal of Chongqing Jiaotong University Vol. 17 No. 5 (2017), 82, 84.

73 Eine Beschreibung des technischen Prozesses der Kundenprofiling kann man auf den Websites mancher IT-Unternehmen finden, wie z.B. auf der offiziellen Website von *Data Grand* (einem führenden KI-Unternehmen in China): http://www.datagrand.com/portrayal.html.

74 *Gentsch*, Künstliche Intelligenz für Sales, Marketing und Service, S. 45 f.; *Qi/Wu*, Journal of Chongqing Jiaotong University Vol. 17 No. 5 (2017), 82, 85.

75 *Qi/Wu*, Journal of Chongqing Jiaotong University Vol. 17 No. 5 (2017), 82, 85.

bilunternehmen, die Präferenzen der Kunden hinsichtlich der Produkte besser zu verstehen und auf derer Basis die gezielte Optimierung in der Produktentwicklungs- sowie Marketingabteilung auszuführen.[76]

3. Funktionsmechanismus der KI-Lösung bei unternehmerischen Entscheidungen

Nachdem einige Anwendungsmöglichkeiten und Beispielfälle des KI-Einsatzes im Rahmen unternehmerischer Entscheidungen vorgestellt wurden, soll im Folgenden der vollständige Funktionsprozess der KI-Systeme bei den unternehmerischen Entscheidungen zusammengefasst werden.

Das Zusammenspiel zwischen Big Data und KI lässt sich an drei Grundschritten verdeutlichen: (1) das Sammeln von Daten, (2) die Verarbeitung der Daten durch KI-Technik und (3) das Umsetzen der aus der Datenverarbeitung gewonnenen Erkenntnisse.[77] Bei der Datensammlung kann man sowohl die bereits innerhalb des Unternehmens vorliegenden Daten wie Transaktionsdaten und Kundendaten in der unternehmensinternen Software wie ERP-System (Enterprise Resource Planning) und CRM-System (Customer Relationship Management) finden, als auch die wichtigen Informationen außerhalb von Unternehmen einholen. Beispielsweise können die Marktdaten, Daten anderer Unternehmen und Daten der Branche durch Web-Mining erworben werden. Im Prozess der Web-Mining spielt vor allem natürliche Sprachverarbeitungstechnik bei der Erkennung verschiedener Arten der Daten wie Text, Sprache und Bilder eine große Rolle.[78]

Nachdem die Daten gesammelt werden, tritt man in den Schritt der Datenverarbeitung ein. Datenverarbeitung spielt in dem gesamten Funktionsprozess die wichtigste Rolle, weil die Wertschöpfung bzw. die Gewinnung neuer Erkenntnisse eigentlich durch die Datenanalyse und -auswertung erfolgt. Im Prozess der Datenverarbeitung sind zwei Phasen voneinander zu unterscheiden: Datenaufbereitung und Datenanalyse. In der Praxis muss man beachten, dass nicht alle gesammelten Daten für das Lösen bestimmter Probleme nützlich sind und nicht alle relevanten Daten für

76 Ausführliche Informationen dazu findet man auf der offiziellen Website von *Percent Corporation*: https://en.percent.cn/Solution/Automobileenen.html.

77 *BaFin*, Big Data trifft auf Künstliche Intelligenz, S. 18.

78 *Gentsch*, Künstliche Intelligenz für Sales, Marketing und Service, S. 35; *BaFin*, Big Data trifft auf Künstliche Intelligenz, S. 18.

die Datenanalyse durch KI-gestützte Systeme technisch möglich oder geeignet sind. Deshalb ist es notwendig, dass die vorhandenen Daten vor der tatsächlichen Analyse und Auswertung zuerst nach Art und Eigenschaften der zu lösenden Aufgabe ausgewählt, bereinigt und gegebenenfalls umstrukturiert werden. Erst dann kann der eigentliche Datenanalyse-Prozess beginnen.[79]

Datenanalyse bezweckt die kompaktere Repräsentation eines großen Datensatzes. Mithilfe von KI-Techniken wie maschinelles Lernen kann ein unübersichtlicher Datenberg so komprimiert, reduziert und visualisiert werden, dass der Nutzer einen Informationsgewinn aus der Analyse ziehen kann.[80] Die technischen Ansätze helfen dabei, die wichtigen Muster aus großen Mengen der Input-Daten zu extrahieren. In der Regel zeigen sich diese Muster in Form statistischer Modelle. Aus diesen Modellen kann man unter anderem Korrelationen zwischen Objekten kennen, klare Beschreibung der Sachlage bekommen und Anomalien bzw. inkonsistente Objekte identifizieren. Auch zuverlässige Prognosen, Empfehlungen und sogar Entscheidungen können je nach der Fragestellung und der Eigenschaft des Modells erstellt werden.[81] Wenn das KI-System schon im Einsatz ist, dann kann es ferner mithilfe des maschinellen Lernens sein eigenes Modell ständig optimieren und die Qualität der Prognosen verbessern, indem es kontinuierlich die Feedbacks seiner vergangenen Entscheidungen lernt und die neu entstehenden relevanten Daten analysiert.[82]

Nach der Phase der Datenanalyse kommt der letzte Output-Prozess in Gang. Dabei werden zuerst die durch die Datenanalyse erzeugten nützlichen Informationen mittels der natürlichen Sprachverarbeitung von der ursprünglichen Computercode-Form in die menschliche Sprache oder nachvollziehbare Tabellen und Grafiken umgewandelt.[83] Danach kann das Unternehmen diese KI-Analyseergebnisse als tiefe und umfassende Einsichten über historische Daten bei der Entwicklung der weiteren unternehmerischen Entscheidungen, Planungen sowie Strategien benutzen. Ob

---

79 *Fraunhofer*, Künstliche Intelligenz in Deutschland, S. 8; *Dorschel*, Praxishandbuch Big Data, S. 71.

80 *Gentsch*, Künstliche Intelligenz für Sales, Marketing und Service, S. 35.

81 *Fraunhofer*, Zukunftsmarkt Künstliche Intelligenz, S. 5 ff.; *Gentsch*, Künstliche Intelligenz für Sales, Marketing und Service, S. 34 f.; *Fraunhofer*, Maschinelles Lernen, S. 32 ff.

82 *Fraunhofer*, Künstliche Intelligenz in Deutschland, S. 8; *Gentsch*, Künstliche Intelligenz für Sales, Marketing und Service, S. 71; *Blue Yonder*, Replenishment und Price Optimization bei OTTO, S. 4.

83 *BaFin*, Big Data trifft auf Künstliche Intelligenz, S. 18.

und inwieweit diese KI-Analyse benutzt werden sollen, liegt im Ermessen der Geschäftsleiter und wird in der Aktiengesellschaft letztendlich vom Vorstand entschieden.

C. Verknüpfung von KI mit unternehmerischer Entscheidung durch Business Judgment Rule

Nachdem die Historie, der Begriff sowie Kern-Techniken der künstlichen Intelligenz erläutert wurden und der Einsatz der KI-Systeme bei der Unterstützung unternehmerischer Entscheidungen vorgestellt wurde, stellt sich nunmehr die Frage, wie KI-Einsatz und unternehmerische Entscheidungen durch aktienrechtliche Regelungen verbunden werden können.

Hört man den Begriff der „unternehmerischen Entscheidung", insbesondere im Kontext mit Vorstandshandeln, so assoziiert man zunächst die „Business Judgment Rule" (BJR) des § 93 Abs. 1 S. 2 AktG, welche in ihrem Wortlaut ausdrücklich den Begriff der „unternehmerischen Entscheidung" verwendet. Dieser Vorschrift zufolge liegt keine Verletzung der Sorgfaltspflicht vor, wenn das Vorstandsmitglied bei einer unternehmerischen Entscheidung vernünftigerweise annehmen durfte, auf der Grundlage angemessener Information zum Wohle der Gesellschaft zu handeln. KI-Systeme sind in der Lage, die relevanten Daten automatisch zu sammeln und die große Datenmenge effizient sowie gründlich zu verarbeiten und zu analysieren. Deshalb können KI-Lösungen den Geschäftsleitern dabei helfen, bei der unternehmerischen Entscheidung eine angemessene Informationsgrundlage zu schaffen, oder sogar selbst eine Entscheidung treffen. Künstliche Intelligenz und unternehmerische Entscheidungen könnten somit durch BJR verbunden sein.

Im Folgenden werden zuerst die deutsche BJR und deren Anwendungsvoraussetzungen, insbesondere die „unternehmerische Entscheidung" und die „angemessene Informationsgrundlage", näher beleuchtet. Danach ist zu untersuchen, wie KI und unternehmerische Entscheidung durch BJR verbunden werden können und ob in der Big Data-Ära sogar eine Organpflicht zum Einsatz von KI-Systemen bei der Entscheidungsvorbereitung besteht oder in der absehbaren Zukunft bestehen wird.

I. Business Judgment Rule

Die Business Judgment Rule in § 93 Abs. 1 S. 2 AktG wurde erst im Jahr 2005 durch das Gesetz zur Unternehmensintegrität und Modernisierung des Anfechtungsrechts (UMAG) in das deutsche Aktiengesetz eingefügt. Im Vergleich zu der allgemeinen Regelung in § 93 Abs. 1 S. 1 AktG, wonach die Vorstandsmitglieder bei ihrer Geschäftsführung die Sorgfalt eines ordentlichen und gewissenhaften Geschäftsleiters anzuwenden haben, gewährt § 93 Abs. 1 S. 2 AktG den Vorstandsmitgliedern einen Haftungsfreiraum (sog. „sicheren Hafen")[84] bei unternehmerischen Entscheidungen, wenn bestimmte Voraussetzungen vorliegen. Internationales Vorbild der Regelung ist die aus dem anglo-amerikanischen Recht stammende „Business Judgment Rule".[85] Die deutsche BJR entspricht aber auch der vorherigen Rechtsprechungspraxis in Deutschland: Im ARAG/Garmenbeck-Urteil (1997) hat der BGH bereits einen Haftungsfreiraum für Vorstandsmitglieder grundsätzlich anerkannt und die Voraussetzungen der Haftungsprivilegierung wie „unternehmerisches Handeln" und „sorgfältige Ermittlung der Entscheidungsgrundlagen" erwähnt.[86]

Sinn und Zweck der Einführung der BJR im deutschen Aktienrecht sind vielfältig: Zunächst sind unternehmerische Entscheidungen, anders als rechtlich gebundene Entscheidungen, immer Entscheidungen unter Risiko und Unsicherheit, denen größtenteils prognostische Elemente zugrunde liegen.[87] Deswegen könnte eine zu strenge Sorgfaltspflicht zu übertriebener Risikoscheu des Geschäftsleiters führen, die sowohl für die Aktionäre als auch für die gesamte Volkswirtschaft von Nachteil sein würde.[88] Zweitens besteht in der Praxis oft die Gefahr, dass die Gerichte in Kenntnis der später eingetretenen schlechten Entscheidungsfolgen überzogene Anforderungen an die Sorgfaltspflicht des Vorstands stellen (sog.

---

84 BT-Drucks. 15/5092, S. 11; *Hölters*, in: Hölters, AktG, § 93 Rn. 29; *Fleischer*, in: Spindler/Stilz, AktG, § 93 Rn. 66; *Koch*, in: Hüffer/Koch, AktG, § 93 Rn. 9.

85 American Law Institute, Principles of Corporate Governances, § 4.01(c): „A director or officer who makes a business judgment in good faith fulfills the duty under this Section if the director or officer: (1) is not interested ... in the subject of the business judgment; (2) is informed with respect to the subject of the business judgment to the extent the director or officer reasonably believes to be appropriate under the circumstances; and (3) rationally believes that the business judgment is in the best interests of the corporation".

86 BGH NJW 1997, 1926 ff.

87 *Spindler*, in: MüKo AktG, § 93 Rn. 43; *Fleischer*, in: FS Wiedemann, 827, 830 f.

88 *Fleischer*, in: Spindler/Stilz, AktG, § 93 Rn. 60; *ders*, NZG 2011, 521, 522; *Koch*, ZGR 2006, 769, 782.

„Hindsight Bias").[89] Zur Minderung solcher Gefahren scheint es damit sinnvoll, die BJR im deutschen Aktienrecht zu kodifizieren. Bei der Prüfung des Ausschlusses der Pflichtverletzung ist deshalb nicht die tatsächliche wirtschaftliche Folge der unternehmerischen Entscheidung, sondern die Ordnungsmäßigkeit des Entscheidungsprozesses des Vorstands zu berücksichtigen.[90]

Ausweislich der Gesetzesbegründung setzt diese Haftungsprivilegierung der Geschäftsleiter fünf Merkmale voraus: unternehmerische Entscheidung, Handeln auf der Grundlage angemessener Information, Handeln ohne Sonderinteressen und sachfremde Einflüsse, Handeln zum Wohle der Gesellschaft und Gutgläubigkeit.[91] In der nachfolgenden Darstellung sollen vor allem die Tatbestandsmerkmale „unternehmerische Entscheidung" und „angemessene Informationsgrundlage" näher erörtert werden.

II. Unternehmerische Entscheidung

Nach dem ausdrücklichen Wortlaut des § 93 Abs. 1 S. 2 AktG greift die Haftungsprivilegierung nur bei unternehmerischen Entscheidungen ein. Allerdings gibt es bei der positiven Definition der „unternehmerischen Entscheidung" im Sinne der BJR Schwierigkeiten.[92] Eine Legaldefinition findet sich in der Gesetzesfassung nicht. Der Gesetzesbegründung entsprechend ist die unternehmerische Entscheidung durch ihre Zukunftsbezogenheit durch Prognosen und nicht justiziable Einschätzungen geprägt.[93] Offensichtlich ist diese Beschreibung vom Gesetzesgeber nicht eindeutig genug. Eine weitere Konkretisierung des Begriffs der unternehmerischen Entscheidung ist somit notwendig.[94] Zur Untersuchung der Definition scheint es sinnvoll, einerseits die Merkmale „Entscheidung" und „unternehmerisch" getrennt zu beleuchten und andererseits die typischen Beispiele der unternehmerischen Entscheidungen vorzustellen.[95]

---

89 *Koch*, in: Hüffer/Koch, AktG, § 93 Rn. 9; *Spindler*, in: MüKo AktG, § 93 Rn. 43; *Fleischer*, in: FS Wiedemann, 827, 832.

90 BT-Drucks. 15/5092, S. 11.

91 BT-Drucks. 15/5092, S. 11.

92 *Fleischer*, in: Spindler/Stilz, AktG, § 93 Rn. 68; *S. Schneider*, DB 2005, 707; *Spindler*, in: MüKo AktG, § 93 Rn. 48.

93 BT-Drucks. 15/5092, S. 11.

94 *Spindler*, in: MüKo AktG, § 93 Rn. 48; *S. Schneider*, DB 2005, 707 ff.

95 *Kauer*, Die Informationsbeschaffungspflicht des Vorstands einer AG, S. 168; *S. Schneider*, DB 2005, 707, 709.

1. Entscheidung

Eine Entscheidung ist zu treffen, wenn mehr als eine Handlungsalternative vorliegt und es ist (ex ante) noch nicht feststellbar, welche der langfristigen Ertragsstärkung und Wettbewerbsfähigkeit des Unternehmens besser dienen könnte.[96] Die Handlung, die unter dem Kreis der Handlungsalternativen fällt, kann nicht nur ein aktives Handeln, sondern auch ein Nichthandeln sein. So kann sich der Vorstand entschließen, eine sich bietende Geschäftschance nicht wahrzunehmen, ein neues Produkt nicht auf den Markt zu bringen oder einen Mitarbeiter nicht einzustellen.[97] Das Tun oder Unterlassen muss aber auf der Grundlage einer bewussten Entscheidung gemacht werden. Das bloße Unterlassen ohne Wissen um die Möglichkeit einer bestimmten (aktiven) Handlung stellt keine Entscheidung dar.[98]

2. Unternehmerisch

Bestehen nach dem Vorgesagten mehrere Handlungsalternativen, so müssen diese sich weiterhin auf einen "unternehmerischen" Inhalt beziehen. Die unternehmerische Entscheidung enthaltet immer gewisses Risiko und Unsicherheit für die zukünftige Entwicklung der Gesellschaft.[99] Diese Besonderheiten von unternehmerischen Entscheidungen waren dem Gesetzgeber schließlich Anlass für die Einführung der deutschen BJR.[100] In der Gesetzesbegründung wird ausgeführt, dass die unternehmerische Entscheidung das Gegenstück zur rechtlich gebundenen Entscheidung bildet.[101] Genauer ist zu beachten, dass die Beachtung der gesetzlichen, satzungsmäßigen oder anstellungsvertraglichen Pflichten, die dem Vorstandsmitglied keinen tatsächlichen Beurteilungsspielraum gewähren, von der unternehmerischen Entscheidung unterschieden werden müssen. Verstöße

---

96 *U. Schneider*, DB 2011, 99, 100; *S. Schneider*, DB 2005, 707, 709.

97 BT-Drucks. 15/5092, S. 11; *Hopt/Roth*, in: Großkommentar AktG, § 93 Rn. 81; *Spindler*, in: MüKo AktG, § 93 Rn. 50 f.; *Koch*, in: Hüffer/Koch, AktG, § 93 Rn. 16; *Schneider*, DB 2005, 707, 709.

98 BT-Drucks. 15/5092, S. 11; *Spindler*, in: MüKo AktG, § 93 Rn. 50 f.; *Koch*, in: Hüffer/Koch, AktG, § 93 Rn. 16.

99 BT-Drucks. 15/5092, S. 11; *Kock/Dinkel*, NZG 2004, 441, 442; *Koch*, in: Hüffer/Koch, AktG, § 93 Rn. 18; *Spindler*, in: MüKo AktG, § 93 Rn. 48.

100 S. hierzu bereits oben Teil 2 C.I.

101 BT-Drucks. 15/5092, S. 11.

gegen diesen Pflichten, namentlich illegales Verhalten, sind nicht von § 93 Abs. 1 S. 2 AktG erfasst.[102] Außerdem findet das unternehmerische Ermessen im Einzugsbereich der organschaftlichen Treuepflichten keine Anwendung.[103]

3. Beispiele einer unternehmerischen Entscheidung

Um den Begriff der unternehmerischen Entscheidung besser zu verstehen, werden im Folgenden einige Beispiele von unternehmerischen Entscheidungen aufgelistet, die teilweise schon durch die Rechtsprechung bestätigt wurden oder vom Schrifttum allgemein anerkannt sind. Als typische Beispiele einer unternehmerischen Entscheidung können die strategischen Investition-Entscheidungen in neue Technologien genannt werden.[104] Gleiches gilt für die Entwicklung und Vermarktung neuer Produkte[105] sowie die Erweiterung einer Niederlassung.[106] Unternehmerische Entscheidungen par excellence sind zudem M&A-Transaktionen wie Verschmelzung und Unternehmenskauf.[107] Darüber hinaus sind die Vergabe der Großkredite[108] und der Abschluss eines außergerichtlichen oder gerichtlichen Vergleichs zu nennen.[109]

III. Angemessene Informationsgrundlage

Im Prozess der unternehmerischen Entscheidung hat man zwei fließend ineinander übergehende Stadien zu unterscheiden: zum einen die Entscheidungsvorbereitung und zum anderen die unternehmerische Entschei-

---

102 BT-Drucks. 15/5092, S. 11; *Fleischer*, in: Spindler/Stilz, AktG, § 93 Rn. 67 ff.; *Hopt/Roth*, in: Großkommentar AktG, § 93 Rn. 73 ff.; *Koch*, in: Hüffer/Koch, AktG, § 93 Rn. 16.

103 BT-Drucks. 15/5092, S. 11; *Spindler*, in: MüKo AktG, § 93 Rn. 67; *Hölters*, in: Hölters, AktG, § 93 Rn. 33; *Fleischer*, in: FS Wiedemann, 827, 843 f.

104 BGH CCZ 2009, 70; *Fleischer*, NZG 2008, 371; *ders*, in: FS Wiedemann, S. 829.

105 *Fleischer*, in: FS Wiedemann, S. 828 f.; *Schlimm*, Das Geschäftsleiterermessen des Vorstands einer Aktiengesellschaft, S. 238 f.

106 BGH NZG 2011, 549; *Fleischer*, in: Spindler/Stilz, AktG, § 93 Rn. 68.

107 OLG Frankfurt NZG 2011, 62; *Schlimm*, Das Geschäftsleiterermessen des Vorstands einer Aktiengesellschaft, S. 233 ff.

108 BGH NZG 2002, 195; *Spindler*, in: MüKo AktG, § 93 Rn. 49; *Schlimm*, Das Geschäftsleiterermessen des Vorstands einer Aktiengesellschaft, S. 239.

109 *Fleischer*, in: Spindler/Stilz, AktG, § 93 Rn. 68.

dung selbst.[110] Dem § 93 Abs. 1 S. 2 AktG zufolge ist ein Haftungsfreiraum für die Vorstandsmitglieder nur gerechtfertigt, wenn diese vor der endgültigen Entscheidungshandlung eine „angemessene Informationsgrundlage" schaffen. Der Grund liegt darin, dass die BJR nur den Wagemutigen schützt, nicht aber den Unbesonnenen, der sich über die Voraussetzungen und Auswirkungen seines Handelns nicht rechtzeitig und sorgfältig Rechenschaft abgelegt hat.[111] Daraus stellt sich die Frage, wann eine angemessene Informationsgrundlage vorliegt bzw. wie man die Angemessenheit beurteilen und bestimmen soll.

1. Angemessenheit

Sowohl in der Rechtsprechung als auch in der Literatur werden die Anforderungen der „Angemessenheit" der Informationsgrundlage diskutiert.[112] Nachfolgend ist zu untersuchen, wie viel an Information für eine Entscheidungsgrundlage notwendig ist.

a) Ablehnung einer umfassenden Informationsbeschaffung

Einigen Urteilen zufolge haben die Geschäftsleiter *„in den konkreten Entscheidungssituationen alle verfügbaren Informationsquellen tatsächlicher und rechtlicher Art auszuschöpfen, auf dieser Grundlage die Vor- und Nachteile der bestehenden Handlungsoptionen sorgfältig abzuschätzen und den erkennbaren Risiken Rechnung zu tragen."*[113] Diese Ansicht begegnet aber erheblicher Kritik. Zuerst ist eine umfassende Informationsbeschaffung mit dem Wortlaut des Gesetzes nicht vereinbar. Gemäß § 93 Abs. 1 S. 2 AktG muss eine Entscheidung nur auf „angemessener" Informationsgrundlage getroffen werden, nicht aber auf „umfassender" Information basieren. Daneben hat auch der Gesetzgeber in den Materialien klargestellt, dass die Informa-

---

110 *Koch*, ZGR 2006, 769, 788.

111 BT-Drucks. 15/5092, S. 12; *Fleischer*, in: FS Wiedemann, 827, 840.

112 BGH NJW 2013, 3636, 3639; BGH NJW 2008, 3361, 3362; OLG Celle CCZ 2009, 159, 160; OLG Düsseldorf CCZ 2010, 117, 119; *Spindler*, in: MüKo AktG, § 93 Rn. 57; *Fleischer*, in: Spindler/Stilz, AktG, § 93 Rn. 70 ff.; *Hölters*, in: Hölters, AktG, § 93 Rn. 34; *Koch*, in: Hüffer/Koch, AktG, § 93 Rn. 20; *Bachmann*, NZG 2013, 1121, 1124 f; *Meyer*, CCZ 2011, 41, 42; *U. Schneider*, DB 2011, 99, 101.

113 BGH NJW 2013, 3636, 3639; BGH NJW 2008, 3361, 3362; OLG Celle CCZ 2009, 159, 160; OLG Düsseldorf CCZ 2010, 117, 119.

tion nicht allumfassend sein kann, sondern betriebswirtschaftlich vorgegebene Schwerpunkte wie Rentabilität, Risikobewertung und Finanzierung aufweist.[114] Darüber hinaus ist es in der Praxis oft der Fall, dass unternehmerische Entscheidungen unter hohem Zeitdruck getroffen werden müssen. Insofern ist die Ausschöpfung aller verfügbarer Informationsquellen nicht nur unnötig, sondern auch tatsächlich unmöglich.[115] Weitere Gründe können sich zudem aus den betriebswirtschaftlichen Erwägungen ergeben, da einerseits eine umfassende Entscheidungsvorbereitung häufig mit erheblichen Kosten verbunden ist und andererseits sie nicht immer zu einer erfolgreichen Entscheidung führen könnte.[116]

Folglich besteht bei der unternehmerischen Entscheidung keine Organpflicht zur umfassenden Informationseinholung. Zu akzeptablen Ergebnissen führt die oben zitierte Rechtsprechungsformel nur, wenn man ihre Bezugnahme auf die *„verfügbaren Informationsquellen in der konkreten Entscheidungssituation ernst nimmt“*.[117]

b) Kriterien zur Bestimmung der Angemessenheit

Zur Beurteilung der Angemessenheit der Informationsgrundlage in den konkreten Situationen hat die Gesetzesbegründung einige Kriterien erwähnt: Art und Gewicht der Entscheidung, Zeitfaktor und betriebswirtschaftliche Verhaltensmaßstäbe.[118] Je bedeutender die Entscheidung und ihre Auswirkungen für die Gesellschaft sind, desto gründlicher sollte sie vorzubereiten sein. Beispielsweise bedarf es bei strategischen Entscheidungen regelmäßig einer viel sorgfältigeren Entscheidungsvorbereitung als bei Maßnahmen des Tagesbetriebs.[119] Auch spielt der Faktor Zeit, also die Eilbedürftigkeit der Entscheidung, bei der Beurteilung der Angemessenheit eine wichtige Rolle. Wenn man eine unternehmerische Entscheidung in einer sehr kurzen Zeit treffen muss, dann kann unter Umständen eine ru-

---

114 BT-Drucks. 15/5092, S. 12.

115 BT-Drucks. 15/5092, S. 12; *Spindler*, in: MüKo AktG, § 93 Rn. 55; *Kock/Dinkel*, NZG 2004, 441, 444.

116 *Fleischer*, in: Spindler/Stilz, AktG, § 93 Rn. 70; *Hölters*, in: Hölters, AktG, § 93 Rn. 34; *Ulmer*, DB 2004, 859, 860.

117 *Fleischer*, in: Spindler/Stilz, AktG, § 93 Rn. 71a; *Koch*, in: Hüffer/Koch, AktG, § 93 Rn. 20; *Spindler*, in: MüKo AktG, § 93 Rn. 57.

118 BT-Drucks. 15/5092, S. 12.

119 *Hopt/Roth*, in: Großkommentar AktG, § 93 Rn. 107; *Baums*, ZGR 2011, 218, 235 f; *Meyer*, CCZ 2011, 41, 42.

dimentäre Informations- und Entscheidungsvorbereitung schon die Anforderung der Angemessenheit genügen. Darüber hinaus hat der Geschäftsleiter bei der Beschaffung der Informationsgrundlage immer zu beachten, ob die Ermittlung weiterer Informationen im konkreten Fall im Verhältnis zu den dadurch entstehenden Kosten von Nutzen sind. Zwar bedeutet ein Mehr an Information oft eine größere Sicherheit hinsichtlich der Erfolgschance der Entscheidung, doch obliegt es den Vorstandsmitgliedern jedenfalls, die Informationskosten gegen den Wert der erwarteten Erkenntnis abzuwägen.[120]

Neben den oben erwähnten Punkten muss man bei der Entscheidungsvorbereitung zudem die Häufigkeit unternehmerischer Entscheidungen desselben Typs bei vergleichbarem Sachverhalt berücksichtigen.[121] Wenn der Vorstand genügende Erfahrung besitzt, Entscheidungen solcher Art zu treffen, dann erscheint eine umfassende Informationsbeschaffung nicht mehr unerlässlich. Des Weiteren sind die *„tatsächlichen und rechtlichen Möglichkeiten des Informationszugangs zu beachten“*.[122] Wenn beispielsweise die Sammlung bestimmten Informationen gegen die Regelungen des Datenschutzrechts verstößt, so setzt dies der Informationsbeschaffung Grenzen.

2. Vernünftigerweise annehmen durfte

Für die Beurteilung der Angemessenheit der Informationsgrundlage anhand der genannten Kriterien kommt es maßgeblich auf die Sichtweise an. Die deutsche BJR verwendet diesbezüglich die Formulierung „vernünftigerweise annehmen durfte“. Es stellt sich zuerst die Frage, was man unter diesen Passus „vernünftigerweise annehmen durfte“ verstehen soll. Daneben ergibt sich eine Frage aus der Systematik des § 93 Abs. 1 Satz 2 AktG: Der Passus „vernünftigerweise annehmen durfte“ wird vor die Klammer gezogen, so dass er sich sowohl auf das Merkmal „angemessene Informationsgrundlage“ als auch auf „zum Wohle der Gesellschaft“ bezieht. Dies wirft die Frage auf, ob bei der Beurteilung der Angemessenheit der Informationsgrundlage ein gleicher Maßstab wie bei der Bewertung der eigent-

---

120 *Graumann*, CCZ 2010, 222, 227; *Meyer*, CCZ 2011, 41, 42; *U. Schneider*, DB 2011, 99, 101; *Fleischer*, in: Spindler/Stilz, AktG, § 93 Rn. 70; *Spindler*, in: MüKo AktG, § 93 Rn. 55.

121 *Spindler*, AG 2006, 677, 681 f.

122 *Fleischer*, in: Spindler/Stilz, AktG, § 93 Rn. 70; *ders*, NJW 2005, 3525, 3528; *Meyer*, CCZ 2011, 41, 42.

lichen Abwägungsentscheidung anzulegen ist. Zur Beantwortung dieser Fragen wird nachfolgend zuerst die Bedeutung des Passus „vernünftigerweise annehmen durfte“ bei der Kontrolle des Merkmals „zum Wohle der Gesellschaft“ untersucht. Danach ist zu erörtern, ob im Erkenntnisbereich eine gleiche Kontrolldichte gelten soll.

a) Vernünftigerweise annehmen durfte: zum Wohle der Gesellschaft

aa) Gemischt objektiv/subjektive Sichtweise

Der Gesetzesbegründung zufolge stellt der Passus „vernünftigerweise annehmen dürfen“ im § 93 Abs. 1 S. 2 AktG eine gemischt objektiv-subjektive Sichtweise dar: Das Merkmal der „Annahme“ stellt auf subjektive Handelnden-Perspektive ab, wonach die Voraussetzungen der Entscheidungsvorbereitung aus der Sicht des betreffenden Vorstandsmitglieds zu beurteilen sind. Diese wird sodann durch das Merkmal „annehmen *durfte*“ begrenzt und objektiviert. Als Maßstab für die Überprüfung, ob die Annahme des Vorstands zu beanstanden ist, muss das Merkmal „vernünftigerweise“ herangezogen werden.[123]

Abzulehnen ist hier zum einen die rein objektive Betrachtungsweise.[124] Zuerst sprechen der Wortlaut des Merkmals „Annahme“ und der in der Gesetzesbegründung zum Ausdruck kommende Wille des Gesetzgebers schon ausdrücklich für eine subjektive Sichtweise. Zweitens würde die Folge der objektiven Sichtweise, eine volle gerichtliche Kontrolle der prozeduralen und inhaltlichen Voraussetzungen des Geschäftsleiterermessens, dem Sinn und Zweck der BJR, dem Vorstand einen erheblichen Spielraum einzuräumen und Hindsight Bias des Gerichts zu vermeiden, zuwiderlaufen.[125] Dies kann aber nicht dazu führen, dass der subjektiven Sichtweise ohne weiteres zuzustimmen ist. Gegen die rein subjektive Sichtweise kann mit Recht vorgebracht werden, dass der leichtgläubige Vorstand privilegiert würde, wenn nur seine Perspektive entscheidend wäre; dies wäre unbillig.[126] Daher ist letztendlich der gemischt objektiv/subjektive Ansicht zu folgen: In einem ersten Schritt ist die Perspektive des Vorstandsmitglieds zugrunde zu legen. Diese wird sodann in einem zweiten Schritt objekti-

---

123 BT-Drucks. 15/5092, S. 12.

124 *Schäfer*, ZIP 2005, 1253, 1257.

125 S. hierzu bereits oben Teil 2 C.I.

126 *Spindler*, in: MüKo AktG, § 93 Rn. 68.

viert, indem geprüft wird, ob das Vorstandsmitglied vernünftigerweise zu dieser Einschätzung kommen durfte.[127] Selbstverständlich ist hier eine ex-ante-Sichtweise anzulegen, also die gerichtliche Prüfung nur die Situation zum Zeitpunkt der Vornahme der Entscheidung, nicht die ex-post Folge der Entscheidung, berücksichtigen soll; dies ergibt sich aus dem Sinn und Zweck der BJR, Hindsight Bias zu vermeiden.[128]

bb) Interpretation des „vernünftigerweise" anzulegenden Maßstabs

Nach dem Willen des Gesetzgebers dient das Merkmal „vernünftigerweise" als Maßstab für die Überprüfung, inwieweit die Annahme des Vorstands objektiviert werden muss.[129] Der herrschenden Lehre nach darf das Vorstandsmitglied nicht „vernünftigerweise" annehmen, zum Wohle der Gesellschaft zu handeln, wenn „evidente Fehler" vorliegen.[130] Die deutsche BJR bezweckt die Schaffung eines weiteren Handlungsspielraums für den Vorstand bei der Vornahme unternehmerischer Entscheidungen. Außerhalb der BJR hat der Vorstand schon nach dem allgemeinen Maßstab von § 93 Abs. 1 Satz 1 AktG für einfache Fahrlässigkeit einzustehen. Wenn er innerhalb der BJR auch für jeden leichten Fehler zu verantworten hat, dann bestünde keinen Unterschied zu dem allgemeinen Maßstab. Die privilegierende Wirkung der Regelung BJR würde dann verfehlt.[131] Solche Meinung, „vernünftigerweise" als „ohne evidente Fehler" zu verstehen, entspricht auch dem Wille des Gesetzgebers: Nach der Gesetzesbegründung ist das Merkmal – „vernünftigerweise" erst dann zu verneinen, wenn der Vorstand das mit einer unternehmerischen Entscheidung verbundene Risiko *„in völlig unverantwortlicher Weise"* falsch beurteilt.[132] Ein kleiner Fehler kann nicht ein „völlig unverantwortliches" Handeln sein; nur evidente bzw. grobe Fehler dürfen als „völlig unverantwortliches" qualifiziert werden.[133]

---

127 *Koch*, in FS Säcker, 403, 408 f.; *Heckelmann*, ZRP 2005, 145, 148.

128 BGH NJW 2017, 578, 580; *Hölters*, in: Hölters, AktG, § 93 Rn. 35; *Fleischer*, in: Spindler/Stilz, AktG, § 93 Rn. 74.

129 BT-Drucks. 15/5092, S. 11.

130 *Bachmann*, in: FS Stilz, 25, 28 ff.; *ders*, WM 2015, 105, 106; *Baur*, AG 2017, 597, 598; *Fleischer*, in: Spindler/Stilz, AktG, § 93 Rn. 75; *Spindler*, in: MüKo AktG, § 93 Rn. 65; *Grigoleit/Tomasic*, in: Grigoleit, AktG, § 93 Rn. 51.

131 *Bachmann*, in: FS Stilz, 25, 34; *ders*, WM 2015, 105, 106.

132 BT-Drucks. 15/5092, S. 11.

133 *Baur*, AG 2017, 597, 598.

Der Referentenentwurf benutzte zuerst nicht das Wort „vernünftigerweise“, sondern das Kriterium „ohne grobe Fahrlässigkeit“. *Bachmann* ist der Ansicht, dass man das Merkmal „vernünftigerweise“ mit „ohne grobe Fahrlässigkeit“ übersetzen kann.[134] Aus dogmatischen Perspektive ist solche Ansicht abzulehnen, weil das Fahrlässigkeit-Kriterium zu einer Vermengung von Pflichtenmaßstab und Sorgfaltsmaßstab führen würde. Gerade aus diesem Grund hat der Regierungsentwurf das Kriterium „ohne grobe Fahrlässigkeit“ durch „vernünftigerweise annehmen durfte“ ersetzt.[135] Aus inhaltlicher Perspektive kann solche Ansicht aber richtig sein. Trotz Ihrer theoretischen Scheidung fallen Pflichtwidrigkeit und Sorgfaltsverstoß tatsächlich zusammen:[136] Zum einen wird ein grob fahrlässiges Handeln des Vorstands normalerweise evidente und grobe Fehler zur Folge haben; zum anderen kann das Vorstandsmitglied beim Vorliegen solcher Fehler nur schwer sagen, dass es nur aus einfacher Fahrlässigkeit diese offensichtlichen und unvertretbaren Fehler nicht beachtete. Daher kann man zu Recht sagen, dass „ohne evidente Fehler“ und „ohne grobe Fahrlässigkeit“ inhaltlich einen ähnlichen Standard stellen.

Im Ergebnis ist damit das Wort „vernünftigerweise“ mit „ohne evidente Fehler“ gleich zu setzen; praktisch kann man auch sagen, dass das Vorstandsmitglied bei unternehmerischen Entscheidungen nur für grobe Fahrlässigkeit haftet.[137] Das Privileg der deutschen BJR besteht gerade darin, dass unternehmerische Entscheidungen bei Erfüllung bestimmter prozeduralen Voraussetzungen nur auf evidente und offensichtliche Fehler hin überprüfbar sind.[138] Haftungsrechtlich relevant sind nur grobe Fehler.

b) Vernünftigerweise annehmen durfte: auf der Grundlage angemessener Information

Der Gesetzesbegründung nach muss das Vorstandsmitglied ferner vernünftigerweise angenommen haben, die Handlung erfolge auf der Grundlage angemessener Information.[139] Dabei gibt es keinen Meinungsstreit, dass bei der Beurteilung der Angemessenheit der Informationsgrundlage, ähn-

134 *Bachmann*, in: FS Stilz, 25, 28 ff.; *ders*, WM 2015, 105, 106.
135 *Koch*, in: Hüffer/Koch, AktG, § 93 Rn. 23.
136 *Bachmann*, in: FS Stilz, 25, 35.
137 *Bachmann*, WM 2015, 105, 106; *Hopt/Roth*, in: Großkommentar AktG, § 93 Rn. 115.
138 *Baur*, AG 2017, 597; *Bachmann*, in: FS Stilz, 25, 28 ff.
139 BT-Drucks. 15/5092, S. 11.

lich wie bei der Kontrolle der eigentlichen Abwägungsentscheidung, eine gemischt objektiv/subjektive Sichtweise anzulegen ist. Auch ist hier eine ex-ante Betrachtungsweise anzustellen, also nur der Kenntnisstand zum Zeitpunkt der Entscheidungsfindung maßgeblich sein darf.[140] Strittig ist aber, ob der Vorstand auch bei der Beschaffung angemessener Informationsgrundlage nur für evidente Fehler einzustehen hat, nämlich ob ihm einen ähnlich weiten Beurteilungsspielraum einzuräumen ist wie beim Treffen der eigentlichen Entscheidungen.

In der Literatur wird teilweise vertreten, dass auch bei der Kontrolle der Angemessenheit der Informationsgrundlage der Maßstab „ohne evidente Fehler" anzulegen ist.[141] Als Begründung wird zuerst angeführt, dass eine strenge Nachprüfung dazu führen würde, dass der Vorstand rein formale Absicherungsmaßnahmen und risikoaverses Handeln bevorzugen würde. Die privilegierenden Wirkung der BJR wird dadurch verlorengehen.[142] Zudem spricht der Satzbau der deutschen BJR, dass der Passus „vernünftigerweise annehmen durfte" vor und nicht hinter der Klammer gestellt ist, schon für einen gleichen Maßstab im Erkenntnisbereich und im Handlungsbereich.[143] Weiterhin hat auch die Gesetzesbegründung darauf hingewiesen, dass die Angemessenheit der Informationsbeschaffung vom Vorstand *„ohne groben Pflichtenverstoß"* zu entscheiden ist;[144] dies entspricht dem Maßstab im Handlungsbereich –„ohne evidente Fehler".

Die wohl überwiegende Ansicht stellt sich diesem Verständnis aber entgegen und meint, dass zwar dem Vorstand im Erkenntnisbereich ein gewisser Handlungsspielraum einzuräumen ist, verlangt aber anders als bei der eigentlichen Abwägungsentscheidung eine engmaschigere gerichtliche Plausibilitätskontrolle.[145] Zuerst wird darauf hingewiesen, dass zwar die BJR die Förderung der Risikobereitschaft des Vorstands bezweckt, aber es betrifft primär den Handlungsbereich, nicht den Erkenntnisbereich. Einer-

140 *Koch*, in: Hüffer/Koch, AktG, § 93 Rn. 21; *Spindler*, in: MüKo AktG, § 93 Rn. 57.

141 *Bachmann*, in: FS Stilz, 25, 41 ff.; *ders*, WM 2015, 105, 109 f.; *Freitag/Korch*, ZIP 2012, 2281, 2282 ff.; *Kocher*, CCZ 2009, 215, 220 f.; *Hopt/Roth*, in: Großkommentar AktG, § 93 Rn. 102.

142 *Freitag/Korch*, ZIP 2012, 2281, 2284 f; *Bachmann*, WM 2015, 105, 110.

143 *Hopt/Roth*, in: Großkommentar AktG, § 93 Rn. 102.

144 BT-Drucks. 15/5092, S. 12.

145 *Baur*, AG 2017, 597, 599 ff.; *Cahn*, Der Konzern 2015, 105, 110 f.; *Thümmel*, DB 2004, 471, 472; *Ihrig*, WM 2004, 2098, 2104 ff.; *Wagner*, CCZ 2009, 8, 16; *Fleischer*, in: Spindler/Stilz, AktG, § 93 Rn. 71a; *Koch*, in: Hüffer/Koch, AktG, § 93 Rn. 21; *Redeke*, ZIP 2011, 59, 60 ff.; *Schlimm*, Das Geschäftsleiterermessen des Vorstands einer Aktiengesellschaft, S. 204 ff.

seits ist es allgemein anerkannt, dass die Qualität der Informationsgrundlage eine große Bedeutung für die Qualität der anschließenden Abwägungsentscheidung hat. Dies erfordert schon eine sorgfältige bzw. ausreichende Informationsbeschaffung;[146] andererseits kann der Vorstand ohne große Mühe einschätzen, welche Informationen er für eine gute Entscheidung einholen soll. Das ist anders als bei der eigentlichen Entscheidung, wo der Vorstand nur schwer vorhersagen kann, welche Handlungsalternative bessere Folge bringen würde.[147] Zweitens führt eine gerichtliche Kontrolle im Erkenntnisbereich nicht zu einer überbordenden Formalismus. § 93 Abs. 1 S. 2 AktG verlangt lediglich eine „angemessene" Informationsgrundlage. Das Wort „Angemessenheit" gibt dem Vorstand bereits genügende Freiheit, bei Schaffung der Informationsgrundlage die Gegebenheiten der konkreten Entscheidungssituation zu berücksichtigen; ihm wird somit ein gewisser Beurteilungsspielraum eingeräumt.[148]

Dieser herrschenden Meinung ist zuzustimmen. Eine engmaschigere gerichtliche Plausibilitätskontrolle im Erkenntnisbereich wird die privilegierende Wirkung der BJR nicht schädigen; vielmehr wird der Vorstand dadurch gefördert, vor der eigentlichen Entscheidung eine angemessene Informationsgrundlage zu schaffen, so dass unbesonnene sowie leichtsinne Entscheidungen vermeiden werden können.[149] Dies entspricht eher den Interessen des einzelnen Unternehmens. Auch der Einwand, dass nach der Gesetzesbegründung die Angemessenheit der Informationsbeschaffung vom Vorstand „*ohne groben Pflichtenverstoß*" zu entscheiden sei, ist unhaltbar. Denn in der Gesetzesbegründung wird zugleich ausgeführt, dass dem Vorstand „*in den Grenzen seiner Sorgfaltspflichten*" ein Spielraum eingeräumt wird, den Informationsbedarf abzuwägen. Diese einschränkende Wendung „*in den Grenzen seiner Sorgfaltspflichten*" verweist auf die allgemeine Sorgfaltspflicht des § 93 Abs. 1 Satz 1 AktG.[150]

Gegen einen sehr weiten Beurteilungsspielraum im Erkenntnisbereich spricht auch die Rechtsprechung.[151] In der ARAG/Garmenbeck-Entscheidung wird ausgeführt, dass für die Kontrolle im Erkenntnisbereichs allenfalls die „*Zubilligung eines begrenzten Beurteilungsspielraums*" in Betracht

---

146 *Thümmel*, DB 2004, 471, 472; *Binder*, ZGR 2007, 745, 763 f.
147 *Baur*, AG 2017, 597, 603; *Redeke*, ZIP 2011, 59, 62.
148 *Ulmer*, DB 2004, 859, 860; *Baur*, AG 2017, 597, 604.
149 *Fleischer*, in: Spindler/Stilz, AktG, § 93 Rn. 71a; *Redeke*, ZIP 2011, 59, 63.
150 *Baur*, AG 2017, 597, 600 f.; *Redeke*, ZIP 2011, 59, 61.
151 BGH NJW 1997, 1926, 1928; BGH NZG 2013, 1021, 1023; BGH NZG 2009, 117; BGH NJW 2008, 3361, 3362 f.; OLG Düsseldorf CCZ 2010, 117, 119; OLG Celle CCZ 2009, 159, 160.

kommen kann, während im Handlungsbereich ein lockerer Maßstab wie *„deutlich überschritten“* oder *„in unverantwortlicher Weise“* anzulegen ist.[152] Die gängige Rechtsprechung hat mehrfach betont, dass die BJR eine sorgfältige Ermittlung der Entscheidungsgrundlagen voraussetzt.[153] Dabei muss der Vorstand in der konkreten Entscheidungssituation alle verfügbaren Informationsquellen tatsächlicher und rechtlicher Art ausschöpfen.[154] Zwar wird eine solche Anforderung vom Schrifttum als zu streng kritisiert,[155] aber sie zeigt jedenfalls, dass das Gericht im Hinblick auf den Erkenntnisbereich keinen ähnlich weiten Beurteilungsspielraum – wie den im Handlungsbereich – zulässt.

Im Ergebnis ist daher anzunehmen, dass dem Vorstand bei der Beschaffung der Informationsgrundlage zwar ein gewisser Handlungsspielraum einzuräumen ist, aber anders als bei der eigentlichen Abwägungsentscheidung sollen Fehler bei der Informationseinholung nicht erst dann *„die Latte der Pflichtwidrigkeit reißen“*, wenn sie evident oder grob sind.[156]

3. Beratung Dritter

Nach der Untersuchung der Bedeutung von „Angemessenheit“ und „vernünftigerweise annehmen durfte“ soll die – gleichfalls praxisrelevante – Frage beantwortet werden, ob bei der Informationsbeschaffung die Einschaltung Dritter erforderlich ist und inwiefern die Vorstandsmitglieder sich auf Beratung Dritter verlassen können.[157] Diese Frage kann sich in vielfachen Konstellationen stellen, etwa beim Einholen von externen Sachverständigengutachten und Empfehlungen von Beratern, bei der Ermittlung der Entscheidungsgrundlage durch andere Vorstandskollegen infolge horizontaler Aufgabeverteilung und bei Informationsbeschaffung durch die nachgeordneten Unternehmensebenen infolge vertikaler Arbeitstei-

152 BGH NJW 1997, 1926, 1928.

153 BGH NJW 1997, 1926, 1928; BGH NJW 2008, 3361, 3362; BGH NZG 2009, 117.

154 BGH NZG 2013, 1021, 1023; BGH NJW 2008, 3361, 3362 f.; OLG Düsseldorf CCZ 2010, 117, 119; OLG Celle CCZ 2009, 159, 160.

155 S. dazu bereits oben Teil 2 C.III.1.a).

156 *Baur*, AG 2017, 597, 598.

157 *Koch*, in: Hüffer/Koch, AktG, § 93 Rn. 22; *Hölters*, in: Hölters, AktG, § 93 Rn. 34; *Spindler*, in: MüKo AktG, § 93 Rn. 59 ff.; *Fleischer*, NJW 2009, 2337, 2339.

lung.[158] Speziell hinsichtlich externer Beratung hat der Gesetzgeber in der Begründung betont, dass eine routinemäßige Anforderung von Sachverständigengutachten, Beratervoten oder Marktanalysen keinesfalls notwendig ist.[159] Hinsichtlich der Frage, ob und in welchem Umfang externe Gutachten eingeholt werden sollen, steht dem Vorstand ein Geschäftsermessen zu.[160] Die Geschäftsleiter haben dabei die betriebswirtschaftlichen Notwendigkeiten und eigenen Möglichkeiten der Gesellschaft zu berücksichtigen und sich nach den konkreten Umständen des Einzelfalls zu entscheiden.[161]

Sollte die Einholung von Beratung Dritter nach dem oben Geschilderten nötig sein, so hat das Vorstandsmitglied einen unabhängigen, fachlich qualifizierten Berater auszuwählen. Ihm obliegt zudem eine Einweisungspflicht hinsichtlich der wichtigen Informationen, die der Berater zur Erstellung des Gutachtens benötigt. Darüber hinaus ist der Vorstand verpflichtet, das eingeholte Gutachten sorgfältig zu prüfen und letztendlich selbst zu entscheiden, ob und inwieweit es in die endgültige unternehmerische Entscheidung einzuziehen ist. Konkrete Pflichten des Vorstandsmitglieds in den Fällen der Einholung von Beratung Dritter werden im fünften Teil näher zu behandeln.[162]

IV. Andere Merkmale der BJR

Der Gesetzesbegründung zufolge setzt die BJR neben „unternehmerischer Entscheidung“ und „Handeln auf der Grundlage angemessener Information“ drei weitere Merkmale voraus: Handeln zum Wohle der Gesellschaft, Handeln ohne Sonderinteressen und sachfremde Einflüsse sowie Gutgläubigkeit.[163] Diese sollen nachfolgend kurz vorgestellt werden.

---

158 *Spindler*, in: MüKo AktG, § 93 Rn. 59 ff; *Koch*, in: Hüffer/Koch, AktG, § 93 Rn. 22.
159 BT-Drucks. 15/5092, S. 12.
160 *Spindler*, in: MüKo AktG, § 93 Rn. 59; *Koch*, ZGR 2006, 769, 788 f.
161 BT-Drucks. 15/5092, S. 12; *Hölters*, in: Hölters, AktG, § 93 Rn. 34.
162 S. hierzu ausführlich unten Teil 5 B.II.
163 BT-Drucks. 15/5092, S. 12.

1. Handeln zum Wohle der Gesellschaft

Die BJR setzt voraus, dass der Vorstand vernünftigerweise annehmen durfte, „zum Wohl der Gesellschaft zu handeln". Der Gesetzesbegründung nach liegt ein Handeln zum Wohl der Gesellschaft vor, wenn es *„der langfristigen Ertragsstärkung und Wettbewerbsfähigkeit des Unternehmens und seiner Produkte oder Dienstleistungen dient"*.[164] Zu berücksichtigen sind dabei nicht nur die Interessen der Aktionäre, sondern auch die Belange der Arbeitnehmer, der sonstigen dem Unternehmen verbundenen Gruppen und das öffentliche Interesse.[165] Wie im oben schon ausgeführt ist beim Handeln zum Wohle der Gesellschaft eine ex-ante Betrachtungsweise anzustellen und ein gemischt objektiv-subjektiver Prüfungsmaßstab einzuhalten; der Maßstab „vernünftigerweise" ist hier mit „ohne evidente Fehler" gleichzusetzen.[166]

2. Handeln ohne Sonderinteressen und sachfremde Einflüsse

Das Handeln des Vorstands muss ferner unbeeinflusst von Interessenkonflikten, Fremdeinflüssen und ohne unmittelbaren Eigennutz sein. Dieses Merkmal ist zwar nicht in § 93 Abs. 1 S. 2 AktG ausdrücklich normiert, wird nach der Gesetzesbegründung aber implizit vorausgesetzt.[167] Legitim ist ein Handeln im eigenen Interesse insoweit, als das Geschäftsleiterinteresse und das Gesellschaftsinteresse in die gleiche Richtung weisen.[168] Wenn sich ein Vorstandsmitglied in einem Interessenkonflikt befindet, dann hat es nach der Regierungsbegründung und Ziff. E.2 Deutscher Corporate Governance Kodex (DCGK) diesen dem Aufsichtsrat gegenüber unverzüglich offenzulegen und die anderen Vorstandsmitglieder hierüber zu

164 BT-Drucks. 15/5092, S. 11.

165 OLG Frankfurt CCZ 2012, 236, 237; *Hölters*, in: Hölters, AktG, § 93 Rn. 37.

166 S. dazu bereits oben Teil 2 C.III.2.a).

167 BT-Drucks. 15/5092, S. 11.

168 BT-Drucks. 15/5092, S. 11; *Fleischer*, in: Spindler/Stilz, AktG, § 93 Rn. 72; *Hölters*, in: Hölters, AktG, § 93 Rn. 38; *Spindler*, in: MüKo AktG, § 93 Rn. 69; *Hopt/Roth*, in: Großkommentar AktG, § 93 Rn. 94.

informieren.[169] Diese Offenlegungspflicht ergibt sich aus der organschaftlichen Treuepflicht und kann nicht abbedungen werden.[170]

3. Handeln in gutem Glauben

Zu guter Letzt hat der Vorstand in gutem Glauben zu handeln. Dabei handelt es sich um eine ungeschriebene Voraussetzung des Haftungsprivilegs des § 93 Abs. 1 S. 2 AktG. Zwar hat das Merkmal der Gutgläubigkeit im Gesetzeswortlaut keinen klaren Niederschlag gefunden, doch liegt dessen Zweckmäßigkeit auf der Hand. Wenn das Vorstandsmitglied selbst nicht an die Richtigkeit seiner Entscheidung glaubt, dann ist es nicht schutzwürdig im Sinne der BJR.[171] Allerdings dürfte die praktische Bedeutung dieser Regelung recht gering sein, weil es bei dolosem Handeln des Vorstandsmitglieds in der Regel schon an einem der anderen Tatbestandsmerkmale des § 93 Abs. 1 Satz 2 AktG fehlen wird.[172]

V. Verbindung der KI und der unternehmerischen Entscheidung durch BJR

Mit der rasanten Entwicklung der Big Data und KI erlangt die folgende Problematik heute besondere Bedeutung: *„Besteht die Möglichkeit, eine umfassende Datenmenge (Big Data) mittels Algorithmen zu sichten und hierdurch die Ermessensentscheidungen stützen zu können, ist der Vorstand schon aufgrund seiner Sorgfaltspflicht hierzu verpflichtet.“* Diese Aussage findet sich in der Neuauflage der Kommentierung von *Spindler* im Münchener Kommentar zum Aktiengesetz[173] und lässt erahnen, wie die unternehmerische Entscheidung des Vorstands der AG und die neu aufkommende KI-Technologie durch die BJR verbunden werden können.

---

169 BT-Drucks. 15/5092, S. 11; *Spindler*, in: MüKo AktG, § 93 Rn. 71; *Koch*, in: Hüffer/Koch, AktG, § 93 Rn. 26; *Hoffmann-Becking*, in: Münchener Handbuch des Gesellschaftsrechts, Band 4, § 25 Rn. 61 f.

170 *Hopt/Roth*, in: Großkommentar AktG, § 93 Rn. 94; *Fleischer*, in: Spindler/Stilz, AktG, § 93 Rn. 72a; *Spindler*, in: MüKo AktG, § 93 Rn. 71.

171 *Fleischer*, in: Spindler/Stilz, AktG, § 93 Rn. 76; *Hölters*, in: Hölters, AktG, § 93 Rn. 40.

172 *Koch*, in: Hüffer/Koch, AktG, § 93 Rn. 24; *ders*, ZGR 2006, 769, 790; *Spindler*, in: MüKo AktG, § 93 Rn. 76; *Fleischer*, in: Spindler/Stilz, AktG, § 93 Rn. 76.

173 *Spindler*, in: MüKo AktG, § 93 Rn. 56.

1. Hintergrund

Längst sind Informationen eine wichtige Unternehmensressource, die den „Rohstoff von Entscheidungen" darstellen.[174] Schon in einem Urteil aus den 80er Jahren hat das Landgericht Darmstadt argumentiert, dass der Datenverarbeitung als einem Mittel zur Entscheidungsvorbereitung bei Managementfunktionen maßgebliche Bedeutung zukommt.[175] Heutzutage befinden sich die Unternehmen in einer digitalen Welt, in der die für unternehmerische Entscheidung bedeutsamen Informationen vor allem in Form von Daten existieren. Nicht nur werden die Informationen bezüglich Kunden, Transaktionen und Märkten in den unternehmensinternen Softwares wie ERP-System und CRM-System als Daten gespeichert, es bestehen vielmehr auch zahlreiche nützlichen Datensätze außerhalb des jeweiligen Unternehmens. Als Beispiele kann man die E-Mails, Sensoren und Websites als weitere Informationsträger nennen.[176] Zudem ist die Menge der Datensätze mit der Entwicklung des Internets der Dinge (Industrie 4.0), der mobilen Geräte und der sozialen Medien immens gestiegen. Das weltweite Datenvolumen verdoppelt sich alle zwei Jahre.[177] Mit dem Begriff „Big Data" bezeichnet man das Phänomen großer Datenmengen.[178] Aber was sind die Eigenschaften der „Big Data"? Was für eine Rolle könnten die KI-Systeme beim Umgang der Massendaten spielen? Welche Anforderungen wird die Entwicklung der Digitalisierung den Geschäftsleitern bei Vornahme unternehmerischer Entscheidungen stellen? Diese Fragen sollen im Folgenden näher beleuchtet werden.

2. Definition und Eigenschaften von Big Data

Das Marktforschungsunternehmen Gartner hat eine klassische Definition von Big Data gegeben: *„Big Data is high-volume, high-velocity and/or high-variety information assets that demand cost-effective, innovative forms of information processing that enable enhanced insight, decision making, and process*

---

174 *Spindler/Seidel*, NJW 2018, 2153.

175 LG Darmstadt ZIP 1986, 1389, 1392.

176 *EOP*, Big Data: Seizing Opportunities, Preserving Values, S. 5; *Gentsch*, Künstliche Intelligenz für Sales, Marketing und Service, S. 7.

177 *Gentsch*, Künstliche Intelligenz für Sales, Marketing und Service, S. 72.

178 *Europäische Kommission*, Mitteilung der Kommission, Für eine florierende datengesteuerte Wirtschaft, 2.7.2014, COM (2014) 442 final, S. 2.

automation.“[179] Diese Beschreibung, die die Big Data anhand von drei Merkmalen – Volume, Velocity, Variety – charakterisiert, ist heute schon allgemein anerkannt.[180] Volume bedeutet, dass die Menge der heutigen Datensätze sehr groß sind. Velocity zeigt, dass immer mehr Daten mit sehr höher Geschwindigkeit erzeugt und transferiert werden. Und Variety beschreibt, dass die Datenquellen und Datentypen heute sehr vielfältig sind.[181] Der enorme Wert von Big Data besteht darin, dass durch die Analyse der Massendaten bessere Ergebnisse, Verfahren und Entscheidungen zustande gebracht werden können. Datenanalyse hilft den Unternehmen dabei, versteckte Muster aus dem Datenberg zu finden, neue Ideen und Lösungen zu entwickeln und künftige Ereignisse genauer vorauszusagen.[182]

3. Wertschöpfung der Big Data durch KI

Daten besitzen per se keinen Wert; nur wenn sie entsprechend analysiert und genutzt werden, können sie dem Unternehmen einen echten Nutzen bringen.[183] Für den Umgang mit den heutigen, höchst variablen und in Echtzeit anfallenden Daten sind aber immer die KI-Technologien nötig, z.B. leistungsfähige Prozessoren, Software und Algorithmen, um sich an die Eigenschaften von Big Data anzupassen.[184] Die Notwendigkeit der KI-Umsetzung bei der Wertschöpfung von Big Data lässt sich aus den Eigenschaften von Big Data, Schwächen der traditionellen manuellen Analytik-Methoden und Stärken der neuen KI-Techniken ableiten.

---

179 Gartner IT Glossary > Information Technology Glossary > B > Big Data, abrufbar unter https://www.gartner.com/en/information-technology/glossary/big-data .

180 *EOP*, Big Data: Seizing Opportunities, Preserving Values, S. 4; *Europäische Kommission*, Mitteilung der Kommission, Für eine florierende datengesteuerte Wirtschaft, 2.7.2014, COM (2014) 442 final, S. 5; *BaFin*, Big Data trifft auf Künstliche Intelligenz, S. 17; *Bitkom*, Big Data und Geschäftsmodell-Innovationen in der Praxis, S. 13.

181 *Bitkom*, Big Data und Geschäftsmodell-Innovationen in der Praxis, S. 13 f.; *EOP*, Big Data: Seizing Opportunities, Preserving Values, S. 4.

182 S. hierzu bereits oben Teil 2 C.V.3.

183 *Gentsch*, Künstliche Intelligenz für Sales, Marketing und Service, S. 13; *Dorschel*, Praxishandbuch Big Data, S. 55.

184 *Europäische Kommission*, Mitteilung der Kommission, Für eine florierende datengesteuerte Wirtschaft, 2.7.2014, COM (2014) 442 final, S. 5.

Zuerst ist das Erfassen, Aufbereiten und Analysieren der Big Data, unter Berücksichtigung der Merkmale Volume, Velocity und Variety, nicht nur zeit- und ressourcenfressend, sondern für Menschen ohne entsprechende KI-Werkzeuge tatsächlich unmöglich.[185] Die traditionellen Methoden der Business-Analytik sind in dieser Big Data-Ära nicht mehr in der Lage, tiefe und umfassende Einsichten aus den Daten zu erzeugen und die Auswirkungen der Maßnahmen richtig vorherzusagen. Für eine effektive Verarbeitung der Big Data ist der Einsatz der KI-Systeme unerlässlich. Algorithmen können große Datensätze schneller und gründlicher analysieren. Sie können Muster, Tendenz sowie Änderungen jederzeit beobachten und Empfehlungen für Maßnahmen in Echtzeit geben.[186] Außerdem sind KI-Systeme lernfähig und können anhand von Resultaten vergangener Entscheidungen ihre Entscheidungslogik anpassen und sich selbst optimieren.[187] Durch den Einsatz von Algorithmen werden zudem die Geschäftsleiter mehr Zeit für die wirklich wertschöpfenden Tätigkeiten haben, wie die Interpretation der Analyseergebnisse und die Ableitung endgültiger Entscheidungen, was in einen effizienteren und kosteneffektiveren Entscheidungsprozess münden kann. Langfristig könnte ein Unternehmen durch den Einsatz der KI-Systeme neue Möglichkeiten und steigende Wettbewerbsvorteile realisieren.[188]

4. Pflicht zum Einsatz der KI bei Entscheidungsvorbereitung

Wenn die Algorithmen und KI-Systeme bei der Verarbeitung der Big Data und mithin der Entscheidungsvorbereitung den Menschen überlegen sind, fragt es sich weiter, ob in der heutigen Big Data-Ära eine Pflicht des Vorstands zur Nutzung von KI-Technologien bei der Beschaffung angemessener Informationsgrundlage entstehen kann.

Wie oben bereits erwähnt, statuiert die deutsche BJR ausdrücklich, dass die Vorstandsmitglieder ihren unternehmerischen Entscheidungsspielraum überschreiten, wenn sie nicht vernünftigerweise von einer angemessenen Informationsgrundlage ausgehen dürfen (§ 93 Abs. 1 S. 2 AktG). Nach der herrschenden Meinung ist die Ausschöpfung aller verfügbaren

185 *Gentsch*, Künstliche Intelligenz für Sales, Marketing und Service, S. 3.
186 *Gentsch*, Künstliche Intelligenz für Sales, Marketing und Service, S. 63 f.
187 *Ernst & Young*, Think beyond tomorrow, S. 8; *Gentsch*, Künstliche Intelligenz für Sales, Marketing und Service, S. 71.
188 *Gentsch*, Künstliche Intelligenz für Sales, Marketing und Service, S. 64.

Informationsquellen nicht gefordert, vielmehr muss der Geschäftsleiter in der konkreten Entscheidungssituation unter Berücksichtigung der Faktoren wie Zeitdruck, Art und Bedeutung der Entscheidung und Kosten und Nutzen der Informationsbeschaffung selbst entscheiden, welche Informationen er benötigt und welche Mittel sowie Methoden er zur Erlangung dieser Informationen benutzen wird.[189]

Dieser herrschenden Meinung zufolge lässt sich zurzeit noch keine absolute Pflicht zum Einsatz des KI-Systems bei der Entscheidungsstützung ableiten.[190] Zum einen sind KI-Systeme nicht für alle Unternehmen und nicht für die Vorbereitung aller unternehmerischen Entscheidungen geeignet. Beispielsweise spielt die KI-gestützte Datenanalyse bei den Entscheidungen, die mehr auf Instinkt und Erfahrung des Vorstandsmitglieds beruhen, grundsätzlich keine wichtige Rolle.[191] Zudem befindet sich die Praxis der KI-Anwendung noch im Anfangsstadium. Die Kosten des KI-Einsatzes wie die Entwicklung der KI-Software und Einführung der IT-Talente sind immer noch hoch, besonders für die kleineren Unternehmen und die Unternehmen, die nicht im IT-Bereich tätig sind. Wenn nach der Abwägung die KI-Kosten deren Nutzen überwiegen werden, dann ist eine KI-Einführung grundsätzlich abzulehnen.

Zum anderen ist eine KI-Lösung selbst keine „perfekte" Methode für die Datenverarbeitung. Sie hat in sich schon schwer lösbare Probleme und kann neue Risiken mitbringen. Zum Beispiel erscheint das Verfahren des maschinellen Lernens oft wie eine Black Box und der Benutzer hat keine direkte Möglichkeit zu erfahren, wie und warum der Algorithmus sein Analyseergebnis produziert hat.[192] Auch kann ein KI-System, das auf den ersten Blick datenbasiert und neutral zu sein scheint, endlich ein diskriminierendes Analyseergebnis erzeugen. Solche Probleme werden nicht nur die Zuverlässigkeit der KI-Systeme und Plausibilität des KI-Analyseergebnisses beeinträchtigen, sondern können auch zu Verstößen gegen Gesetze, wie datenschutzrechtlichen Regelungen, führen.[193]

---

189 S. bereits oben Teil 2 C.III.

190 *Becker/Pordzik*, ZfPW 2020, 334, 347 f.; *Lücke*, BB 2019, 1986, 1991; *Zetzsche*, AG 2019, 1, 9; *Noack*, ZHR 183 (2019), 105, 122; *Weber/Kiefner/Jobst*, NZG 2018, 1131, 1133 f; *Möslein*, ZIP 2018, 204, 209 f.; *Wagner*, BB 2018, 1097, 1099.

191 *Zetzsche*, AG 2019, 1, 9.

192 Zu dem Nachvollziehbarkeitsproblem der KI-gestützten Datenverarbeitung s. ausführlich unten Teil 5 C.III.2.a).

193 Zu dem Diskriminierungsproblem der KI-gestützten Datenverarbeitung s. ausführlich unten Teil 5 C.III.2.b).

Weil KI-Systeme nicht für alle Unternehmen bei jeder unternehmerischen Entscheidung mehr Nutzen bringen können und weil es beim KI-Einsatz noch schwer lösbare Probleme und neue Risiken gibt, besteht heutzutage noch keine allgemeine Vorstandspflicht zum Einsatz der KI-Lösung bei Vornahme unternehmerischer Entscheidungen. Der Vorstand hat vielmehr bei der Frage, ob bei der Unterstützung der Vorstandsentscheidungen ein KI-System einzusetzen ist, einen gewissen Ermessensspielraum.

Die künstliche Intelligenz und Big Data entwickeln sich aber laufend fort, nicht nur im Hinblick auf ihre theoretischen Grundlagen, sondern auch im Hinblick auf die praktischen Anwendungen. Die zunehmenden KI-Einsatzmöglichkeiten dürften auch die Anforderungen an das Handeln eines vernünftigen Vorstandsmitglieds beeinflussen. Je wichtiger und umfangreicher Big Data ist und je sicherer und leichter es wird, diese durch KI-Systeme analysiert werden, desto mehr Nutzen als Kosten wird die KI-gestützte Datenanalyse bringen. In solcher Situation können die Vorstandsmitglieder ohne Einsatz von KI-Systemen nicht mehr vernünftigerweise annehmen, dass die unternehmerische Entscheidung auf der Basis angemessener Informationen getroffen ist. Vor diesem Hintergrund kann man sich daher vorstellen, dass in absehbarer Zukunft eine Organpflicht zum Einsatz von KI-Systemen im Rahmen unternehmerischer Entscheidungen bestehen wird.[194]

VI. KI im Rahmen gebundener Entscheidungen

Die vorliegende Arbeit beschränkt sich auf die KI-Anwendung im Rahmen unternehmerischer Entscheidungen. Rechtlich gebundene Entscheidungen sind in dieser Arbeit nicht zu berücksichtigen. Zur Bestimmung und Klarstellung des Forschungsgegenstands und Umfangs dieser Arbeit ist es aber notwendig, den KI-Einsatz bei gebundenen Entscheidungen kurz vorzustellen und von dem bei unternehmerischen Entscheidungen abzugrenzen, bevor die spezifischen KI-Probleme im Rahmen unternehmerischer Entscheidungen näher behandelt werden.

Wie oben schon ausgeführt steht die unternehmerische Entscheidung in § 93 Abs. 1 S. 2 AktG der gebundenen Entscheidung gegenüber. Die BJR findet nur Anwendung bei unternehmerischen Entscheidungen, während bei gebundenen Entscheidungen, nämlich bei gesetzlich, satzungs-

194 *Möslein*, ZIP 2018, 204, 209 f.; *Weber/Kiefner/Jobst*, NZG 2018, 1131, 1134; *Sattler*, BB 2018, 2243, 2248; *Spindler*, ZGR 2018, 17, 42 f.; *ders*, DB 2018, 41, 45.

mäßig oder anstellungsvertraglich vorgegebener Entscheidungen, kein unternehmerisches Ermessen besteht.[195] Beispielsweise liegt eine gebundene Entscheidung vor, wenn das Unternehmen bei der Einholung personenbezogenen Daten verpflichtet ist, datenschutzrechtliche Regelungen einzuhalten. Es besteht hier kein Spielraum, ob man die EU-Datenschutzgrundverordnung (DSGVO) einhält oder nicht.

Das Entscheidungsprozess der gebundenen Entscheidung lässt sich in zwei Phasen unterteilen: Das Erkennen der Entscheidungssituation in Form von Problemlage und das Erkennen der Pflicht zum Einholen weiteres (qualifizierten) Rechtsrats.[196] Das Erkennen einer Problemlage ist der Ausgangspunkt des Entscheidungsprozesses. Wenn der Vorstand z.B. die Vertragsklauseln, die gegen die EU-DSGVO verstoßen, schon nicht erkennt, dann gibt es keine Möglichkeit, dass er diesen Vertrag weiter überarbeiten und schließlich die datenschutzrechtlichen Regelungen einhalten kann. Die Vorstandsmitglieder müssen aber keine Juristen sein. Sie müssen nicht alle Problemlagen selbst erkennen oder erkennen können.[197] Die konkreten Arbeiten über das Erkennen einer Problemlage dürfen und sollen delegiert werden, vor allem an die unternehmensinterne Rechtsabteilung. Dabei kann die KI-Software Anwendung finden. Beispielsweise haben *Kira Inc.*[198] und *iManage LLC*[199] bereits KI-Systeme entwickelt, die Anwälten bei Vertragsanalyse und Due Diligence helfen können.[200] Insofern funktionieren die KI-Systeme ähnlich wie bei der Unterstützung der unternehmerischen Entscheidungen: Zuerst hat der Nutzer die zu prüfenden Dokumente im KI-System einzugeben. Danach folgt die KI-gestützte Analyse der eingegebenen Dokumente. Durch KI-Analyse werden Dokumente in ganz kurzer Zeit geprüft und darin verborgenen Rechtsrisiken und Rechtsprobleme werden umfassend aufgedeckt.[201] Hier findet eigentlich keine rechtliche Beurteilung wie juristische Subsumtion statt. Viel-

---

195 S. bereits oben Teil 2 C.II.2.

196 *Binder*, AG 2008, 274,283 ff.; *Selter*, AG 2012,11,13.

197 *Krieger*, ZGR 2012, 496, 498.

198 Eine Beschreibung der KI-Software von *Kira Inc.* findet man unter: https://kirasystems.com/how-kira-works/.

199 Eine Beschreibung der KI-Software von *iManage LLC* findet man unter: https://imanage.com/media/2117/21_ci-duediligence_2pager_v6.pdf.

200 *Wagner*, BB 2017, 898, 902; *Bartuschka*, BB 2020, 941, 943.

201 Eine Beschreibung der Funktionsweise der entsprechenden KI-Software findet man unter: https://kirasystems.com/how-kira-works/.

mehr werden die unpassenden sowie rechtswidrigen Klauseln aufgrund von Semantik, Mustern und Strukturen identifiziert.[202]

An das Erkennen der Problemlage schließt sich die Frage an, ob und inwieweit der Vorstand beim Umgang mit der erkannten Problemlage fachkundigen Rechtsrat einzuholen hat. Wie soeben schon ausgeführt müssen die Vorstandsmitglieder keine juristischen Fachkenntnisse besitzen. Beim Fehlen eigener Fachkunde obliegt dem Vorstand aber die Pflicht, weiteren qualifizierten Rechtsrat einzuholen. Solche Verpflichtung folgt bereits aus der Sorgfaltspflicht des § 93 Abs. 1 S. 1 AktG,[203] insbesondere aus dem hohen Stellenwert der Legalitätspflicht. Die als Ision-Urteil bekannt gewordene Entscheidung des BGH 2011 hat diese Pflicht explizit festgelegt und konkrete Anforderungen an den Prozess der Ratseinholung gestellt.[204]

Rechtsrat ist in der Regel von der Rechtsabteilung oder Anwaltskanzleien einzuholen. Bei der Untersuchung der Rechtslage haben die internen und externen Anwälte vor allem die recherchebezogenen Arbeiten durchzuführen. Die Informationstechnologie hat die rechtliche Recherche schon einmal grundlegend verändert. Die Digitalisierung von Gesetzen, gerichtlichen Entscheidungen und juristischer Literatur unterstützt einen riesigen Markt für juristische Datenbanken. Die Suchdienste der juristischen Datenbanken wie Juris und Beck-online basieren jedoch in der Regel auf traditionellen Stichwortsuchen; die Nutzung dieser Datenbanken für Rechtsrecherche ist oft eine zeitaufwändige und mühsame Aufgabe.[205]

Heute beginnen semantische Suche und juristische Fragen-Antworten bereits, auf der Grundlage künstlicher Intelligenz die traditionellen juristischen Suchdienste nochmal zu verändern. Beispielsweise nutzt *Ross*, eine intelligente Rechtsrecherche-Software, die auf dem IBM Watson-System basiert, die KI-Technik wie natürliche Sprachverarbeitung und maschinelles Lernen. Der Nutzer braucht nur die zu beantwortende Rechtsfrage in *Ross* einzugeben. Relevanteste Gesetze sowie gerichtlichen Entscheidungen wird *Ross* ihm dann sofort geben.[206] Dies ist viel effizienter als das traditionelle Stichwortsuchen, bei dem man mehrmals unterschiedliche

---

202 *Wagner*, BB 2017, 898, 902.

203 *Sander/Schneider*, ZGR 2013, 725, 737.

204 BGH NZG 2011, 1271; s. hierzu ausführlich unten Teil 5 B.II.

205 *Cao*, Top 10 Trends in "Law + Artificial Intelligence", All China Lawyers Association vom 17.08.2017, abrufbar unter http://www.acla.org.cn/article/page/detailById/20838.

206 Eine Vorstellung von Eigenschaften und Funktionen der *Ross* findet man unter: https://www.rossintelligence.com/.

Stichwörter eingeben und in eine große Anzahl von Suchergebnissen die relevantesten Ergebnisse selbst noch aussuchen muss.

Aus der obigen Ausführung lässt sich feststellen, dass die KI-Technik auch bei gebundenen Entscheidungen eine wichtige Rolle spielen kann. Aber der KI-Einsatz im Rahmen gebundener Entscheidungen hat grundsätzlich keinen Einfluss auf die Pflichten des Vorstands: Die KI-Software, sowohl beim Erkennen der Rechtsprobleme als auch bei der Untersuchung der Rechtslage, funktioniert zurzeit eher als Instrument der Anwälte. Sie liefert keine kreativen oder innovativen Ergebnisse und unterscheidet sich hierdurch von der KI-Analyse für unternehmerische Entscheidungen; vielmehr helfen sie nur dabei, den Anwälten die relevanten Informationen schneller und genauer zu liefern, sodass deren Arbeit erleichtert wird. Die Inhalte und Ergebnisse der den Kunden zu erbringenden Rechtsberatung werden dadurch nicht beeinflusst.[207] Der Vorstand hat bei den gebundenen Entscheidungen zwar konkrete Arbeiten an Anwälte zu delegieren und beim fehlen eigener Sachkunde fachkundigen Rechtsrat einzuholen. Aber er darf nicht, und auch braucht nicht, die konkreten Arbeitsmethoden und Hilfsmittel der Anwälte zu bestimmen. Es ist Sache der Anwälte, ob und inwieweit sie bei der Erfüllung der ihnen übertragenen Aufgaben eine KI-Software benutzen und dadurch ihre Arbeit erleichtern. Auch bedeutet der KI-Einsatz bei Due Diligence, Vertragsanalyse oder Rechtsrecherche nicht, dass den Vorstand eine Pflicht zur intensiveren Überprüfung der so eingeholten Ergebnisse trifft. KI-Einsatz bei gebundenen Entscheidungen wird vor allem Effizienzsteigerungen bewirken, sodass sich die Anwälte mehr auf anspruchsvollere und strategische Fragen konzentrieren können;[208] der sachliche Inhalt des Rechtsrats wird durch Einsatz der KI-Software nicht verändert.

Zusammenfassend lässt sich festhalten, dass zwar KI-Software im Rahmen gebundener Entscheidungen des Vorstands der AG eine Rolle spielen kann, aber sie wird die Pflichten des Vorstands nicht beeinflussen, weil sie zurzeit nur als Instrument der Anwälte funktioniert. Ob ein KI-System in Zukunft doch eine größere Rolle spielen kann und die Anwälte (teil)substituieren wird, bleibt noch abzuwarten.[209] In dieser Arbeit wird daher nur der KI-Einsatz im Rahmen unternehmerischer Entscheidungen untersucht. Die KI-Anwendung bei gebundenen Entscheidungen ist hingegen nicht zu berücksichtigen.

---

207 *Hoch*, AcP 219 (2019), 646, 648, 651 f.

208 *Wagner*, BB 2017, 898, 905.

209 *Hoch*, AcP 219 (2019), 646, 657 ff.; *Wagner*, BB 2017, 898, 903.

Teil 3: Delegation der Entscheidungsvorbereitung und der unternehmerischen Entscheidungen an KI

Da die KI-Technologie in der Praxis bei der Sammlung und Analyse der Big Data und mithin bei der Unterstützung unternehmerischer Entscheidungen eine immer wichtigere Rolle spielt, stellt sich die Frage, ob es auch rechtlich zulässig ist, die Vorbereitung und Durchführung unternehmerischer Entscheidungen an KI-Systeme zu delegieren. Zur Beantwortung dieser Frage soll nachfolgend zunächst beleuchtet werden, ob und inwieweit der Vorstand die Vorbereitung unternehmerischer Entscheidungen und die unternehmerischen Entscheidungen selbst auf Dritte übertragen kann. Danach ist zu untersuchen, ob er diese Aufgaben auch einem KI-System als Delegatar überantworten darf.

A. *Zulässigkeit der Delegation der Entscheidungsvorbereitung und der unternehmerischen Entscheidung*

Dem allgemeinen Sprachgebrauch entsprechend wird im Aktienrecht als Synonym für die interne und externe Arbeitsteilung sowie die Aufgabenverteilung der Begriff der „Delegation“ verwendet.[210] Allerdings verwendet das Aktiengesetz die Begriffe „Delegation“, „Aufgabenverteilung“ und „Arbeitsteilung“ nicht. Lediglich §§ 77 Abs. 1 S. 2, 78 Abs. 3 S. 1 AktG lässt sich entnehmen, dass die Geschäftsführungsbefugnis sowie die Vertretungsbefugnis auf einzelne Vorstandsmitglieder übertragen werden können. Im Gegensatz dazu statuiert aber § 76 Abs. 1 AktG die Grundsätze der Gesamtleitung und der Gesamtverantwortung des Vorstands als Kollegialorgan. Zur Beantwortung der Frage der Delegierbarkeit von Vorstandsaufgaben ist es daher bereits im Ausgangspunkt notwendig, zwischen Geschäftsleitung und Geschäftsführung zu unterscheiden.[211]

---

210 *Fleischer*, in: Handbuch des Vorstandsrechts, § 8 Rn. 12, 26; *Schmidt-Husson*, in: Hauschka, Corporate Compliance, § 6 Rn. 2.

211 *Koch*, in: Hüffer/Koch, AktG, § 76 Rn. 8; *Spindler*, in: MüKo AktG, § 76 Rn. 18; *Kort*, in: Großkommentar AktG, § 76 Rn. 32a.

I. Leitung und Geschäftsführung

1. Abgrenzung der Leitung von der Geschäftsführung

Gemäß § 76 Abs. 1 AktG hat der Vorstand die Gesellschaft unter eigener Verantwortung zu leiten. Davon zu unterscheiden ist die Geschäftsführungsbefugnis des Vorstands, die in § 77 AktG geregelt ist. Unter dem Begriff der Geschäftsführung versteht man jedes Handeln des Vorstands für die Gesellschaft, unabhängig davon, ob es tatsächlicher oder rechtlicher Natur ist.[212] Bei der Leitung handelt es sich dagegen um den Kernbereich der Geschäftsführung, der nicht auf einzelne Vorstandsmitglieder oder untergeordnete Ebenen und unternehmensfremde Dritte delegiert werden darf.[213]

§ 77 Abs. 1 S. 1 AktG sieht vor, dass die Mitglieder eines mehrköpfigen Vorstands nur gemeinschaftlich zur Geschäftsführung befugt sind. Dieser Grundsatz der Gesamtgeschäftsführung ist aber nicht zwingend und die Satzung oder die Geschäftsordnung des Vorstands können abweichende Regelungen vorsehen (§ 77 Abs. 1 S. 2 AktG). Deswegen sind die Aufgaben der Geschäftsführung grundsätzlich delegierbar. Anders als in § 77 AktG fehlt in § 76 AktG eine § 77 Abs. 1 S. 2 AktG vergleichbare Regelung. Daraus ist e contrario zu schließen, dass die Leitungsaufgaben, anders als die Geschäftsführungsaufgaben, nicht auf Dritte übertragen werden können und immer vom Gesamtvorstand als Ganzes selbst zu erfüllen sind.[214]

Demzufolge ist die Bestimmung der Leitungsaufgaben bzw. die Abgrenzung von Leitungs- und Geschäftsführungsaufgaben maßgeblich für die Frage der Delegierbarkeit der Vorstandsaufgaben. Zwar gibt es keine gesetzliche Definition des Leitungsbegriffs, doch lassen sich einige Anhaltspunkte zur Bestimmung des unverzichtbaren Kerns der Leitung aus dem Aktiengesetz entnehmen, insbesondere der Zuweisung von Aufgaben an den Vorstand als Kollegialorgan nach §§ 83, 90, 91, 92, 110 Abs. 1, 118 Abs. 1 S. 2, 121 Abs. 2, 170, 245 Nr. 4 AktG.[215] Daneben werden in

---

212 *Spindler*, in: MüKo AktG, § 77 Rn. 6; *Fleischer*, in: Spindler/Stilz, AktG, § 77 Rn. 3; *Koch*, in: Hüffer/Koch, AktG, § 77 Rn. 3; *Weber*, in: Hölters, AktG, § 77 Rn. 3.

213 *Koch*, in: Hüffer/Koch, AktG, § 76 Rn. 8; *Kort*, in: Großkommentar AktG, § 76 Rn. 34; *Fleischer*, in: Spindler/Stilz, AktG, § 76 Rn. 9.

214 *Kauer*, Die Informationsbeschaffungspflicht des Vorstands einer AG, S. 64; *Henze*, BB 2000, 209.

215 *Weber*, in: Hölters, AktG, § 76 Rn. 9; *Schiessl*, ZGR 1992, 64, 67 f.; *Koch*, in: Hüffer/ Koch, AktG, § 76 Rn. 9.

der Rechtslehre wegen fehlender subsumtionsfähiger Kriterien für die Abgrenzung zwischen Leitung und Geschäftsführung zudem betriebswirtschaftliche Erkenntnisse herangezogen. Der herrschenden Meinung nach zählen dann die Unternehmensplanung, -steuerung, -kontrolle, Besetzung der Führungsstellen und Corporate Compliance zu den zwingend vom Gesamtvorstand wahrzunehmenden Leitungsaufgaben.[216] Der modernen Unternehmensleitung angemessener ist allerdings eine andere Vorstrukturierung, die dem Vorstand vier Verantwortungsbereiche als unübertragbare Leitungsaufgaben zuweist: Planungs- und Steuerungsverantwortung, Organisationsverantwortung, Finanzverantwortung und Informationsverantwortung.[217] Mit der Entwicklung der Informationstechnologien wird heute auch für Fragen der elektronischen Datenverarbeitung (EDV) und der IT einschließlich der datenschutzrechtlichen Vorgaben zunehmend eine Leitungszuständigkeit des Vorstands bejaht.[218]

2. Delegierbarkeit der Hilfsmaßnahmen der Leitungsaufgaben

Nach den obigen Ausführungen steht fest, dass der Gesamtvorstand den Kernbereich der Geschäftsführung, nämlich die Leitungsaufgaben, als Gesamtgremium höchstpersönlich zu erledigen hat und diese Aufgaben nicht auf Dritte übertragen werden dürfen. In der heutigen von Schnelllebigkeit und Komplexität geprägten Wirtschaftswelt könnte der Vorstand jedoch in vielen Fällen ohne unterstützende Hilfe durch nachgeordnete Mitarbeiter oder externe Dritte seine Leitungsfunktion nicht erfolgreich vornehmen, da die Kompetenz einzelner Personen begrenzt ist und dem Vorstand oft nicht genügend Zeit zur Verfügung steht.[219] Damit ist die Delegation der konkreten Erfüllung der Leitungsaufgaben an Dritte in tatsächlicher Hinsicht notwendig. Fraglich ist, ob eine solche Delegation auch in rechtlicher Hinsicht zulässig ist.

---

216 *Schmidt-Husson*, in: Hauschka, Corporate Compliance, § 6 Rn. 22 f.; *Weber*, in: Hölters, AktG, § 76 Rn. 10 f.; *Henze*, BB 2000, 209, 210; *Schiessl*, ZGR 1992, 64, 68; *Koch*, in: Hüffer/ Koch, AktG, § 76 Rn. 9; *Spindler*, in: MüKo AktG, § 76 Rn. 16 f.

217 *Fleischer*, in: Spindler/Stilz, AktG, § 76 Rn. 18; *ders*, ZIP 2003, 1, 5 f.; *Turiaux/Knigge*, DB 2004, 2199, 2201. S. hierzu ausführlich unten Teil 4 A.II.1.

218 *Koch*, in: Hüffer/Koch, AktG, § 76 Rn. 9; *Kort*, in: Großkommentar AktG, § 76 Rn. 37; *Behling*, ZIP 2017, 697, 698 ff.; *Noack*, ZHR 183 (2019), 105, 124 ff.

219 *Kauer*, Die Informationsbeschaffungspflicht des Vorstands einer AG, S. 63; *Froesch*, DB 2009, 722, 723.

§ 76 Abs. 1 AktG steht dieser aus praktischen Gründen folgenden Notwendigkeit der Delegation nicht entgegen: Er zielt nur auf das Tragen der Leitungsverantwortung, verlangt aber nicht, dass der Vorstand sämtliche Hilfsmaßnahmen wie Vorbereitungs- und Ausführungsmaßnahmen aller Leitungsentscheidungen eigenhändig vornimmt.[220] Deshalb können insbesondere die Sammlung, Aufbereitung und Analyse von Informationen und die Erstellung von Empfehlungen, Prognosen sowie Entscheidungsvarianten als Vorbereitung der endgültigen Entscheidung einzelnen Vorstandsmitgliedern, nachgeordneten Unternehmensebenen oder sogar außenstehenden Dritten überantwortet werden, solange die Letztentscheidungskompetenz dem Vorstand als Kollegialorgan zusteht.[221]

II. Delegierbarkeit der Vorbereitung der unternehmerischen Entscheidungen

Nachdem die Delegationsmöglichkeit der Leitungs- und Geschäftsführungsaufgaben untersucht wurde, soll im Folgenden der Frage nachgegangen werden, ob die Schaffung einer angemessenen Informationsgrundlage zum Zwecke der Vorbereitung einer unternehmerischen Entscheidung delegierbar ist. Die delegierbaren Vorstandsaufgaben sind, wie oben schon diskutiert, die Geschäftsführungsaufgaben und die unterstützenden Tätigkeiten im Zusammenhang mit Leitungsaufgaben. Wenn es sich bei der unternehmerischen Entscheidung um eine Geschäftsführungsaufgabe handelt, dann ist Entscheidungsvorbereitung ohne weiteres delegierbar. Wenn die entsprechenden Entscheidungen zur Leitungsaufgabe zählen, dann sind die Maßnahmen der Informationsbeschaffung ebenfalls stets delegierbar, soweit am Ende der Vorstand als Kollegialorgan letztverantwortlich entscheidet.[222] Der Grund liegt darin, dass die Informationsbeschaffung eine unterstützende Tätigkeit bzw. Hilfsmaßnahme der Leitungsaufgabe darstellt.[223]

---

220 *Fleischer*, in: Spindler/Stilz, AktG, § 76 Rn. 20; *ders*, ZIP 2003, 1, 6; *Hoffmann-Becking*, ZGR 1998, 497, 508.

221 *Spindler*, in: MüKo AktG, § 76 Rn. 18; *Fleischer*, in: Spindler/Stilz, AktG, § 76 Rn. 20; *Koch*, in: Hüffer/Koch, AktG, § 76 Rn. 8; *Turiaux/ Knigge*, DB 2004, 2199, 2204 f.

222 *Fleischer*, ZIP 2003, 1, 6; *Koch*, in: Hüffer/Koch, AktG, § 76 Rn. 8.

223 *Kauer*, Die Informationsbeschaffungspflicht des Vorstands einer AG, S. 66.

III. Delegierbarkeit der unternehmerischen Entscheidungen

Abschließend muss noch die Zulässigkeit der Delegation der unternehmerischen Entscheidung selbst geklärt werden. Anders als die Entscheidungsvorbereitung stellt die Vornahme unternehmerischer Entscheidungen grundsätzlich keine unterstützende Tätigkeit mehr dar, sondern die zu erledigende Aufgabe selbst. Demzufolge ist deren Delegierbarkeit eine Frage des Einzelfalls und hängt maßgeblich vom Charakter der jeweiligen Entscheidung ab: Wenn die unternehmerische Entscheidung inhaltlich die unveräußerliche Leitungsaufgabe berührt und damit von dem Gesamtvorstand als Kollegialorgan zu treffen ist, ist die Delegierbarkeit der Entscheidung zu verneinen.[224] Anderenfalls ist die Delegierbarkeit zu bejahen.

IV. Zwischenergebnis

Zusammenfassend kann daher festgehalten werden, dass die Vorbereitung einer unternehmerischen Entscheidung immer delegierbar ist. Sofern sie nicht der Leitungsaufgabe unterfallen, dürfen auch die unternehmerischen Entscheidungen selbst an Dritte delegiert werden.

B. Arten der Delegation

Bei der Delegation hat man zwischen der Übertragung einer Aufgabe auf einzelne Vorstandsmitglieder oder auf nachgeordnete Unternehmensebene einerseits („unternehmensinterne Delegation") und der Auslagerung einer Aufgabe auf unternehmensfremde Dritte („unternehmensexterne Delegation/Outsourcing") zu unterscheiden. Diese differenzierte Betrachtungsweise ist geboten, da abhängig von der Person des Beauftragten spezifische Sachprobleme und Besonderheiten zu beachten sind.[225]

---

224 *Weber*, in: Hölters, AktG, § 77 Rn. 29; *Hoffmann-Becking*, ZGR 1998, 497, 508 f.
225 *Turiaux/Knigge*, DB 2004, 2199, 2202 ff.; *Fleischer*, ZIP 2003, 1, 7 ff.; *Froesch*, DB 2009, 722, 723 ff.

I. Horizontale Delegation

Im Rahmen der horizontalen Delegation werden die Geschäftsführungsaufgaben vom Gesamtvorstand an einzelne Vorstandsmitglieder delegiert.[226] Eine solche Geschäftsverteilung widerspricht im Ausgangspunkt zwar dem Grundsatz der Gesamtgeschäftsführung aus § 77 Abs. 1 S. 1 AktG. Doch diese Regelung ist nicht zwingend, so dass abweichende Gestaltungen, z.B. eine Delegation der Einzelgeschäftsführungsbefugnis an einzelne Mitglieder, im Rahmen der Satzung oder der Geschäftsordnung des Vorstands rechtlich zulässig sind (§ 77 Abs. 1 Satz 2 AktG). Bei der durch Ressortverteilung begründeten Einzelgeschäftsführung gilt es aber einige Grenzen zu beachten: Das Prinzip der Gesamtleitung, der Grundsatz der Gesamtverantwortung und der Grundsatz der Gleichberechtigung aller Vorstandsmitglieder.[227]

Das Gesamtleitungsprinzip besagt, dass die unverzichtbaren Leitungsaufgaben immer bei dem Gesamtvorstand als Kollegialorgan verbleiben müssen und nicht übertragbar sind.[228] Die konkrete Vorbereitung und Umsetzung der Leitungsentscheidungen können jedoch grundsätzlich an ein oder mehrere Vorstandsmitglieder delegiert werden.[229]

Der Grundsatz der Gesamtverantwortung hat zum Inhalt, dass jedes Vorstandsmitglied für die gesamte Geschäftsführung der Gesellschaft verantwortlich ist.[230] Die zulässige Aufgabenverteilung innerhalb des Vorstands führt nicht dazu, dass die einzelnen Vorstandsmitglieder nur die Verantwortung hinsichtlich der ihnen zugewiesenen Aufgaben tragen würden und die Tätigkeiten anderer Vorstandskollegen nicht mehr zu beachten brauchten. Zwar liegt die unmittelbare Handlungs- bzw. Ressortverantwortung lediglich bei dem entsprechenden ressortzuständigen Vorstandsmitglied, doch sind die übrigen Vorstandskollegen weiterhin verpflichtet, die Arbeit des jeweiligen Ressortinhabers sorgfältig zu überwachen.[231] Der Inhalt und die Intensität dieser Überwachungspflicht kön-

226 *Froesch*, DB 2009, 722, 723; *Turiaux/Knigge*, DB 2004, 2199.

227 *Weber*, in: Hölters, AktG, § 77 Rn. 28; *Kort*, in: Großkommentar AktG, § 77 Rn. 30 ff.; *Fleischer*, ZIP 2003, 1, 2; *Hoffmann-Becking*, ZGR 1998, 497, 506 ff.

228 *Weber*, in: Hölters, AktG, § 77 Rn. 29; *Koch*, in: Hüffer/Koch, AktG, § 77 Rn. 18.

229 *Koch*, in: Hüffer/Koch, AktG, § 77 Rn. 18; *Weber*, in: Hölters, AktG, § 77 Rn. 29.

230 *Weber*, in: Hölters, AktG, § 77 Rn. 31; *Froesch*, DB 2009, 722, 723.

231 *Kort*, in: Großkommentar AktG, § 77 Rn. 35; *Weber*, in: Hölters, AktG, § 77 Rn. 31; zur Überwachungspflicht der übrigen Vorstandskollegen s. ausführlich unten Teil 4 C.

nen jedoch nicht allgemein umschrieben werden, sondern richten sich nach den konkreten Umständen des Einzelfalls.[232]

Unter dem Grundsatz der Gleichberechtigung versteht man, dass alle Vorstandsmitglieder hinsichtlich der Geschäftsführung die gleiche Rechtsstellung besitzen und kein besonderes Alleinentscheidungsrecht für einzelne Vorstandsmitglieder eingeräumt werden darf.[233] Nach § 77 Abs. 1 Satz 2 Halbsatz 2 AktG sind Bestimmungen, die vorsehen, dass ein oder mehrere Vorstandsmitglieder bei Meinungsverschiedenheiten gegen die Mehrheit der Mitglieder entscheiden, unzulässig. Ferner ist eine „zweite Klasse" der Ausgestaltung der Vorstandsmitgliedschaft im Sinne einer hierarchischen Über- und Unterordnung der Vorstandsmitglieder im deutschen Aktienrecht verboten.[234] Zu den erlaubten Gestaltungen zählen nach allgemeiner Auffassung die Bildung der Vorstandsausschüsse,[235] die Ernennung eines Vorstandsvorsitzenden,[236] die Einräumung des Rechts zum Stichentscheid[237] und die Einräumung eines Vetorechts.[238] Bei Aktiengesellschaften, die dem Mitbestimmungsgesetz unterliegen, ist die Einräumung eines endgültig wirkenden Vetorechts aber unzulässig, weil sie die gleichberechtigte Stellung des Arbeitsdirektors[239] und seine Zuständigkeit für Sozial- und Personalfragen[240] gefährden würde (§ 33 Abs. 1 MitbestG).[241]

232 *Fleischer*, in: Spindler/Stilz, AktG, § 77 Rn. 50 ff.; *ders*, NZG 2003, 449, 453 f.; *Koch*, in: Hüffer/Koch, AktG, § 77 Rn. 15.

233 *Weber*, in: Hölters, AktG, § 77 Rn. 30; *Hoffmann-Becking*, ZGR 1998, 497, 514 f.

234 *Weber*, in: Hölters, AktG, § 77 Rn. 30; *Wicke*, NJW 2007, 3755, 3757; *Hoffmann-Becking*, ZGR 1998, 497, 514 f.

235 *Fleischer*, in: Spindler/Stilz, AktG, § 77 Rn. 41; *Spindler*, in: MüKo AktG, § 77 Rn. 71; *Kort*, in: Großkommentar AktG, § 77 Rn. 43.

236 *Koch*, in: Hüffer/Koch, AktG, § 77 Rn. 11; *Weber*, in: Hölters, AktG, § 77 Rn. 30.

237 *Weber*, in: Hölters, AktG, § 77 Rn. 30; *Spindler*, in: MüKo AktG, § 77 Rn. 14; *Koch*, in: Hüffer/Koch, AktG, § 77 Rn. 11.

238 *Koch*, in: Hüffer/Koch, AktG, § 77 Rn. 12; *Kort*, in: Großkommentar AktG, § 77 Rn. 27; *Fleischer*, in: Spindler/Stilz, AktG, § 77 Rn. 16.

239 *ErfK/Oetker*, MitbestG, § 33 Rn. 6; *Henssler*, in: Mitbestimmungsrecht, § 33 Rn. 29 f.

240 *ErfK/Oetker*, MitbestG, § 33 Rn. 24 ff.; *Henssler*, in: Mitbestimmungsrecht, § 33 Rn. 43 ff.

241 BGH NJW 1984, 733; *Spindler*, in: MüKo AktG, § 77 Rn. 19; *Kort*, in: Großkommentar AktG, § 77 Rn. 29; *Koch*, in: Hüffer/Koch, AktG, § 77 Rn. 13.

II. Vertikale Delegation

Unter vertikaler Delegation ist die Übertragung der Aufgaben auf nachgeordnete Unternehmensebenen zu verstehen.[242] Anders als die horizontale Delegation enthält das Aktiengesetz keine Vorschrift über die Delegation der Vorstandsaufgaben auf untergeordnete Unternehmensebenen. Dennoch ist diese Form der Delegation in der Literatur allgemein anerkannt, da es in tatsächlicher Hinsicht nicht möglich ist, dass die Vorstandsmitglieder alle Aufgaben der Geschäftsführung höchstpersönlich erledigen.[243]

Der Grundsatz der Gesamtleitung gilt auch für die vertikale Delegation, und mit Ausnahme der Vorbereitungs- und Ausführungsmaßnahmen darf der Kernbereich der Unternehmensleitung nicht an nachgeordnete Mitarbeiter delegiert werden.[244] Durch zulässige vertikale Aufgabendelegation können sich die Vorstandsmitglieder aber nicht von der Geschäftsleiterverantwortung befreien. Ähnlich wie bei der horizontalen Delegation verwandelt sich hier die Handlungspflicht der Geschäftsleiter in eine Sorgfaltspflicht gegenüber den nachgeordneten Unternehmensebenen. Dies bedeutet, dass die Geschäftsleiter verpflichtet sind, die Delegatare sorgfältig auszuwählen, ihnen erforderliche Einweisungen zu geben und ihre Arbeit mit hinreichender Sorgfalt zu überwachen.[245]

III. Outsourcing

Neben der soeben erläuterten unternehmensinternen Delegation kommt in der Praxis auch die Übertragung bestimmter Einzelaufgaben und Teilbereiche der Geschäftsführung an unternehmensfremde Dritte vor („Outsourcing“). Diese Form der externen Delegation ist zwar nicht ausdrück-

---

242 *Turiaux/Knigge*, DB 2004, 2199, 2204 f.; *Froesch*, DB 2009, 722, 723.

243 *Fleischer*, in: Spindler/Stilz, AktG, § 76 Rn. 65; *ders*, ZIP 2003, 1, 8; *Turiaux/Knigge*, DB 2004, 2199, 2204; *Froesch*, DB 2009, 722, 723; *Koch*, in: Hüffer/Koch, AktG, § 76 Rn. 8; *Spindler*, in: MüKo AktG, § 76 Rn. 14.

244 *Turiaux/Knigge*, DB 2004, 2199, 2205; *Hopt/Roth*, in: Großkommentar AktG, § 93 Rn. 160 f.

245 *Schmidt-Husson*, in: Hauschka, Corporate Compliance, § 6 Rn. 28; *Fleischer*, in: Handbuch des Vorstandsrechts, § 8 Rn. 28; *ders*, in: Spindler/Stilz, AktG, § 93 Rn. 100; *Hopt/Roth*, in: Großkommentar AktG, § 93 Rn. 162; *Turiaux/Knigge*, DB 2004, 2199, 2205; *Krause*, BB 2009, 1370, 1373; *Harbarth*, ZGR 2017, 211, 215; *Froesch*, DB 2009, 722, 725. Zu den Pflichten des Delegierenden bei vertikaler Delegation s. ausführlich unten Teil 5.

lich im Aktiengesetz normiert, aber dennoch prinzipiell statthaft.[246] Dies ergibt sich aus der Opel-Entscheidung aus dem Jahr 1986, in der das LG Darmstadt die Auslagerung der EDV (elektronische Datenverarbeitung) an ein anderes Unternehmen als rechtlich zulässig angesehen hat.[247] Im Aktienrecht sind hier wiederrum die rechtlichen Grenzen – die Unveräußerlichkeit originärer Leitungsaufgaben und Letztentscheidungskompetenz des Vorstands – zu beachten.[248] Darüber hinaus trifft den Vorstand auch beim Outsourcing eine Auswahl-, Einweisung- und Überwachungspflicht. Insofern hat er dafür zu sorgen, dass der Dritte die ihm übertragenen Aufgaben ebenso ordnungsgemäß erfüllen wird wie ein unternehmensinterner Mitarbeiter.[249] Zu diesem Zweck kann die Ersetzung des fehlenden arbeitsrechtlichen Weisungsrechts durch schuldrechtliche Vereinbarungen notwendig sein.[250]

C. KI-System als Delegatar

Nachdem die Übertragbarkeit der Entscheidungsvorbereitung sowie der unternehmerischen Entscheidung selbst beleuchtet und auch die typischen Formen der Delegation erörtert wurden, soll im Folgenden der Frage nachgegangen werden, ob die delegierbaren Vorstandsaufgaben im Rahmen unternehmerischer Entscheidungen auch auf Algorithmen bzw. KI-Systeme übertragen werden dürfen.

---

246 LG Darmstadt ZIP 1986, 1389; *Fleischer*, in: Spindler/Stilz, AktG, § 76 Rn. 66; *Spindler*, in: MüKo AktG, § 76 Rn. 18; *Weber*, in: Hölters, AktG, § 76 Rn. 12 ff.; *Kort*, in: Großkommentar AktG, § 76 Rn. 50; *Turiaux/Knigge*, DB 2004, 2199, 2205; *Froesch*, DB 2009, 722, 723.

247 „*Weder haben die Beklagten durch die Vereinbarung über die Übertragung der Datenverarbeitung auf die E. GmbH gegen gesetzliche Regelungen verstoßen noch ist ein solcher Verstoß zu erwarten. Auch hat der Beklagte zu 2) seinen Geschäftsführungsbereich nicht überschritten. So liegt kein Verstoß des Beklagten zu 2) gegen seine sich aus §§ 76, 93 AktG ergebende Sorgfaltspflicht vor, denn durch die Übertragung der Datenverarbeitung der Beklagten zu 1) auf die E. GmbH hat er nicht gegen die Verpflichtung zur Wahrnehmung seiner Organfunktionen verstoßen*“, vgl. LG Darmstadt ZIP 1986, 1389, 1391.

248 LG Darmstadt ZIP 1986, 1389, 1392; *Turiaux/Knigge*, DB 2004, 2199, 2206.

249 *Spindler*, in: MüKo AktG, § 76 Rn. 18; *Fleischer*, in: Spindler/Stilz, AktG, § 76 Rn. 66; *Stein*, ZGR 1988, 163, 171 ff.; *Henze*, BB 2000, 209, 210.

250 *Turiaux/Knigge*, DB 2004, 2199, 2206; *Fleischer*, ZIP 2003, 1, 10; *Stein*, ZGR 1988, 163, 171.

Wie bereits ausgeführt ist die Zulässigkeit der Delegation nicht ausdrücklich im Aktiengesetz geregelt, sondern ergibt sich aus Bedürfnissen der Praxis, da ohne eine ordnungsgemäße Delegation der Vorstandsaufgaben an Dritte eine effektive Geschäftsführung der Geschäftsleiter nicht vorstellbar wäre, sei es aus Gründen mangelnder Sachkunde und Erfahrung, sei es aus Gründen des Zeitmangels.[251] In den heutigen Zeiten von Big Data sind die menschlichen Akteure in vielen Fällen nicht mehr in der Lage, selbst eine angemessene Informationsgrundlage für die Entscheidungen des Vorstands zu schaffen. Daher spielen die KI-Systeme bei den Informationsmaßnahmen – wie z.B. der Datenerhebung und Datenanalyse – eine immer wichtigere Rolle. Vor diesem Hintergrund ergibt sich heutzutage das Bedürfnis, Vorstandsaufgaben auf KI zu übertragen.[252] Eine Delegation der Vorstandsaufgaben an KI-Systeme entspricht insoweit dem Gebot praktischer Vernunft.

Es bleibt ferner zu erläutern, ob eine KI-Delegation auch aus rechtlicher Perspektive zulässig ist. Hier stellt sich vor allem die Frage, ob eine Delegation der Aufgaben an ein KI-System, welches weder eine natürliche Person noch eine juristische Person ist, rechtlich zulässig ist.[253] Zunächst stehen einer solchen KI-Delegation die gesetzlichen Regelungen nicht entgegen, weil es im Aktiengesetz und im Bürgerlichen Gesetzbuch keine Vorschrift gibt, die die Rechtsfähigkeit des Delegatars verlangen würden. Auch die Rechtsprechung und das Schrifttum verlangen nicht, dass der Delegatar eine natürliche oder juristische Person sein müsste. In diesem Zusammenhang ist zu beachten, dass die vertikale Delegation nicht nur die Aufgabenübertragung an *nachgeordnete Mitarbeiter* umfasst, sondern auch eine Übertragung der Aufgaben auf *nachgeordnete Unternehmensabteilungen* zulässt, obwohl eine Abteilung keine Person im rechtlichen Sinne ist.[254] Zum Beispiel wird die Delegation der EDV an eine unternehmensinterne Abteilung (IT-Abteilung) von der Literatur und der Rechtsprechung bereits als statthaft angesehen.[255] Daraus lässt sich entnehmen, dass nicht die Rechtsfähigkeit der Delegatare, sondern die Bedürfnisse der Praxis für

251 S. hierzu bereits oben Teil 3 A.

252 S. hierzu bereits oben Teil 2 C.V.

253 *Becker/Pordzik*, ZfPW 2020, 334, 343 f.; *Weber/Kiefner/Jobst*, NZG 2018, 1131, 1132.

254 LG Darmstadt ZIP 1986, 1389; *Spindler*, in: MüKo AktG, § 76 Rn. 18; *Koch*, in: Hüffer/ Koch, AktG, § 76 Rn. 8; *Fleischer*, in: Spindler/Stilz, AktG, § 76 Rn. 20; *Froesch*, DB 2009, 722, 723; *Henze*, BB 2000, 209.

255 LG Darmstadt ZIP 1986, 1389, 1392; *Stein*, ZGR 1988, 163, 166 f.; *Weber*, in: Hölters, AktG, § 76 Rn. 13.

die Beurteilung der Zulässigkeit der Delegation entscheidend sind: Wenn der Entscheidungsträger allein nicht in der Lage ist, alle für seine Entscheidung notwendigen Daten selbst zu sammeln und auszuwerten, und wenn die Experten und Spezialabteilungen *„aufgrund ihrer Vorkenntnisse, Zeit und technischen Ausstattungen in der Lage sind, verschiedene Lösungen für die zu treffenden Entscheidungen durchzuspielen und vorzubereiten"*, dann kann der Vorstand die relevanten Aufgaben an diese delegieren.[256] Dadurch wird die Geschäftsführungsbefugnis des Vorstands nicht aufgegeben, *„solange er für die Aufgabenstellung an die Datenverarbeitung zuständig ist und die Entscheidung über einen Vorschlag inne behält"*.[257]

Für die Delegation der Entscheidungsunterstützung an KI-Systeme sollen die gleichen Grundsätze gelten: Solange die KI-Systeme den Vorstand beim Treffen unternehmerischer Entscheidungen effektiv unterstützen können und der Vorstand immer eine Letztentscheidungskompetenz besitzt, ist die Delegation der Vorstandsentscheidungen an KI rechtlich zulässig. Im Wertpapiergesetz gibt es bereits eine Vorschrift über die KI-Delegation: § 80 Abs. 2 WpHG regelt die organisatorischen Anforderungen im sogenannten algorithmischen Handel. Ausweislich dieser Vorschrift liegt ein algorithmischer Handel vor, wenn ein Wertpapierdienstleistungsunternehmen in der Weise Handel mit Finanzinstrumenten betreibt, dass ein Computeralgorithmus die wichtigen Auftragsparameter automatisch bestimmt. Diese Regelung über den algorithmischen Handel impliziert, dass der Gesetzgeber die Delegation der Handelsentscheidungen an Algorithmen als zulässig anerkennt.[258]

Nachdem die praktische Notwendigkeit sowie die rechtliche Zulässigkeit der Delegation von Vorstandsaufgaben an KI-Systeme bejaht wurden, soll der weiteren Frage nachgegangen werden, inwiefern die KI-Systeme vom Vorstand effektiv überwacht werden können.[259] Ähnlich wie im Falle des Outsourcing hat der Vorstand dafür zu sorgen, dass bei der KI-Delegation eine sachgerechte Aufgabenwahrnehmung in gleicher Weise gewährleistet wird wie bei der traditionellen vertikalen Delegation, d.h. bei der Übertragung der Aufgaben auf einen Mitarbeiter oder eine interne Un-

256 LG Darmstadt ZIP 1986, 1389, 1392.

257 LG Darmstadt ZIP 1986, 1389, 1392.

258 *Becker/Pordzik*, ZfPW 2020, 334, 344; *Zetzsche*, AG 2019, 1, 5. Zur Übertragbarkeit der Anforderungen des § 80 Abs. 2 WpHG auf Vorstandspflichten beim KI-Einsatz im Rahmen unternehmerischer Entscheidungen s. ausführlich unten Teil 6 B.II.2.

259 *Becker/Pordzik*, ZfPW 2020, 334, 348 ff; *Lücke*, BB 2019, 1986. 1993; *Weber/Kiefner/Jobst*, NZG 2018, 1131, 1132 ff.

ternehmensabteilung. Zweifelsohne müssen die Vorstandsmitglieder diejenigen Pflichten, die allgemein im Falle einer vertikalen Delegation von den Delegierenden zu beachten sind, auch bei einer Aufgabendelegation an KI-Systeme erfüllen: In einer solchen Situation sind die Vorstandsmitglieder daher ebenfalls verpflichtet, mit hinreichender Sorgfalt geeignete KI-Systeme auszuwählen, ihnen erforderliche Weisungen zu geben und die Arbeitsvorgänge sowie Ergebnisse der KI-Systeme zu überwachen.[260] Der konkrete Inhalt der Vorstandspflichten muss sich aber an die tatsächlichen Besonderheiten des KI-Systems als Delegatar anpassen. Beispielsweise ist der Algorithmen-basierte Arbeitsprozess der KI-Systeme, im Unterschied zu einer gewöhnlichen Tätigkeit von Mitarbeitern, schwerer nachvollziehbar und kann nicht durch den Arbeitsvertrag gesteuert werden.[261] Die konkreten und besonderen Verhaltensvorgaben der Vorstandsmitglieder beim KI-Einsatz im Rahmen unternehmerischer Entscheidungen werden im vierten, fünften und sechsten Teil dieser Arbeit näher beleuchtet.

D. Ergebnis

Es hat sich gezeigt, dass die Delegation der Entscheidungsvorbereitung und der unternehmerischen Entscheidungen an KI-Systeme nicht nur tatsächlich nützlich und notwendig, sondern auch rechtlich zulässig ist, solange die Entscheidungen nicht zur Leitungsaufgabe des Gesamtvorstands gehören und der Vorstand immer die Letztentscheidungskompetenz besitzt. Das Problem, dass das KI-System keine natürliche oder juristische Person ist, hat keinen Einfluss auf die rechtliche Zulässigkeit der KI-Delegation. Bezüglich der KI-Delegation hat der Vorstand nur dafür zu sorgen, dass das KI-System die ihm übertragenen Aufgaben ordnungsgemäß und erfolgreich erfüllt.

---

260 Zu der Frage, welche Pflichten den Vorstandsmitgliedern gegenüber den KI-Systemen obliegen, nämlich wie der Vorstand gewährleisten kann, dass KI-Systeme die ihnen übertragenden Aufgaben ordnungsgemäß und erfolgreich erfüllen werden, s. unten Teil 5.

261 Zu dem Nachvollziehbarkeitsproblem der KI-Analyse s. ausführlich unten Teil 5 C.III.2.a).

Teil 4: Anforderungen an den Vorstand beim KI-Einsatz im Rahmen unternehmerischer Entscheidungen innerhalb des Vorstands

Nachdem die rechtliche Zulässigkeit der Delegation der Entscheidungsvorbereitung und der unternehmerischen Entscheidung an KI-Systeme bejaht werden konnte, soll im Folgenden der Frage nachgegangen werden, wie der Vorstand beim KI-Einsatz sicherstellen kann, dass KI-Systeme die ihnen übertragenen Aufgaben ebenso ordnungsgemäß und erfolgreich erledigen wie menschliche Delegatare. Diese Frage soll unter zwei Aspekten beleuchtet werden: Zum einen ist zu untersuchen, welche neuen Anforderungen der KI-Einsatz innerhalb des Vorstands an die Vorstandsmitglieder stellt. Zum anderen soll ausgehend von dem vertikalen Delegationsverhältnis zwischen den KI-Systemen und dem Vorstand beleuchtet werden, welche Verhaltensvorgaben die Vorstandsmitglieder in Bezug auf die KI-Systeme einzuhalten haben, um zu gewährleisten, dass die Aufgabeerfüllung durch die KI-Systeme ordnungsgemäß erfolgen wird.

Dieser Teil handelt von dem ersten Aspekt. Dabei sind vor allem folgende Fragen zu erörtern: Die neuen Aufgaben, welche die Vorstandsmitglieder beim KI-Einsatz zu erfüllen haben, die neuen Fähigkeiten, die sie besitzen müssen und die Pflichten, die den Vorstandskollegen gegenüber dem für KI-Einsatz zuständigen Vorstandsmitglied obliegen, wenn die KI-bezogenen Aufgaben durch Geschäftsverteilung an ein einzelnes Mitglied delegiert werden.

A. Überblick über die Organpflichten des Vorstands

Will man die Verhaltensanforderungen an den Vorstand und die einzelnen Mitglieder beim KI-Einsatz im Rahmen unternehmerischer Entscheidungen systematisch und inhaltlich untersuchen und begreifen, bedarf es zunächst eines Überblicks über das gesamte System der Vorstandspflichten im Aktienrecht.

I. Grundlage

Der Vorstand ist das Leitungs- und Geschäftsführungsorgan der Aktiengesellschaft. Er hat die Gesellschaft unter eigener Verantwortung zu leiten und ist zur Geschäftsführung berufen (§§ 76 Abs. 1 und 77 Abs. 1 S. 1 AktG). Die Vorstandsmitglieder unterliegen dabei den Sorgfaltsanforderungen des § 93 Abs. 1 S. 1 AktG, wonach jedes Vorstandsmitglied bei seiner Wahrnehmung der Aufgaben die Sorgfalt eines ordentlichen und gewissenhaften Geschäftsleiters anzuwenden hat. Von dieser Sorgfaltspflicht ist die Treuepflicht zu unterscheiden. Diese ist zwar im Gesetz nicht ausdrücklich geregelt, doch steht ihre grundsätzliche Anerkennung heute außer Zweifel.[262]

II. Sorgfaltspflicht

§ 93 Abs. 1 S. 1 AktG legt die allgemeine Sorgfaltspflicht der Vorstandsmitglieder bei der Geschäftsführung fest. Diese Vorschrift hat eine Doppelfunktion: Einerseits stellt sie einen Sorgfaltsmaßstab der Vorstandshaftung dar und andererseits enthält sie eine generalklauselartige Umschreibung der den Vorstandsmitgliedern obliegenden Verhaltenspflichten.[263] Zwar sieht sie nicht ausdrücklich vor, welche konkreten Pflichten die Vorstandsmitglieder bei der Geschäftsführung einzuhalten haben, doch leiten Rechtsprechung und Literatur eine Vielzahl einzelner, nicht abschließend formulierbarer Verhaltensanforderungen aus § 93 Abs. 1 S. 1 AktG ab.[264] Die allgemeine Sorgfaltspflicht lässt sich in drei größere Pflichtenausprägungen unterteilen: Leitungspflicht, Überwachungspflicht und Legalitätspflicht.[265]

---

262 BGH NJW 1954, 998; BGH NJW 1956, 906; *Fleischer*, in: Spindler/Stilz, AktG, § 93 Rn. 113; *Hölters*, in: Hölters, AktG, § 93 Rn. 114; *Spindler*, in: MüKo AktG, § 93 Rn. 125; *Koch*, in: Hüffer/Koch, AktG, § 93 Rn. 28; *Grigoleit/Tomasic*, in: Grigoleit, AktG, § 93 Rn. 73; *Hopt/Roth*, in: Großkommentar AktG, § 93 Rn. 224.

263 *Fleischer*, in: Spindler/Stilz, AktG, § 93 Rn. 10; *Hopt/Roth*, in: Großkommentar AktG, § 93 Rn. 43; *Koch*, in: Hüffer/Koch, AktG, § 93 Rn. 5; *Hölters*, in: Hölters, AktG, § 93 Rn. 2.

264 *Hölters*, in: Hölters, AktG, § 93 Rn. 2; *Fleischer*, in: Handbuch des Vorstandsrechts, § 7 Rn. 1; *Koch*, in: Hüffer/Koch, AktG, § 93 Rn. 5.

265 *Habersack*, in: FS U.H. Schneider, 429, 431; *Fleischer*, in: Spindler/Stilz, AktG, § 93 Rn. 12; *ders*, in: Handbuch des Vorstandsrechts, § 7 Rn. 1.

1. Leitungspflicht

Dem Vorstand obliegt zunächst die Leitung der Gesellschaft (§ 76 AktG). Die Vorstandsmitglieder treffen verschiedene Leitungsaufgaben, die unter Beachtung der Sorgfalt eines ordentlichen und gewissenhaften Geschäftsführers zu erledigen sind. Blickt man auf die zentralen Funktionsbereiche, so lassen sich vier Anwendungsfelder der unternehmerischen Leitungssorgfalt auseinanderhalten: Planungs- und Steuerungsverantwortung, Organisationsverantwortung, Finanzverantwortung und Informationsverantwortung.[266]

Die Planungsverantwortung bedeutet, dass die Vorstandsmitglieder für eine ordnungsmäßige Unternehmensplanung zu sorgen haben. Dies wird klargestellt durch die Pflicht des Vorstands, dem Aufsichtsrat nach § 90 Abs. 1 Satz 1 Nr. 1 AktG über die beabsichtigte Geschäftspolitik und andere grundsätzliche Fragen der Unternehmensplanung zu berichten.[267] In § 90 Abs. 1 S. 1 Nr. 1 AktG wird insoweit die Finanz-, Investitions- und Personalplanung genannt. Die Unternehmensleitung umfasst aber auch die Überwachung und Steuerung der Umsetzung der Planungen („Unternehmenssteuerungsverantwortung“).[268] Die Unternehmenstätigkeit ist laufend einer Wirtschaftlichkeits- und Zweckmäßigkeitskontrolle sowie einer Legalitätskontrolle zu unterziehen.[269] Dies erfordert geeignete Lenkungs- und Kontrollinstrumente. Dazu gehört unter anderem ein funktionierendes Controlling, eine angemessene interne Revision und ein effektives Frühwarnsystem (§ 91 Abs. 2 AktG).[270]

Die unternehmerische Leitungssorgfalt verpflichtet den Vorstand weiter, eine gesetzmäßige, satzungskonforme und möglichst effiziente Organisationsstruktur einzurichten.[271] Dabei ist eine funktionale sowie eine

---

266 *Fleischer*, in: Spindler/Stilz, AktG, § 76 Rn. 18; *ders*, ZIP 2003, 1, 5 f.; *Turiaux/Knigge*, DB 2004, 2199, 2201; *Grigoleit/Tomasic*, in: Grigoleit, AktG, § 93 Rn. 37; *Hölters*, in: Hölters, AktG, § 93 Rn. 42.

267 *Fleischer*, in: Spindler/Stilz, AktG, § 93 Rn. 52; *Hoffmann-Becking*, in: Münchener Handbuch des Gesellschaftsrechts, Band 4, § 25 Rn. 7.

268 *Hoffmann-Becking*, in: Münchener Handbuch des Gesellschaftsrechts, Band 4, § 25 Rn. 9; *Hölters*, in: Hölters, AktG, § 93 Rn. 51.

269 *Hölters*, in: Hölters, AktG, § 93 Rn. 51; *Fleischer*, in: Spindler/Stilz, AktG, § 93 Rn. 55.

270 *Hoffmann-Becking*, in: Münchener Handbuch des Gesellschaftsrechts, Band 4, § 25 Rn. 9; *Fleischer*, in: Spindler/Stilz, AktG, § 93 Rn. 55.

271 *Fleischer*, in: Spindler/Stilz, AktG, § 93 Rn. 56; *Hoffmann-Becking*, in: Münchener Handbuch des Gesellschaftsrechts, Band 4, § 25 Rn. 6.

divisionale Organisationsstruktur möglich.[272] Darüber hinaus muss der Vorstand für eine möglichst reibungslose Aufbau- und Ablauforganisation in den einzelnen unternehmerischen Teilbereichen sorgen.[273] Ferner besteht für den Vorstand eine Organisationspflicht dahingehend, dass jederzeit eine Übersicht über die aktuelle (wirtschaftliche und finanzielle) Situation der Gesellschaft gewährleistet sein muss.[274] Hierzu gehört auch die in § 91 Abs. 2 AktG geregelte Pflicht zur Einrichtung eines Überwachungssystems. Häufig wird außerdem die Einrichtung einer Compliance-Organisation geboten sein.[275]

Zu den Leitungspflichten des Vorstands gehört zudem die Pflicht, für eine ausreichende Liquiditätsausstattung der Gesellschaft Sorge zu tragen.[276] Dies setzt eine vernünftige Finanzplanung voraus.[277] Daneben erfordert die Finanzverantwortung, dass der Vorstand geeignete organisatorische Vorkehrungen trifft, damit er sich jederzeit über die finanzielle Situation der Gesellschaft unterrichten kann.[278] Die Finanzverantwortung umfasst darüber hinaus die Themen Cash-Management, Ergebnisverwendung, Ergebnisermittlung und Kapitalstrukturmanagement.[279]

Schließlich trifft den Vorstand die Pflicht zur effektiven Steuerung der unternehmensinternen Informationsflüsse, weil die Ausübung der Leitungstätigkeit ohne präzise und zeitnahe Informationen nicht möglich ist.[280] Das erfordert die Einrichtung einer effizienten Informationsorganisation.[281] Danach muss die Gesellschaft so organisiert sein, dass relevante

---

272 *Hölters*, in: Hölters, AktG, § 93 Rn. 43; *Fleischer*, in: Spindler/Stilz, AktG, § 93 Rn. 56.

273 *Hölters*, in: Hölters, AktG, § 93 Rn. 43 ff.; *Fleischer*, in: Spindler/Stilz, AktG, § 93 Rn. 56.

274 BGH NZG 2012, 940, 941; BGH, NJW-RR 1995, 669 f.

275 *Hopt/Roth*, in: Großkommentar AktG, § 93 Rn. 186; *Fleischer*, in: Spindler/Stilz, AktG, § 93 Rn. 56; *Hoffmann-Becking*, in: Münchener Handbuch des Gesellschaftsrechts, Band 4, § 25 Rn. 16 ff.

276 *Fleischer*, in: Handbuch des Vorstandsrechts, § 7 Rn. 43; *Hoffmann-Becking*, in: Münchener Handbuch des Gesellschaftsrechts, Band 4, § 25 Rn. 12; *Hopt/Roth*, in: Großkommentar AktG, § 93 Rn. 179.

277 *Hoffmann-Becking*, in: Münchener Handbuch des Gesellschaftsrechts, Band 4, § 25 Rn. 12; *Fleischer*, in: Spindler/Stilz, AktG, § 93 Rn. 57.

278 BGH NZG 2012, 940, 941; BGH, NJW-RR 1995, 669; *Fleischer*, in: Handbuch des Vorstandsrechts, § 7 Rn. 43.

279 *Fleischer*, in: Handbuch des Vorstandsrechts, § 7 Rn. 43; *ders*, in: Spindler/Stilz, AktG, § 93 Rn. 57.

280 *Fleischer*, in: Spindler/Stilz, AktG, § 93 Rn. 58; *ders*, ZIP 2003, 1, 5.

281 *Hölters*, in: Hölters, AktG, § 93 Rn. 53; *Fleischer*, in: Spindler/Stilz, AktG, § 93 Rn. 58.

Informationen unverzüglich an die entscheidenden Personen weitergeleitet und von diesen tatsächlich zur Kenntnis genommen werden.[282]

2. Überwachungspflicht

Die Vorstandsmitglieder trifft ferner eine organschaftliche Überwachungspflicht, wobei zwischen horizontaler und vertikaler Arbeitsteilung zu differenzieren ist.[283] Die horizontale Überwachungspflicht besteht im Falle vorstandsinterner Aufgabendelegation infolge einer entsprechenden Geschäftsverteilung und ergibt sich aus dem Prinzip der Gesamtverantwortung. Der Ressortinhaber trägt dabei die volle Handlungsverantwortung für die ihm zugewiesenen Aufgaben. Hinsichtlich des Ressorts der anderen Vorstandskollegen verwandelt sich seine unmittelbare Handlungspflicht in die Pflicht, die Handlungen der Kollegen angemessen zu überwachen.[284] Die vertikale Überwachungspflicht kommt in Betracht, wenn die Vorstandsaufgaben an die nachgeordneten Unternehmensebenen delegiert werden. Dabei gehen die Literatur und die Rechtsprechung (in Anlehnung an die bei § 823 BGB entwickelten Delegationsgrundsätze) davon aus, dass die Vorstandsmitglieder verpflichtet sind, die beauftragten Mitarbeiter sorgfältig auszuwählen, ihnen erforderliche Einweisungen zu geben und ihre Tätigkeit laufend zu überwachen.[285]

3. Legalitätspflicht, Legalitätskontrollpflicht und Compliance

Zum Kernbereich der Sorgfaltspflichten der Vorstandsmitglieder aus § 93 Abs. 1 S. 1 AktG gehört zudem die Legalitätspflicht.[286] Danach obliegt dem Vorstand als Vertreter der Gesellschaft und deren Geschäftsführungsorgan die Pflicht, für die Rechtmäßigkeit des Handelns der Gesellschaft Sorge zu tragen.[287] Ausgangspunkt ist hier die Pflicht der Aktiengesell-

282 BGH NZI 2009, 680, 681; BGH NJW-RR 2006, 771; BGH NJW 1999, 284, 286.

283 *Fleischer*, in: Handbuch des Vorstandsrechts, § 8 Rn. 2 ff.

284 Zur Überwachungspflicht der übrigen Vorstandskollegen gegenüber dem Ressortinhaber s. ausführlich unten Teil 4 C.

285 S. hierzu ausführlich unten Teil 5 B.I.

286 BGH NJW 2012, 3439, 3441; BGH NJW 2011, 88, 92; *Hopt/Roth*, in: Großkommentar AktG, § 93 Rn. 74; *Hoffmann-Becking*, in: Münchener Handbuch des Gesellschaftsrechts, Band 4, § 25 Rn. 31.

287 BGH NJW 2012, 3439; *Habersack*, in: FS U.H. Schneider, 429, 432.

schaft, sämtliche rechtlichen Gebote und Verbote zu beachten, die sie als Rechtssubjekt betrifft.[288] Dies umfasst alle gesetzlichen Verpflichtungen, insbesondere solche des Zivil- und Wirtschaftsrechts, aber auch des Aufsichts-, Arbeits-, Steuer-, Handels-, Verwaltungs- und Strafrechts.[289] Neuerdings sind ferner die Bestimmungen der Datenschutz-Grundverordnung (DSGVO) einzuhalten.[290] Nicht zur Legalitätspflicht gehören die Verhaltensgebote, die unmittelbar dem Vorstand oder einem einzelnen Mitglied des Vorstands auferlegt sind. Solche Gebote, wie z.B. die organspezifischen Rechtspflichten der Wahrung der gesetzlichen Zuständigkeitsordnung und der Einhaltung des Unternehmensgegenstandes, richten sich unmittelbar an das Geschäftsführungsorgan und seine Mitglieder. Nachdem insoweit nicht die Einhaltung der an die Aktiengesellschaft gerichteten Pflichten in Frage steht, haben diese organspezifischen Pflichten mit der Legalitätspflicht nicht wirklich etwas zu tun.[291]

Von der Legalitätspflicht zu unterscheiden ist die Legalitätskontrollpflicht. Diese besagt, dass jedes Vorstandsmitglied in seinem Verantwortungsbereich für ein gesetzestreues Verhalten seiner Mitarbeiter sorgen muss.[292] Es hat durch organisatorische Maßnahmen sicherzustellen, dass Gesetze und Regeln sowie interne Richtlinien und Standards von den nachgeordneten Unternehmensebenen eingehalten werden.[293] Insoweit deckt sich die Legalitätskontrolle nicht mit der Legalitätspflicht, sondern diese gehört zur vertikalen Überwachungspflicht, aufgrund derer die Vorstandsmitglieder die Ordnungsmäßigkeit der Aufgabenausführung der Mitarbeiter zu überwachen haben.[294]

Mit der Legalitätspflicht und Pflicht zur Legalitätskontrolle eng verbunden ist die Compliance-Verantwortung.[295] Corporate Compliance umfasst die Gesamtheit aller Maßnahmen, um das rechtmäßige Verhalten der Unternehmen, der Organmitglieder und der Mitarbeiter im Blick auf alle

---

288 *Habersack*, in: FS U.H. Schneider, 429, 432.

289 LG München I NZG 2014, 345, 346; *Fleischer*, in: Spindler/Stilz, AktG, § 93 Rn. 23; *Hopt/Roth*, in: Großkommentar AktG, § 93 Rn. 74.

290 *Behling*, ZIP 2017, 697 ff.; *Spindler*, CR 2017, 715.

291 *Habersack*, in: FS U.H. Schneider, 2011, 429, 432; andere Ansicht: *Fleischer*, in: Spindler/Stilz, AktG, § 93 Rn. 14 ff.; *Spindler*, in: MüKo AktG, § 93 Rn. 86 ff.; *Hölters*, in: Hölters, AktG, § 93 Rn. 54 ff.

292 *Fleischer*, NZG 2014, 321, 322; *Arnold*, ZGR 2014, 76, 79.

293 *Arnold*, ZGR 2014, 76, 79; *Fleischer*, NZG 2014, 321, 322; *Bicker*, AG 2012, 542, 543.

294 OLG Köln NZG 2001, 135; *Bicker*, AG 2012, 542, 543; *Fleischer*, CCZ 2008, 1, 2.

295 *Fleischer*, in: Spindler/Stilz, AktG, § 91 Rn. 47; *Hopt/Roth*, in: Großkommentar AktG, § 91 Rn. 121 ff.

gesetzlichen Gebote und Verbote zu gewährleisten.[296] Daher sind mit dem aus dem anglo-amerikanischen Recht stammenden Begriff „Compliance" keine neuen Pflichten verbunden. Die dahinterstehende Pflicht der Vorstandsmitglieder, für die Einhaltung der gesetzlichen Bestimmungen zu sorgen, gehört seit jeher zum gesicherten deutschen aktienrechtlichen Regelbestand[297] und entspricht grundsätzlich der Legalitätspflicht und Legalitätskontrollpflicht.[298]

III. Treuepflicht

Von der Sorgfaltspflicht zu unterscheiden ist die organschaftliche Treuepflicht. Kraft ihrer Bestellung unterliegen Vorstandsmitglieder wegen ihrer treuhänderischen Funktion als Verwalter fremder Vermögensinteressen einer besonderen Treuepflicht gegenüber der Gesellschaft, die in Umfang und Intensität der daraus resultierenden Einzelpflichten über § 242 BGB hinausgeht.[299] Die Treuepflicht verpflichtet die Organmitglieder zunächst einmal zu umfassender Loyalität gegenüber der Gesellschaft.[300] Aus der Treuepflicht folgt weiterhin, dass die Vorstandsmitglieder in allen Angelegenheiten, die das Interesse der Gesellschaft tangieren, ausschließlich das Wohl der Gesellschaft und nicht eigene Interessen oder Interessen Dritter im Auge haben dürfen.[301] Gesetzliche Ausprägungen der Treuepflicht finden sich an unterschiedlichen Stellen des Aktiengesetzes, beispielsweise in Gestalt des Wettbewerbsverbots nach § 88 AktG oder der in § 93 Abs. 1 Satz 3 AktG normierten Verschwiegenheitspflicht.[302]

---

296 *Behling*, ZIP 2017, 697, 698; *Oppenheim*, DStR 2014, 1063.

297 LG München NZG 2014, 345, 348; *Fleischer*, NZG 2014, 321, 323; *ders*, CCZ 2008, 1.

298 *Goette*, ZHR 175 (2011), 388, 391.

299 *Hopt/Roth*, in: Großkommentar AktG, § 93 Rn. 224 ff.; *Koch*, in: Hüffer/Koch, AktG, § 93 Rn. 28; *Fleischer*, in: Spindler/Stilz, AktG, § 93 Rn. 114 f.

300 *Hölters*, in: Hölters, AktG, § 93 Rn. 115; *Hopt/Roth*, in: Großkommentar AktG, § 93 Rn. 227; *Hoffmann-Becking*, in: Münchener Handbuch des Gesellschaftsrechts, Band 4, § 25 Rn. 38.

301 BGH NZG 2017, 627, 629; BGH NJW-RR 1989, 1255, 1257; *Spindler*, in: MüKo AktG, § 93 Rn. 125; *Fleischer*, NJW 2009, 2337, 2338.

302 *Hoffmann-Becking*, in: Münchener Handbuch des Gesellschaftsrechts, Band 4, § 25 Rn. 38; *Grigoleit/Tomasic*, in: Grigoleit, AktG, § 93 Rn. 73 ff.

B. Neue Aufgaben und Fähigkeitsanforderungen an den Vorstand beim KI-Einsatz

Nachdem das Pflichtensystem der Vorstandsmitglieder vorgestellt wurde, ist im Folgenden zu erörtern, welche neuen Aufgaben die Vorstandsmitglieder beim KI-Einsatz zu erfüllen haben, welche neuen Fähigkeiten sie besitzen müssen und welche Pflichten den Vorstandskollegen gegenüber dem für KI-Einsatz zuständigen Mitglied obliegen, wenn die KI-bezogenen Aufgaben durch die Geschäftsverteilung an ein einzelnes Mitglied delegiert werden.

I. Hintergrund

Der KI-Einsatz im Rahmen unternehmerischer Entscheidungen ist kein isoliertes Thema, sondern Teil eines größeren Themas, nämlich der digitalen Transformation des Unternehmens. Der Begriff „digitale Transformation" oder „Digitalisierung" beschreibt einen durch neue digitale Technologien ermöglichten Veränderungsprozess des gesamten Unternehmens.[303] Dazu zählen insbesondere die Anwendung der KI-Technik, die bei der Ausschöpfung des vollen Potenzials der digitalen Wertschöpfungskette des Unternehmens eine entscheidende Rolle spielt.[304] Die Unterstützung unternehmerischer Entscheidungen als eine der Anwendungsmöglichkeiten des KI-Einsatzes innerhalb des Unternehmens gehört somit ebenfalls zur umfassenden digitalen Transformation des Unternehmens.

Die Bedeutung der digitalen Transformation einschließlich des KI-Einsatzes für Unternehmen ist über alle Branchen und Unternehmensgrößen unbestritten.[305] Neben vielfältigen Chancen stellt die digitale Transformation für Unternehmen, besonders die Geschäftsleitung, aber zugleich eine große Herausforderung dar. Denn oftmals scheitert der Wandel nicht (nur) an der Technologie, sondern an den Fähigkeiten und der Motivation der leitenden Organmitglieder und damit auch an der Kultur, der Organisation und den Prozessen im Unternehmen.[306] Die Chief Executive

---

303 *KPMG*, Clarity on Digitale Transformation in der Schweiz, S. 5; *Leeser*, Digitalisierung in KMU kompakt, S. 30.

304 *PwC*, Künstliche Intelligenz als Innovationsbeschleuniger im Unternehmen, S. 3 ff.

305 S. hierzu bereits oben Teil 2 B und Teil 2 C.V.3.

306 *Reinnarth/Schuster/Möllendorf/Lutz*, Chefsache Digitalisierung 4.0, S. 125 ff.

Officers (CEOs) und Chief Financial Officers (CFOs) sind häufig mit den neuen Technologien nicht vertraut und können nur schwer einschätzen, welche Veränderungen durch die Digitalisierung auf das Unternehmen zukommen werden.[307] Es stellt sich in der Praxis damit die Frage, ob aufgrund der Komplexität der IT- und KI-Themen eine neue Position im Führungsorgan zu schaffen ist, um gewissen Aufgaben und Geschäftsprozessen eine technisch spezialisierte Anlaufstelle innerhalb der Unternehmensstruktur zu bieten.[308]

Nach den Studien einiger Beratungsunternehmen wie *KPMG*, *Bitkom* und *Deloitte* scheuen sich die meisten Unternehmen heute noch vor einer internen Stellenvergabe, die sich ausschließlich mit der technischen Umsetzung einer digitalen Transformation befasst. Größtenteils übernimmt der Chief Information Officer (CIO) oder der CEO die Verantwortung für die digitale Transformation im Unternehmen.[309] Die größeren Unternehmen, die sich mit dieser Thematik bereits eingehender befasst haben, denken aber mehr an die viel diskutierte Position eines Chief Digital Officer (CDO), welcher als umfassende Anlaufstelle für die strukturierte Digitalisierung von Unternehmen immer unerlässlicher wird.[310] *PwC* veröffentlichte 2019 einen Bericht über CDOs im Unternehmen, in dem die 2.500 weltweit größten börsennotierten Unternehmen (nach Marktkapitalisierung) befragt wurden. Laut diesem PwC-Bericht besaßen 2018 schon 21 % der befragten Unternehmen einen CDO. In Deutschland ist die Quote sogar größer: 48 % der befragten deutschen Unternehmen verfügten über einen CDO.[311] Der rasante Anstieg der CDO-Positionen begann seit 2014. In Deutschland hatten im Jahr 2014 nur 8 % der Unternehmen eine CDO-Position, während im Jahr 2016 diese Zahl rasch auf 39 % gestiegen war.[312]

---

307 *Boeselager*, Der Chief Digital Officer, S. 76.

308 *Lücke*, BB 2019, 1986, 1993; *Linardatos*, ZIP 2019, 504, 508; *Armour/Eidenmüller*, ZHR 183 (2019), 169, 178; *Sattler*, BB 2018, 2243, 2247.

309 *Harvey Nash/KPMG*, CIO Survey 2018, S. 32; *Bitkom*, Bitkom Digital Office Index 2018, S. 22; *Rosner*, CIO, CDO, or CDIO? As pharma plays digital catch-up, who should lead the charge?, Deloitte vom 13.12.2018, abrufbar unter https://www2.deloitte.com/us/en/blog/health-care-blog/2018/cio-cdo-or-cdio-as-pharma-plays-digital-catch-up-who-should-lead-the-charge.html.

310 *Harvey Nash/KPMG*, CIO Survey 2018, S. 33; *Singh/Barthel/Hess*, Wirtschaftsinformatik & Management 2017, 38, 45.

311 *PwC*, The 2019 Chief Digital Officer Study Global Findings, S, 3, 6.

312 *PwC*, The 2019 Chief Digital Officer Study Global Findings, S. 6.

Zu beachten ist aber, dass die Schaffung einer neuen Führungsstelle nicht Selbstzweck ist. Vielmehr müssen die Unternehmen sich die folgenden Fragen stellen: Welche neuen Aufgaben (aus der digitalen Transformation) muss der Geschäftsleiter erfüllen? Welchen neuen Fähigkeitsanforderungen haben die Vorstandsmitglieder zu genügen? Eine anerkannte Festlegung bzw. systematische Zusammenfassung der neuen Aufgaben und Fähigkeitsanforderungen an den Vorstand, der eine digitale Transformation einschließlich KI-Einsatz vornehmen wird, besteht zurzeit noch nicht. Doch ergibt sich die Notwendigkeit der Position des CDOs gerade aus dem Bedürfnis der digitalen Transformation; zudem ist dieser vor allem für den digitalen Wandel des Unternehmens verantwortlich. Damit erscheint es denkbar, durch eine Untersuchung der Praxis, also der Fähigkeitsanforderungen an den CDO und seines Aufgabenbereichs in der Praxis, die oben gestellten Fragen zu beantworten.

II. Aufgaben eines CDOs

Zu erörtern ist zuerst die Frage, welche Aufgabenbereiche die Position eines CDOs umfasst. Die konkreten Aufgaben eines CDOs ergeben sich nicht aus Gesetz, sondern aus der Unternehmenspraxis und sind heute vor allem in den Studien der Beratungs- und Marktforschungsunternehmen zusammengefasst. Denn das Bedürfnis zur Schaffung einer Führungsposition als CDO entstand erst in den vergangenen Jahren aufgrund der rasanten Entwicklung der Digitalisierung und ist daher mit der Unternehmenspraxis eng verbunden.

Den Studien zufolge ist der CDO die zentrale Schlüsselfigur der digitalen Transformation im Unternehmen.[313] Ausgangspunkt der Digitalisierung ist die digitale Strategie. Normalerweise wird zuerst der Gesamtvorstand das Ziel und das Framework der digitalen Transformation in der Unternehmensstrategie festlegen. Der CDO soll dann eine konkrete digitale Strategie erarbeiten und diese fortlaufend umsetzen.[314] Zu den wesentlichen Aufgaben des CDOs gehören auch die Entwicklung digita-

---

313 *Singh/Barthel/Hess*, Wirtschaftsinformatik & Management 2017, 38, 39; *PwC*, The 2019 Chief Digital Officer Study Global Findings, S. 18; *KPMG*, Der Chief Digital Officer, S. 5.

314 *Walchshofer/Riedl*, HMD Praxis der Wirtschaftsinformatik Vol. 54 No. 3 (2017), 324, 330; *Deloitte*, Digital Effectiveness, 6 ff.; *PwC*, The 2019 Chief Digital Officer Study Global Findings, S. 18.

ler Prozesse und die Modernisierung der IT-Infrastruktur. Dadurch werden zum einen die traditionellen Geschäftsprozesse digitalisiert und vereinfacht. Zum anderen wird für die künftige Einführung der IT/KI-Technologie eine solide technische Grundlage gebildet.[315] Daneben hat der CDO die Änderung der Unternehmenskultur aktiv mitzugestalten. Digitale Transformation ist kein reines IT-Thema; der Erfolg setzt zugleich eine Veränderung der Mentalität und der Unternehmenskultur voraus. Dafür muss der CDO bestimmte Maßnahmen ergreifen, zu denen die Schulung der Mitarbeiter und die Einführung neuer Arbeitsformen zählen können.[316] Weiterhin soll der CDO die externen Beziehungen zu Anbietern, Start-ups und Wissenschaftlern ausbauen und pflegen. Digitale Transformation eines Unternehmens erfordert nicht nur Kooperation aller unternehmensinternen Abteilungen, sondern auch Kooperation mit externen Dritten. Denn im Prozess des digitalen Wandels spielen die IT-Produkte und IT-Dienstleistungen der externen Spezialisten und Unternehmen eine wichtige Rolle.[317] Darüber hinaus hat der CDO die Entwicklung der Informationstechnologie sowie IT-Anwendung ständig zu beobachten. Die Informationstechnologie, besonders KI, Blockchain und Smart Contracts, entwickelt sich fortlaufend und wird alle Aspekte des Unternehmens stark beeinflussen. Das mögliche Potenzial einer IT-Anwendung muss der CDO erkennen und für das Unternehmen rechtzeitig und sorgfältig einsetzen.[318]

Der obig erläuterte Aufgabenbereich umfasst grundsätzlich alle Aufgaben, die ein CDO ausführen muss, wenn der Vorstand sich entschieden hat, eine vollständige digitale Transformation im Unternehmen durchzuführen. In der Praxis wird jedoch nicht jedes Unternehmen eine umfangreiche Digitalisierung vornehmen. Der Umfang der Digitalisierung hängt letztendlich von verschiedenen Faktoren wie Art und Größe des Unternehmens, seiner finanziellen Lage sowie der Bedeutung der Digitalisierung für das Unternehmen ab. Daher bestimmen sich die konkreten Aufgaben des CDOs letztlich nach den konkreten Umständen des einzelnen Unternehmens.

---

315 *Boeselager*, Der Chief Digital Officer, S. 28; *Walchshofer/Riedl*, HMD Praxis der Wirtschaftsinformatik Vol. 54 No. 3 (2017), 324, 331.

316 *KPMG*, Der Chief Digital Officer, 17 ff.; *Singh/Barthel/Hess*, Wirtschaftsinformatik & Management 2017, 38, 41 f.; *Boeselager*, Der Chief Digital Officer, S. 26.

317 *Walchshofer/Riedl*, HMD Praxis der Wirtschaftsinformatik Vol. 54 No. 3 (2017), 324, 331; *Deloitte*, Organize for Digital, S. 7.

318 *Deloitte*, Organize for Digital, S. 7; *Walchshofer/Riedl*, HMD Praxis der Wirtschaftsinformatik Vol. 54 No. 3 (2017), 324, 331.

III. Kenntnisse und Fähigkeiten eines CDOs

Bezogen auf die Frage, welche Kenntnisse und Fähigkeiten ein CDO mitbringen muss, lässt sich im Ausgangspunkt differenzieren zwischen notwendiger Qualifikation aller Vorstandsmitglieder einerseits und den speziellen Kenntnissen für die Wahrnehmung der Digitalisierung- und KI-bezogenen Aufgaben andererseits.

Gemäß § 76 Abs. 3 S. 1 AktG muss Vorstandsmitglied eine natürliche und unbeschränkt geschäftsfähige Person sein, die nach § 76 Abs. 3 S. 2 Nr. 1 nicht einem Einwilligungsvorbehalt unterliegen, nicht gegen die ein Berufsausübungsverbot in § 76 Abs. 3 S. 2 Nr. 2 ausgesprochen oder wegen der in § 76 Abs. 3 S. 2 Nr. 3 genannten Straftaten verurteilt wurde. Neben dieser Vorschrift sieht das Aktiengesetz explizit keine weitere Qualifikation des Vorstands im Sinne des Vorhandenseins spezieller Kenntnisse vor. Um das Unternehmen tatsächlich ordnungsgemäß leiten zu können, sollen die Vorstandsmitglieder aber zumindest *„ein wirtschaftliches Verständnis wie ein Grundverständnis für Bilanzierungs- und Buchführungsangelegenheiten besitzen und unternehmerisch handeln können“*.[319] Zudem muss jedes Vorstandsmitglied in der Lage sein, nachgeordnete Unternehmensebenen effektiv zu organisieren und zu überwachen und Fehlentwicklungen rechtzeitig zu erkennen.[320] Ferner sollen die Vorstandsmitglieder die Fähigkeit besitzen, Angelegenheiten der Gesellschaft bzw. komplexe Sachverhalte verständlich darzustellen (vgl. §§ 90, 131 Abs. 1 AktG).[321] Diese Mindestanforderungen hat der Aufsichtsrat bei der Bestellung der Vorstandsmitglieder zu berücksichtigen (§ 84 Abs. 1 AktG).

Die speziellen Qualifikationsanforderungen an den CDO sind noch nicht rechtlich geregelt. Diese kann man zurzeit nur aus der Unternehmenspraxis ableiten. Um die speziell ihm zugewiesenen Aufgaben zu erledigen, muss ein CDO neben den oben erwähnten Mindestanforderungen zumindest noch über Kenntnisse im Technikbereich verfügen, weil die Digitalisierung sich vor allem auf die IT-Thematik bezieht.[322] Je nach dem Bedürfnis des einzelnen Unternehmens kann ein Grundverständnis für Informationstechnik bis hin zu einer tiefgreifenden KI-Kompetenz eine wesentliche Stellenanforderung sein. Bei der Beurteilung der fachlichen

---

319 *Spindler*, in: MüKo AktG, § 76 Rn. 143.

320 Behme/Zickgraf, AG 2015, 841, 847.

321 Behme/Zickgraf, AG 2015, 841, 847.

322 *Deloitte*, Organize for Digital, S. 7; *PwC*, The 2019 Chief Digital Officer Study Global Findings, S. 13.

Fähigkeit ist nicht nur die formale Qualifikation, wie z.B. ein abgeschlossenes Studium im IT-Bereich, sondern auch die praktische Fähigkeit der Person zur erfolgreichen Leitung der digitalen Transformation im Unternehmen entscheidend. Damit erfordert die Stelle eines CDOs oft branchenspezifische Berufserfahrung im digitalen Wandel.[323] Als Mitglied des Geschäftsführungsorgans und Leiter der bereichsübergreifenden digitalen Projekte soll ein CDO zudem gewisse Berufserfahrung als Geschäftsleiter und bestimmte individuellen Fähigkeiten, wie Veränderungsbereitschaft, starke Kommunikationsfähigkeiten, Offenheit und hohe Frustrationstoleranz, besitzen.[324] Die Anforderungen an Leitungserfahrung und individuelle Fähigkeiten richten sich ebenfalls nach den Eigenschaften des einzelnen Unternehmens und sind hier nicht weiter zu diskutieren.

IV. Sorgfaltsmaßstab

Nach § 93 Abs. 1 S. 1 AktG haben die Vorstandsmitglieder bei ihrer Geschäftsführung die Sorgfalt eines ordentlichen und gewissenhaften Geschäftsleiters anzuwenden. In dieser Vorschrift wird ein allgemeiner Sorgfaltsmaßstab der Vorstandsmitglieder umschrieben.[325] Die Anforderungen an die Sorgfaltspflicht bemessen sich nicht nach einem einheitlichen festen Maßstab, sondern richten sich nach einer Reihe unterschiedlicher Faktoren wie der Art und Größe des Unternehmens, der Konjunkturlage, der Aufgabenverteilung innerhalb eines mehrköpfigen Vorstands und der Bedeutung einer Entscheidung für das Unternehmen.[326] Es ist zu ermitteln, wie *„sich ein ordentlicher und gewissenhafter Geschäftsleiter eines nach Art*

---

323 *Walchshofer/Riedl*, HMD Praxis der Wirtschaftsinformatik Vol. 54 No. 3 (2017), 324, 331 f.

324 *Jung, Robert/Janiec, Steven*, Warum CDOs unbequem sein sollten und sich bestenfalls selbst abschaffen, Ernst & Young vom 08.09.2020, abrufbar unter https://www.ey.com/de_de/digital/warum-cdos-unbequem-sein-sollten-und-sich-bestenfalls-selbst-abschaffen; *Walchshofer/Riedl*, HMD Praxis der Wirtschaftsinformatik Vol. 54 No. 3 (2017), 324, 332.

325 *Koch*, in: Hüffer/Koch, AktG, § 93 Rn. 5; *Fleischer*, in: Spindler/Stilz, AktG, § 93 Rn. 10; *Hopt/Roth*, in: Großkommentar AktG, § 93 Rn. 43; *Hölters*, in: Hölters, AktG, § 93 Rn. 26.

326 *Fleischer*, in: Spindler/Stilz, AktG, § 93 Rn. 41; *Hölters*, in: Hölters, AktG, § 93 Rn. 26; *Spindler*, in: MüKo AktG, § 93 Rn. 25.

und Größe gleichen oder ähnlichen Unternehmens in der konkreten Situation" verhalten würde.[327]

Das einzelne Vorstandsmitglied, hier der CDO, hat bei der Tätigkeit die Fähigkeiten und Kenntnisse einzusetzen, welche die ihm anvertrauten Aufgaben objektiv erfordern.[328] In der Person liegende Unfähigkeit oder fachliche Unkenntnis enthebt den CDO nicht der Verantwortung.[329] Die für die digitale Transformation und KI-Anwendung maßgeblichen Mindestkenntnisse muss der CDO besitzen, um Entscheidungen sachkundig und selbständig vornehmen zu können. Verfügt der CDO nicht über solche Kenntnisse und Fähigkeiten, so darf er das Amt nicht antreten. Stellt sich die Unfähigkeit später heraus, dann muss er das Amt niederlegen.[330] Doch kann der CDO fachkundigen Rat von Dritten einholen und dadurch das Kompetenzdefizit beheben, wenn diesem nur im Einzelfall die Kompetenz zur Erfüllung des gesetzlichen Sorgfaltsmaßstabs fehlt.[331] Darüber hinaus ist zu beachten, dass mit der rasanten Entwicklung der KI-Technologien das Aufgabenspektrum des CDOs im weiteren Verlauf der digitalen Revolution kontinuierlich Erweiterungen unterliegen wird. Insofern wird der CDO neben der Einholung einer Beratung durch Dritte auch verpflichtet sein, sein bereits vorhandenes Wissen um neue KI-Anwendungen weiter auszubauen, um den Anforderungen der Sorgfaltspflicht genügen zu können.[332]

V. Ergebnis

Die digitale Transformation einschließlich des KI-Einsatzes innerhalb des Unternehmens befindet sich noch im Anfangsstadium. Eine allgemeine Beschreibung der hierbei anfallenden Aufgaben und sich daraus ergeben-

---

327 BGH NJW 1995, 1290, 1291; OLG Düsseldorf AG 1997, 231, 235; *Hölters*, in: Hölters, AktG, § 93 Rn. 26; *Fleischer*, in: Spindler/Stilz, AktG, § 93 Rn. 41; *Spindler*, in: MüKo AktG, § 93 Rn. 25; *Sander/Schneider*, ZGR 2013, 725, 732.

328 *Fleischer*, in: Spindler/Stilz, AktG, § 93 Rn. 205; *Spindler*, in: MüKo AktG, § 93 Rn. 25.

329 *Hölters*, in: Hölters, AktG, § 93 Rn. 27; *Sander/Schneider*, ZGR 2013, 725, 732; *Strohn*, CCZ 2013, 177, 179; *Hopt/Roth*, in: Großkommentar AktG, § 93 Rn. 392.

330 *Strohn*, CCZ 2013, 177, 179; *Hölters*, in: Hölters, AktG, § 93 Rn. 27.

331 *Sander/Schneider*, ZGR 2013, 725, 732 ff.; *Fleischer*, in: Spindler/Stilz, AktG, § 93 Rn. 209; *Hoffmann-Becking*, in: Münchener Handbuch des Gesellschaftsrechts, Band 4, § 25 Rn. 38.

332 *Gentsch*, Künstliche Intelligenz für Sales, Marketing und Service, S. 81.

den Anforderungen an den Vorstand findet sich bisher weder im Gesetz noch in der Rechtswissenschaft, sondern lässt sich (allenfalls) durch eine Untersuchung der neu entstandenen Vorstandsposition des CDOs angeben. Aber jedes Unternehmen hat seine eigenen Besonderheiten und die KI-Technologie entwickelt sich fortlaufend. Deshalb gilt die oben erörterte allgemeine Beschreibung der digitalisierungsbezogenen Aufgaben und Fähigkeitsanforderungen an den Vorstand nicht für alle Unternehmen. Die Frage, welche konkreten Aufgaben der Vorstand beim KI-Einsatz zu erfüllen hat und welchen spezifischen Anforderungen er dabei zu genügen hat, ist immer im Einzelfall unter Berücksichtigung der tatsächlichen Umstände zu beantworten.

C. Geschäftsverteilung und Pflichten der anderen Vorstandskollegen

Nach den Studien von Beratungsunternehmen werden die Aufgaben, die sich auf Digitalisierung und den KI-Einsatz beziehen, oft nicht vom Gesamtvorstand als Kollegialorgan erfüllt, sondern durch eine vorstandsinterne Geschäftsverteilung an einzelne Vorstandsmitglieder wie den CDO, CIO oder CEO delegiert.[333] Das ist verständlich, da die Erfüllung dieser Aufgaben besondere IT-Kenntnisse verlangt und die anderen Vorstandsmitglieder grundsätzlich keine solchen Fachkenntnisse besitzen. Fraglich bleibt indes, ob eine solche Geschäftsverteilung auch rechtlich zulässig ist und welchen formalen Anforderungen eine ordnungsgemäße Geschäftsverteilung unterliegt. Des Weiteren soll beleuchtet werden, wie die Geschäftsverteilung die Pflichtenstellung der Vorstandsmitglieder ändert. Dabei ist vor allem zu erörtern, welche Pflichten den Vorstandskollegen gegenüber dem für KI-Einsatz zuständigen Vorstandsmitglied obliegen.

333 *Harvey Nash/KPMG*, CIO Survey 2018, S. 32; *Bitkom*, Bitkom Digital Office Index 2018, S. 22; *Rosner*, CIO, CDO, or CDIO? As pharma plays digital catch-up, who should lead the charge?, Deloitte vom 13.12.2018, abrufbar unter https://www2.deloitte.com/us/en/blog/health-care-blog/2018/cio-cdo-or-cdio-as-pharma-plays-digital-catch-up-who-should-lead-the-charge.html.

I. Rechtliche Zulässigkeit der Geschäftsverteilung und formale Anforderungen

Wie im letzten Teil bereits ausgeführt, ist die Übertragung der Geschäftsführungsaufgaben vom Vorstand an einzelne Vorstandsmitglieder rechtlich zulässig (§ 77 Abs. 1 S. 2 AktG), solange der Grundsatz der Gesamtleitung und Gesamtverantwortung eingehalten wird.[334] Somit dürfen die KI-bezogenen Aufgaben, solange sie nicht zu den Leitungsaufgaben gehören, an ein einzelnes Vorstandsmitglied wie den CIO oder den CDO delegiert werden. Mit der Entwicklung der Informationstechnologien wird heute für Compliance-Fragen bezüglich der IT-Systeme, wie die Einhaltung der datenschutzrechtlichen Regelungen, zunehmend eine Leitungszuständigkeit des Vorstands bejaht.[335] Auch ist das IT-Risikomanagement, das mit der Organisationspflicht des Vorstands in § 91 Abs. 2 AktG eng verbunden ist, in der Regel eine Leitungsaufgabe.[336] Diese Gesichtspunkte sind bei der Geschäftsverteilung zu beachten.

Zwar ist eine horizontale Delegation innerhalb des Vorstands rechtlich zulässig; rechtliche Anerkennung findet eine Geschäftsverteilung aber nur dann, wenn sie in formaler Hinsicht bestimmte Anforderungen erfüllt. § 77 Abs. 1 S. 2 AktG sieht vor, dass die vorstandsinterne Geschäftsverteilung durch Satzung oder Geschäftsordnung des Vorstands schriftlich bestimmt werden kann. Der Rechtsprechung und Literatur zufolge sollen die Ressortzuständigkeiten unter den Vorstandsmitgliedern klar und eindeutig festgelegt werden. Insofern dürfen weder Zweifel über die Abgrenzung einzelner Aufgaben noch über die Person des für die Erledigung Verantwortlichen entstehen.[337] Wenn die Geschäftsverteilung nicht ordnungsgemäß erfolgt oder es dabei noch Unklarheiten geben sollte, dann gilt der Grundsatz der Gesamtverantwortung und die Pflicht zur Aufgabenerfüllung bleibt beim Gesamtvorstand.[338] Eine eindeutige Klarstellung der Ressortaufteilung kann verhindern, dass im möglichen Haftungsfall – sei es gegenüber der Gesellschaft (§ 93 Abs. 2 Satz 1 AktG), sei es gegenüber den Gläubigern (§ 93 Abs. 5 Satz 1 AktG) – jedes Mitglied auf die Verantwort-

---

334 S. dazu bereits oben Teil 3 B.I.

335 *Koch*, in: Hüffer/Koch, AktG, § 76 Rn. 9; *Kort*, in: Großkommentar AktG, § 76 Rn. 37; *Behling*, ZIP 2017, 697, 698 ff.; *Noack*, ZHR 183 (2019), 105, 124 ff.

336 *Noack*, ZHR 183 (2019), 105, 124 ff; *Spindler*, CR 2017, 715, 722.

337 BGH NJW 2019, 1067, 1068; BFH BeckRS 1984, 22006857; *Schmidt-Husson*, in: Hauschka, Corporate Compliance, § 6 Rn. 26; *Turiaux/Knigge*, DB 2004, 2199, 2205.

338 *Schmidt-Husson*, in: Hauschka, Corporate Compliance, § 6 Rn. 26.

lichkeit eines anderen verweist.[339] Eine schriftlich festgelegte Geschäftsverteilung kann auch zur Schadensvorbeugung beitragen, weil eine förmliche Fixierung den Vorstandsmitgliedern einen sicheren Orientierungsrahmen bietet und allfällige Verantwortlichkeitslücken leichter erkennen lässt.[340]

Eine eindeutige Festlegung der Ressortzuständigkeiten ist insbesondere wichtig für die Unternehmen, die neben einem bereits tätigen CIO eine neue Führungsposition des CDOs schaffen möchten: Sowohl die Arbeiten des CIOs als auch die des CDOs beziehen sich auf die IT-Fragen eines Unternehmens. Die Schaffung der neuen CDO-Stelle im Vorstand könnte daher dazu führen, dass die Aufgaben der beiden Vorstandsmitglieder sich überschneiden und in der Folge Konflikte aufgrund dieser unklaren Geschäftsverteilung entstehen würden.[341] Um dieses Problem zu vermeiden hat der Aufsichtsrat vorher in der Geschäftsordnung klar und eindeutig zu bestimmen, welche Aufgaben zu dem Ressort des CIOs gehören und welche Arbeiten der CDO zu erfüllen hat.[342] Der Aufgabenbereich des CDOs wurde bereits oben untersucht. Hier sollen die typischen Aufgaben eines CIOs kurz vorgestellt werden: Der CIO ist der oberste IT-Manager im Unternehmen und die IT-bezogenen Aufgaben sind in einem Unternehmen bisher fast automatisch beim CIO gelandet.[343] Zu seinem Aufgabenbe-

---

339 BFH BeckRS 1984, 22006857; *Fleischer*, in: Spindler/Stilz, AktG, § 77 Rn. 58.

340 *Fleischer*, in: Spindler/Stilz, AktG, § 77 Rn. 58; *Dreher*, ZGR 1992, 22, 57 ff.

341 *Deloitte*, Organize for Digital, S. 9 ff; *Walchshofer/Riedl*, HMD Praxis der Wirtschaftsinformatik Vol. 54 No. 3 (2017), 324, 332 ff.; *Singh/Barthel/Hess*, Wirtschaftsinformatik & Management 2017, 38, 40 ff.

342 Gemäß § 77 Abs. 1 S. 2 AktG kann die Geschäftsverteilung in der Satzung oder Geschäftsordnung geregelt werden. In der Praxis wird die Geschäftsverteilung aber vor allem in der Geschäftsordnung geregelt, weil die Einzelheiten der Geschäftsverteilung nicht von vornherein, d.h. zum Zeitpunkt der Erstellung der Satzung, festgelegt werden können, und weil jede Satzungsänderung eines Beschlusses der Hauptversammlung bedarf (§ 179 AktG) und in das Handelsregister eingetragen werden muss (§ 181 AktG), was verfahrenstechnisch komplizierter ist, vgl. *Spindler*, in: MüKo AktG, § 77 Rn. 39; *Weber*, in: Hölters, AktG, § 77 Rn. 27. Zuständig für den Erlass der Geschäftsordnung und mithin für die Verteilung der konkreten Aufgaben innerhalb des Vorstands ist in erster Linie der Aufsichtsrat (§ 77 Abs. 2 AktG). Als das für die Auswahl der Vorstandsmitglieder zuständige Organ (§ 84 AktG) besitzt der Aufsichtsrat die ausschließliche Personalkompetenz hinsichtlich des Vorstands und deshalb auch befugt sein soll, Ressortzuständigkeiten der von ihm bestellten Vorstandsmitglieder zu bestimmen, vgl.: *Fleischer*, in: Spindler/Stilz, AktG, § 77 Rn. 63; *Kort*, in: Großkommentar AktG, § 77 Rn. 65; *Koch*, in: Hüffer/Koch, AktG, § 77 Rn. 19.

343 *Singh/Barthel/Hess*, Wirtschaftsinformatik & Management 2017, 38, 39; *Harvey Nash/KPMG*, CIO Survey 2018, S. 16.

reich gehören unter anderem die Leitung der IT-Abteilung, die Verbesserung der technischen Infrastruktur, die Entwicklung der Geschäftsprozesse durch IT und die Sicherung sowie die Vernetzung der IT innerhalb des Unternehmens.[344] Anders als der CDO, der als *„digitaler Transformationsspezialist"* tätig ist, ist ein CIO eher ein *„strategischer IT-Spezialist"*, der sich vor allem um die IT-Architektur – also Hardware, Software und Systeme – kümmert.[345]

Die obige Vorstellung der typischen Aufgaben des CDOs und CIOs stellt aber nur eine Beschreibung des allgemeinen Falls in der Praxis dar und eine solche Verteilung der Geschäftsführungsaufgaben ist nicht zwingend. Die Antwort zur Frage, ob und wie die KI-bezogenen Arbeiten zwischen CDO und CIO verteilt werden sollen, variiert je nach den Eigenheiten jeweiligen Unternehmens. Wichtig ist immer, dass die wahrzunehmenden Aufgaben des CIOs oder/und des CDOs möglichst präzis festzulegen und hinreichend abzugrenzen sind. Jeder muss genau wissen, welche Aufgaben er selbst zu erfüllen hat. Unklarheiten und Lücken führen dazu, dass die Pflicht bei dem Gesamtvorstand bleibt.[346]

II. Auswirkung einer vorstandsinternen Geschäftsverteilung

Nachdem die formalen Anforderungen an Geschäftsverteilung beleuchtet wurden, soll im Folgenden die Auswirkung der vorstandsinternen Geschäftsverteilung näher erörtert werden. Die Geschäftsverteilung innerhalb des Vorstands beeinflusst die Pflichtenstellung aller Vorstandsmitglieder. Das zuständige Vorstandsmitglied trägt nunmehr die volle Handlungsverantwortung für die ihm zugewiesenen Aufgaben („Ressortverantwortung").[347] Es hat in dem ihm zugewiesenen Ressort durch entsprechende Organisation und Überwachung der untergeordneten Unternehmensebenen für ordnungsgemäßes Verhalten zu sorgen.[348] Innerhalb des Ressorts

---

344 *Harvey Nash/KPMG*, CIO Survey 2018, S. 16; *Walchshofer/Riedl*, HMD Praxis der Wirtschaftsinformatik 2017, 324, 333 f.

345 *Singh/Barthel/Hess*, Wirtschaftsinformatik & Management 2017, 38, 40.

346 *Schmidt-Husson*, in: Hauschka, Corporate Compliance, § 6 Rn. 26; *Dreher*, ZGR 1992, 22, 58.

347 *Spindler*, in: MüKo AktG, § 93 Rn. 169; *Fleischer*, in: Spindler/Stilz, AktG, § 77 Rn. 48; *Hopt/Roth*, in: Großkommentar AktG, § 93 Rn. 374; *Hoffmann-Becking*, in: Münchener Handbuch des Gesellschaftsrechts, Band 4, § 22 Rn. 24.

348 OLG Köln NZG 2001, 135, 136; *Fleischer*, in: Handbuch des Vorstandsrechts, § 8 Rn. 9; *ders*, NZG 2003, 449, 452.

stehen dem Ressortinhaber Handlungsspielräume zur Verfügung; die anderen Vorstandsmitglieder dürfen nicht ohne besonderen Anlass ständig in sein Ressort eingreifen.[349] Eine solche Geschäftsverteilung bewirkt aber nicht, dass die übrigen Vorstandskollegen von ihrer Gesamtverantwortung nach § 76 Abs. 1 AktG befreit werden. Vielmehr verwandelt sich ihre unmittelbare Handlungspflicht in die Pflicht, die Handlungen des beauftragten Vorstandsmitglieds angemessen zu beaufsichtigen („Restverantwortung").[350] Als organinterne Selbstkontrolle unterscheidet sich diese Überwachungspflicht von den anderen Aufsichtstätigkeiten im Aktienrecht wie z.B. der Überwachungspflicht des Aufsichtsrats nach § 111 Abs. 1 AktG.[351]

III. Haftung nur für eigenes Verschulden

Das Prinzip der Gesamtverantwortung bedeutet aber nicht, dass einem Vorstandsmitglied pflichtwidriges Verhalten der anderen Organmitglieder zuzurechnen wäre. Gemäß § 93 Abs. 2 AktG haftet ein Vorstandsmitglied nur für eigenes Verschulden. Auch im Falle der horizontalen Delegation haftet es nur dann, wenn ihm ein eigenes pflichtwidriges Verhalten vorwerfbar ist.[352] Fremdes Verschulden kann den Vorstandskollegen weder über § 278 BGB noch über § 831 BGB zugerechnet werden: § 278 BGB ist nicht anzuwenden, weil der Ressortinhaber kein Erfüllungsgehilfe der anderen Vorstandsmitglieder ist, sondern seine eigenen organschaftlichen Pflichten gegenüber der Gesellschaft zu erfüllen hat. Auch greift § 831 BGB nicht ein, weil nicht die übrigen Vorstandsmitglieder, sondern die Gesellschaft als der Geschäftsherr anzusehen ist.[353]

---

349 *Fleischer*, in: Spindler/Stilz, AktG, § 77 Rn. 48; *Spindler*, in: MüKo AktG, § 77 Rn. 58; *Weber*, in: Hölters, AktG, § 77 Rn. 32.

350 BGH NJW 1995, 2850, 2851; *Fleischer*, in: Spindler/Stilz, AktG, § 77 Rn. 49; *Kort*, in: Großkommentar AktG, § 77 Rn. 37; *Spindler*, in: MüKo AktG, § 93 Rn. 170; *Koch*, in: Hüffer/Koch, AktG, § 77 Rn. 15; *Hoffmann-Becking*, in: Münchener Handbuch des Gesellschaftsrechts, Band 4, § 22 Rn. 26.

351 *Hopt/Roth*, in: Großkommentar AktG, § 93 Rn. 376; *Spindler*, in: MüKo AktG, § 93 Rn. 170.

352 *Schmidt-Husson*, in: Hauschka, Corporate Compliance, § 6 Rn. 11; *Hopt/Roth*, in: Großkommentar AktG, § 93 Rn. 384; *Fleischer*, NZG 2003, 449, 453.

353 *Hopt/Roth*, in: Großkommentar AktG, § 93 Rn. 384 ff.; *Fleischer*, in: Handbuch des Vorstandsrechts, § 8 Rn. 14; *Schmidt-Husson*, in: Hauschka, Corporate Compliance, § 6 Rn. 11.

IV. Pflichtverletzung im Falle der horizontalen Delegation

Eine eigene Haftung der Vorstandskollegen kann aber unabhängig von einer Zurechnungsnorm bestehen. Dabei kommen vor allem die folgenden zwei Fallgruppen in Betracht: unzulässige Geschäftsverteilung und Verletzung der Überwachungspflicht.[354]

1. Unzulässige Geschäftsverteilung

Zunächst kann eine Pflichtverletzung der Vorstandsmitglieder vorliegen, wenn die von dem Gesamtvorstand als Ganzes zu erfüllenden Aufgaben an ein einzelnes Mitglied delegiert werden.[355] Delegationsfähig sind nur die Vorbereitungs- sowie Ausführungsmaßnahmen der Leitungsaufgaben und die Geschäftsführungsaufgaben, die nicht zum Kern der Unternehmensleitung gehören.[356]

Angesichts ihrer gewachsenen Bedeutung und ihrer Auswirkungen auf wichtige datenschutzrechtliche Fragen gehören heute die EDV und die (sonstige) Informationstechnologie wie z.B. KI zu den Gegenständen, auf die sich die Leitungsaufgabe des Vorstands erstreckt.[357] Jedoch führt dies nicht dazu, dass sämtliche Aufgaben im Bereich der künstlichen Intelligenz vom Gesamtvorstand als Kollegialorgan zu erledigen sind. Beispielsweise ist zwar die Entscheidung über die Frage, ob ein KI-System zur Unterstützung unternehmerischer Entscheidungen im Unternehmen eingeführt werden soll, grundsätzlich eine Leitungsaufgabe, weil die KI-Einführung oft einen wichtigen Teil der Unternehmensstrategie und Unternehmensplanung darstellt. Die konkreten Aufgaben bezüglich des KI-Einsatzes, wie z.B. die Auswahl des geeigneten KI-Systems und tägliche Überwachung dessen Betriebs, sind normalerweise delegierbar und können auf ein einzelnes Vorstandsmitglied wie den CIO oder den CDO übertragen werden.[358] Die weitere Frage, welche KI-bezogenen Aufgaben zu den normalen Geschäftsführungsaufgaben gehören, ist wieder im Ein-

354 *Fleischer*, in: Handbuch des Vorstandsrechts, § 8 Rn. 15 ff.; *ders*, NZG 2003, 449, 453; *Hopt/Roth*, in: Großkommentar AktG, § 93 Rn. 160 ff.

355 *Hopt/Roth*, in: Großkommentar AktG, § 93 Rn. 160 f.; *Fleischer*, NZG 2003, 449, 453.

356 S. dazu bereits oben Teil 3 A.

357 *Koch*, in: Hüffer/Koch, AktG, § 76 Rn. 9; *Kort*, in: Großkommentar AktG, § 76 Rn. 37; *Behling*, ZIP 2017, 697, 698 ff.; *Noack*, ZHR 183 (2019), 105, 124 ff.

358 *Lücke*, BB 2019, 1986, 1993.

zelfall zu beantworten. Dabei zu berücksichtigen sind unter anderem die Art und Bedeutung der KI-Aufgaben sowie die Größe und Organisation des Unternehmens.

2. Verletzung der Überwachungspflicht

Selbst wenn eine Geschäftsverteilung rechtlich zulässig ist und ordnungsgemäß erfolgt, kann sich eine Pflichtverletzung aber noch daraus ergeben, dass die Vorstandsmitglieder die gehörige Überwachungssorgfalt nicht erfüllen.[359] Wie bereits oben ausgeführt, haben die Vorstandsmitglieder im Falle der horizontalen Delegation die Aufgabenerfüllung der anderen Mitglieder sorgfältig zu überwachen. Die mit Blick auf diese Überwachungspflicht praktisch wohl bedeutsamste Frage ist, in welchem Umfang das zuständige Vorstandsmitglied überwacht werden soll. Dies ist im Folgenden näher zu behandeln.

a) Allgemeine Annäherung

Wie weit diese ressortübergreifende Überwachungspflicht geht, ist nach allgemeiner Ansicht eine Frage des Einzelfalls, wobei mehrere Faktoren eine Rolle spielen: „*So werden Größe und Gegenstand des Unternehmens sowie die Bedeutung der Geschäfte ins Gewicht fallen, ebenso die Art der übertragenen Aufgaben, die Risikoträchtigkeit einer Funktion sowie die persönliche Befähigung des Vorstandsmitglieds, seine Erfahrung und Bewährung auf dem jeweiligen Gebiet*“.[360] Wenn beispielsweise der CIO zum ersten Mal die Aufgaben in Bezug auf künstliche Intelligenz wahrnimmt, haben die anderen Vorstandskollegen seine KI-bezogene Tätigkeit im Vergleich zu seinen regulären Arbeiten, wie z.B. der Leitung der IT-Abteilung, intensiver zu überwachen. Eine gesteigerte Überwachung ist zudem notwendig, wenn eine Person erst vor kurzem als CDO bestellt wurde. In solchem Fall können die anderen Vorstandsmitglieder noch nicht vollständig auf ihre ordnungsgemäße Erfüllung KI-bezogener Aufgaben vertrauen, wie auf die

359 *Hopt/Roth*, in: Großkommentar AktG, § 93 Rn. 376; *Fleischer*, in: Handbuch des Vorstandsrechts, § 8 Rn. 16.

360 *Spindler*, in: MüKo AktG, § 93 Rn. 173; *Hopt/Roth*, in: Großkommentar AktG, § 93 Rn. 381; *Fleischer*, in: Spindler/Stilz, AktG, § 77 Rn. 51; *Koch*, in: Hüffer/Koch, AktG, § 77 Rn. 15; *Weber*, in: Hölters, AktG, § 77 Rn. 36.

Aufgabeerfüllung von erfahrenen Mitgliedern. Darüber hinaus haben die Vorstandskollegen die Arbeit des CDOs/CIOs strenger zu überwachen, wenn seine KI-bezogene Aufgabe einen großen Einfluss auf das Unternehmen haben kann. Dies kann der Fall sein, wenn zum Treffen einer wichtigen M&A-Entscheidung oder Investitionsentscheidung eine KI-Analyse einzuholen ist und sie dabei eine bedeutende Rolle spielen wird.

Diese vorstandsinterne Überwachungspflicht bedeutet aber nicht, dass die Vorstandskollegen ohne besonderen Anlass ständig in das Nachbarressort hineinregieren dürfen. Vielmehr greift hier zunächst der Grundsatz des gegenseitigen Vertrauens ein:[361] Die horizontale Delegation dient nicht nur der Vermeidung einer Überlastung einzelner Vorstandsmitglieder, sondern ermöglicht auch Effizienzgewinne durch die spezialisierten Fachkenntnisse sowie Erfahrungen einzelner Mitglieder.[362] Würden die Vorstandsmitglieder aber bereits im Grundsatz einander misstrauen, dann wären sie gezwungen, sämtliche Arbeiten ihrer Kollegen zu überprüfen. Dies würde ein effektives Arbeiten im Vorstand unmöglich machen und auf Dauer den Bestand des Unternehmens gefährden.[363] Deshalb gründet sich die Geschäftsverteilung auf gegenseitiges Vertrauen.

b) Vorstandsinterne Berichtserstattung

Damit alle Vorstandsmitglieder ihre aus der Gesamtverantwortung resultierende Überwachungspflicht erfüllen können, sind die einzelnen Mitglieder verpflichtet, die Vorstandskollegen über wichtige Entwicklungen und Entscheidungen in seinem Ressort zu unterrichten. Umgekehrt soll jedes Vorstandsmitglied einen Informationsanspruch hinsichtlich der bedeutsamen Angelegenheiten in anderen Ressorts haben.[364] Zu diesen Zwecken kann die Einrichtung eines förmlichen vorstandsinternen Berichtssystems erforderlich werden. Doch ist die Systemeinrichtung keine zwingende Vorstandspflicht, sondern hängt von den Eigenheiten des Unternehmens und der Wichtigkeit der Aufgaben ab. Der wohl überwiegenden An-

---

361 *Hopt/Roth*, in: Großkommentar AktG, § 93 Rn. 375; *Fleischer*, NZG 2003, 449, 455; *Spindler*, in: MüKo AktG, § 93 Rn. 174; *Froesch*, DB 2009, 722, 725.

362 *Hartbarth*, ZGR 2017, 211, 221 f.; *Fleischer*, ZIP 2009, 1397, 1402.

363 *Hartbarth*, ZGR 2017, 211, 222; *Kauer*, Die Informationsbeschaffungspflicht des Vorstands einer AG, S. 132.

364 *Kort*, in: Großkommentar AktG, § 77 Rn. 35 ff.; *Hoffmann-Becking*, in: Münchner Handbuch des Gesellschaftsrechts, Band 4, § 22 Rn. 28; *Fleischer*, NZG 2003, 449, 454.

sicht nach ist es grundsätzlich ausreichend, wenn *„die Vorstandsmitglieder in den Vorstandssitzungen Auskünfte über die Tätigkeit ihrer Kollegen und sonstige für die Arbeit des Gesamtvorstands relevante Vorkommnisse einholen"*.[365]

Im Falle vom KI-Einsatz hat das zuständige Vorstandsmitglied auch regelmäßig dem Gesamtvorstand über wichtige Angelegenheiten des KI-Einsatzes zu berichten. Dabei ist besonders zu beachten, dass das Thema der künstlichen Intelligenz für andere Vorstandskollegen, die keine speziellen Erkenntnisse über IT und KI haben, fremd und schwer zu verstehen ist. Die Auskünfte sowie Berichte über KI sollen somit in der Weise verfasst werden, dass auch die normalen Vorstandsmitglieder sie leicht verstehen können. Ein weiteres Problem liegt in den Fällen, in denen die KI-gestützten unternehmerischen Entscheidungen so wichtig sind, dass nicht nur die allgemeinen Angelegenheiten des KI-Einsatzes, sondern auch das konkrete KI-Analyseergebnis und der Arbeitsprozess der KI-Analyse den Vorstandskollegen zu berichten und zu erklären sind. Das Verfahren des maschinellen Lernens (Beispiel: neuronale Netze) erscheint oft wie eine Black Box, d.h. der Anwender hat keine direkte Möglichkeit zu erfahren, wie und warum der Algorithmus seine Entscheidung gefällt und das Ergebnis produziert hat. Das besonders Nachvollziehbarkeitsproblem der KI-Systeme wird im fünften Teil näher beleuchtet werden.[366]

c) Gesteigerte Überwachungspflicht

Grundsätzlich darf jedes Vorstandsmitglied zunächst auf die Arbeit seiner Kollegen vertrauen, solange sich im Rahmen der Berichtspflicht und des Informationsrechts keine Anhaltspunkte für eine sorgfaltswidrige Geschäftsführung ergeben.[367] Wenn aber der Verdacht besteht, dass die ordnungsgemäße Aufgabenerfüllung durch das zuständige Mitglied nicht mehr gewährleistet ist und Interessen der Gesellschaft gefährdet sind, dann hat die vorstandsinterne Kontrolle strenger zu erfolgen und ein aktives Einschreiten der anderen Mitglieder kann geboten sein.[368] Die Intensität

---

365 *Kort*, in: Großkommentar AktG, § 77 Rn. 40; *Koch*, in: Hüffer/Koch, AktG, § 77 Rn. 15; *Fleischer*, NZG 2003, 449, 454 f.

366 S. dazu unten Teil 5 C.III.2.a).

367 *Hoffmann-Becking*, in: Münchner Handbuch des Gesellschaftsrechts, Band 4, § 22 Rn. 28.

368 BGH NJW 1997, 130, 132; BGH, NJW-RR 1986, 1293; *Wicke*, NJW 2007, 3755, 3756; *Fleischer*, in: Handbuch des Vorstandsrechts, § 8 Rn. 19; *Hopt/Roth*, in: Großkommentar AktG, § 93 Rn. 376.

der Interventionsmaßnahmen ist wiederum eine Frage des Einzelfalls. Bei nur allgemeinen und leichten Verdachtsmomenten kann das Vorstandsmitglied zunächst dem Ressortinhaber einige Fragen stellen und mit ihm eine Aussprache führen. Bei bedeutsamen und schweren Verdacht oder wenn der leichte Verdacht sich nicht schon durch Nachfrage und Aussprache beseitigen lassen, muss das Vorstandsmitglied diesen Verdacht zur Kenntnis des Gesamtvorstands bringen.[369]

Wenn die KI-bezogenen Aufgaben auf ein bestimmtes Vorstandsmitglied übertragen werden und wenn in seinen regelmäßigen Berichten über den KI-Einsatz keine Auffälligkeiten oder Unregelmäßigkeiten vorliegen, dürfen die Vorstandskollegen grundsätzlich auf die ordnungsgemäße Erfüllung der KI-bezogenen Aufgaben des zuständigen Mitglieds vertrauen. Beim KI-Einsatz ist ein besonders Problem zu beachten: Die IT-Risiken entwickeln sich mit der rasanten Entwicklung der Big Data und KI-Anwendung zu den bedeutendsten Risiken für Unternehmen. Sie können sich nicht nur in Verstößen gegen gesetzliche Regelungen wie der DSGVO manifestieren und substanzielle Schäden sowie Geldbußen und Wiederherstellungskosten der Betriebssysteme zur Folge haben, sondern auch zu Reputationsschäden führen und letztendlich den Unternehmenswert beeinträchtigen. In Extremfällen werden die ökonomischen Schäden und der Reputationsverlust sogar den Bestand der Unternehmen gefährden.[370]

Wenn Verdachtsmomente vorliegen, dass IT-Risiken (wie z.B. Hackerangriffe), Datensicherheitsrisiken und IT-System-Risiken bestehen und die ordnungsmäße Erfüllung der KI-bezogenen Aufgaben durch das zuständige Vorstandsmitglied im Zweifel steht, dann haben die Vorstandskollegen seine Arbeit intensiver zu überwachen. Beispielsweise kann das Vorstandsmitglied mit dem Ressortinhaber (z.B. dem CDO) ein Gespräch führen. In dem Gespräch kann es den Ressortinhaber fragen, ob er diese IT-Risiken bereits erkannt hat, wie diese IT-Risiken den normalen Betrieb des Unternehmens stören werden und welche Maßnahmen er insoweit ergreifen wird. Wenn die Antworten des CDOs für einen ordentlichen und gewissenhaften Geschäftsleiter nicht überzeugend sind und der Verdacht weiterbesteht, muss der Verdacht vor den Gesamtvorstand gebracht werden. Neben den allgemeinen Verdachtsmomenten können IT-Risiken in bestimmten Fällen schwere Folgen herbeiführen und sogar den Bestand des Unternehmens gefährden. In solchen Fällen brauchen die Vorstands-

369 *Hopt/Roth*, in: Großkommentar AktG, § 93 Rn. 382; *Spindler*, in: MüKo AktG, § 93 Rn. 180.

370 S. hierzu unten Teil 6 A.

kollegen nicht zuerst mit dem CDO zu kommunizieren, sondern müssen diese Angelegenheiten sofort vor den Gesamtvorstand bringen und den Gesamtvorstand darüber entscheiden lassen.

An dieser Stelle ist es erwähnenswert, dass die IT-bezogenen Risiken nicht nur die erfolgreiche Aufgabenerfüllung des für KI-Einsatz zuständigen Mitglieds behindern werden, sondern oft den normalen Betrieb des ganzen Unternehmens stören können. Denn heutzutage ist es kaum vorstellbar, dass ein Vorstandsmitglied und seine nachgeordneten Mitarbeiter ohne Benutzung von IT-Produkten wie dem Computer und der Bürosoftware die Aufgaben in seinem Ressort erfolgreich erledigen kann. Das besondere IT-Risiko-Problem und entsprechende IT-Risikomanagement, das zur Leitungsaufgabe gehört und vom Gesamtvorstand als Kollegialorgan vorzunehmen ist, werden im sechsten Teil näher beleuchtet werden.

V. Ergebnis

Die Delegation der KI-bezogenen Aufgaben an einzelnes Vorstandsmitglied ist rechtlich zulässig, solange der Gesamtleitungsgrundsatz eingehalten ist. Eine solche Geschäftsverteilung hat schriftlich klar und eindeutig zu erfolgen, ansonsten gilt der Grundsatz der Gesamtverantwortung. Jedes Vorstandmitglied hat die Arbeit seiner Vorstandskollegen sorgfältig zu überwachen: Grundsätzlich genügt hier eine laufende Kontrolle, wie beispielsweise eine regelmäßige Berichtserstattung des zuständigen Vorstandsmitglieds in den Vorstandssitzungen. Die Berichte des Ressortinhabers über technisch-komplexe KI-Aufgaben sollen für die anderen Mitglieder als technische Laien nachvollziehbar sein. Wenn Verdachtsmomente über eine sorgfaltswidrige Geschäftsführung des zuständigen Mitglieds bestehen, wie z.B. wegen der IT-bezogenen Risiken, dann kann eine aktive Intervention der anderen Vorstandsmitglieder geboten sein.

Teil 5: Vorstandspflichten beim KI-Einsatz im Rahmen unternehmerischer Entscheidungen gegenüber den KI-Systemen

A. *Einführung*

Nachdem die neuen Aufgaben und Qualifikationsanforderungen an Vorstandsmitglieder beim KI-Einsatz erörtert wurden und Pflichten der Vorstandskollegen gegenüber dem für den KI-Einsatz zuständigen Vorstandsmitglied beleuchtet wurden („horizontale Delegation"), stellt sich nunmehr die Frage, welche Pflichten den Vorstandsmitgliedern in Bezug auf die KI-Systeme obliegen („vertikale Delegation"), d.h. inwiefern der Vorstand sicherzustellen hat, dass KI-Systeme die ihnen übertragenen Aufgaben ordnungsgemäß und erfolgreich erfüllen werden.

Anders als bei der horizontalen Aufgabendelegation, bei der eine residuale Überwachungspflicht, die direkt an Stelle der Eigenverantwortung tritt, weitgehend anerkannt ist, finden sich in Rechtsprechung und Literatur nur vereinzelt Stellungnahmen zu den Verhaltensanforderungen an die Vorstandsmitglieder bei einer vertikalen Delegation. Der Literatur zufolge können dabei die im Deliktsrecht (insb. für §§ 823, 831 BGB) entwickelten Delegationsgrundsätze eine Orientierungshilfe bieten, wonach den Vorstandsmitgliedern bei der Delegation von Aufgaben an nachgeordnete Ebenen Auswahl-, Einweisungs- und Überwachungspflichten obliegen.[371]

Im Schrifttum gibt es zudem die Auffassung, dass bei der Konkretisierung der Verhaltensvorgaben des Vorstandsmitglieds gegenüber den KI-Systemen, die durch KI-gestützte Datenanalyse die unternehmerische Entscheidung des Vorstands unterstützen, die Grundsätze des Ision-Urteils, die die Anforderungen an die Sorgfaltspflicht der Geschäftsleiter bei Einholung vom Expertenrat konkretisieren, übertragbar sind.[372] Nach den Ision-Grundsätzen treffen die Vorstandsmitglieder bei der Informations-

371 *Fleischer*, in: Spindler/Stilz, AktG, § 93 Rn. 100; *ders*, in: Handbuch des Vorstandsrechts, § 8 Rn. 28; *Turiaux/Knigge*, DB 2004, 2199, 2205; *Schmidt-Husson*, in: Hauschka, Corporate Compliance, § 6 Rn. 28.

372 *Weber/Kiefner/Jobst*, NZG 2018, 1131, 1133; *Zetzsche*, AG 2019, 1, 8 f.

beschaffung, ähnlich wie im Rahmen der deliktsrechtlichen Delegationsgrundsätze, Auswahl-, Einweisungs- und Überwachungspflichten.

Im Folgenden soll daher die Frage über die Verhaltensanforderungen an die Vorstandsmitglieder gegenüber den KI-Systemen auf Basis der Delegationsregelungen im Deliktsrecht und der Grundsätze des Ision-Urteils näher erörtert werden.

B. Delegationsgrundsätze im Deliktsrecht und die Ision-Kriterien

I. Delegationsgrundsätze im Deliktsrecht

Die rechtliche Zulässigkeit der Delegation der Geschäftsführungsaufgaben an KI-Systeme wurde bereits oben untersucht und grundsätzlich bejaht.[373] Eine Ordnungsgemäße Übertragung der Aufgaben auf nachgeordnete Unternehmensebenen wie Mitarbeiter und KI-Systeme befreit das zuständige Vorstandsmitglied jedoch nicht von seiner Geschäftsleiterverantwortung, sondern verwandelt die Handlungspflicht in eine Sorgfaltspflicht mit neuem Inhalt. Dieser Pflichtenwandel ist zwar im Schrifttum allgemein anerkannt,[374] aber zu den weiteren Fragen, wie z.B. den konkreten Einzelpflichten des Vorstandsmitglieds gegenüber dem Delegatar, gibt es im Aktienrecht noch keine eindeutige Antwort.[375] Der herrschenden Lehre nach bieten insoweit die Delegationsgrundsätze aus dem Deliktsrecht, also §§ 823, 831 BGB, den Vorstandsmitgliedern bei vertikaler Delegation im Unternehmen eine Orientierungshilfe.[376] Danach sind die Vorstandsmitglieder gehalten, die untergeordneten Entscheidungsträger sorgfältig auszuwählen (cura in eligendo), ihnen erforderliche Einweisungen zu geben

373 S. dazu bereits oben Teil 3 C.

374 *Schmidt-Husson,* in: Hauschka, Corporate Compliance, § 6 Rn. 28; *Fleischer,* in: Handbuch des Vorstandsrechts, § 8 Rn. 28; *ders*, in: Spindler/Stilz, AktG, § 93 Rn. 100; *Hopt/Roth*, in: Großkommentar AktG, § 93 Rn. 162; *Turiaux/Knigge*, DB 2004, 2199, 2205; *Krause,* BB 2009, 1370, 1373; *Harbarth,* ZGR 2017, 211, 215; *Froesch,* DB 2009, 722, 725.

375 Aus der Rechtsprechung gibt es bis heute nur ein BGH-Urteil, das die Einzelpflichten der Geschäftsleiter bei vertikaler Delegation erwähnt: Nach einer BGH-Entscheidung 1994 haftet ein Geschäftsleiter im Falle der vertikalen Delegation für die ordnungsgemäße Auswahl, Einweisung, Information und Überwachung von Mitarbeitern, vgl. BGH DStR 1994, 1902, 1904.

376 *Fleischer*, in: Spindler/Stilz, AktG, § 93 Rn. 100; *ders*, in: Handbuch des Vorstandsrechts, § 8 Rn. 28; *Turiaux/Knigge*, DB 2004, 2199, 2205; *Schmidt-Husson,* in: Hauschka, Corporate Compliance, § 6 Rn. 28.

(cura in instruendo) und ihre Arbeitsvorgänge ordnungsgemäß zu überwachen (cura in custodiendo).[377] Im Folgenden sollen daher die Verkehrssicherungspflichten des Übertragenen im Deliktsrecht vorgestellt werden, um nachfolgend zu untersuchen, ob und inwieweit diese auf die Fälle der vertikalen Delegation im Unternehmen übertragen werden können, insbesondere wenn es sich um Delegation an KI-Systeme handelt.

1. Übertragung der Tätigkeiten auf Dritte (§ 823 BGB)

Die Verkehrssicherungspflicht ist eine deliktsrechtliche Verhaltenspflicht zur Abwehr von Gefahrenquellen. Ein Unterlassen der Verkehrssicherungspflicht kann zu Schadensersatzansprüchen nach den §§ 823 ff. BGB führen. Genauer gesagt ist *„derjenige, der eine Gefahrenlage – gleich welcher Art – schafft, grundsätzlich verpflichtet, die notwendigen und zumutbaren Vorkehrungen zu treffen, um eine Schädigung anderer möglichst zu verhindern.“*[378]

Diese deliktsrechtlichen Sorgfaltspflichten müssen aber nicht höchstpersönlich erfüllt werden. Vielmehr kann deren Erfüllung auf Dritte übertragen werden. Das ist rechtlich zulässig und in der Praxis üblich.[379] Zwar gibt es im Wortlaut des § 823 BGB keinen Anhaltspunkt über die Delegation der Verkehrssicherungspflichten, doch haben zahlreiche Urteile das übliche Delegationsphänomen bereits anerkannt. Beispielsweise kann der Eigentümer eines verpachteten Hotels die Erfüllung seiner Verkehrssiche-

---

377 *Schmidt-Husson*, in: Hauschka, Corporate Compliance, § 6 Rn. 28; *Fleischer*, in: Handbuch des Vorstandsrechts, § 8 Rn. 28; *ders*, in: Spindler/Stilz, AktG, § 93 Rn. 100; *Hopt/Roth*, in: Großkommentar AktG, § 93 Rn. 162; *Turiaux/Knigge*, DB 2004, 2199, 2205; *Krause*, BB 2009, 1370, 1373; *Harbarth*, ZGR 2017, 211, 215; *Froesch*, DB 2009, 722, 725. In Art. 754 Abs. 2 des Schweizerischen Obligationenrechts findet sich eine positivrechtliche Verankerung der drei *curae*: „Wer die Erfüllung einer Aufgabe befugterweise einem anderen Organ überträgt, haftet für den von diesem verursachten Schaden, sofern er nicht nachweist, dass er bei der Auswahl, Unterrichtung und Überwachung die nach den Umständen gebotene Sorgfalt angewendet hat.“

378 Dies ist die heute gängige Formel, die in unzähligen Entscheidungen wiederholt, vgl. BGH NJW 2018, 2956; BGH NJW 2017, 2905; BGH NJW 2014, 2104, 2105; BGH NJW 2013, 48; BGH NJW-RR 2011, 888, 889; BGH NJW 2010, 1967; BGH NJW 2007, 1683, 1684; BGH NJW 2006, 610, 611; BGH NJW-RR 2003, 1459; BGH NJW-RR 2002, 525, 526.

379 *Wagner*, in: MüKo BGB, § 823 Rn. 521 ff.; *Förster*, in: BeckOK BGB, § 823 Rn. 350 ff.; *Hager*, in: Staudinger BGB, § 823 Rn. E 59 ff.

rungspflichten auf den Pächter übertragen;[380] der Abfallerzeuger kann mit der Entsorgung der Abfälle ein selbstständiges Unternehmen beauftragen[381] und der Bauherr kann die Erfüllung seiner Verkehrssicherungspflicht, wie z.B. die Herstellung einer begehbaren Abdeckung über Deckendurchbrüchen, an einen Unternehmer delegieren.[382]

Nach allgemeiner Ansicht in der Rechtsprechung und Rechtslehre führt die Delegation der Verkehrssicherungspflichten auf Dritter aber nicht dazu, dass der primäre Verkehrssicherungspflichtige sich vollständig entlasten kann.[383] Er bleibt selbst noch verantwortlich, nur wandelt bzw. verengt sich die ursprüngliche Verkehrssicherungspflicht in eine Pflicht zur sorgfältigen Auswahl,[384] ordnungsgemäßen Anweisung[385] und ordentlichen Überwachung.[386]

a) Auswahl

Bei der Auswahl hat der Übertragende vor allem dafür zu sorgen, dass der Übernehmende die Fähigkeit, Eignung und Zuverlässigkeit, die zur erfolgreichen Erfüllung der an ihn delegierten Verkehrssicherungspflichten erforderlich ist, besitzt.[387] Zum Beispiel sind die Künstler als Übernehmende objektiv nicht geeignet, wenn der Veranstalter eines Open-Air-Konzerts seine Verkehrssicherungspflicht zum Schutz der Konzertbesucher vor Gehörschäden durch übermäßige Lautstärke der dargebotenen Musik an

380 BGH NJW 1999, 3633.

381 BGH NJW 2006, 3628, 3629; OLG Düsseldorf NJW-RR 1996, 1426, 1427.

382 OLG Zweibrücken VersR 2004, 611.

383 BGH NJW 2017, 2905; BGH NZV 2014, 167; BGH NJW 2006, 3628; BGH NJW 2002, 818; BGH NJW 1999, 3633; BGH NJW 1985, 270, 271; BGH NJW 1985, 1076, 1077; BGH NJW 1976, 46, 47; *Förster*, in: BeckOK BGB, § 823 Rn. 359 ff.; *Wagner*, in: MüKoBGB, § 823 Rn. 527 ff.; *Hager*, in: Staudinger, BGB, § 823 Rn. E 61 ff.

384 BGH NZV 2014, 167, 169; BGH NJW 2006, 3628, 3629; BGH NJW 1987, 2669, 2670; BGH NJW 1976, 46, 47; OLG Frankfurt a. M. NJW-RR 2008, 1476, 1477; OLG Nürnberg-Fürth NJW-RR 2005, 464, 465; OLG Düsseldorf NJW-RR 2000, 787, 789; OLG Düsseldorf NJW-RR 1996, 1426, 1427.

385 BGH NJW 1988, 48, 49; BGH VersR 1967, 877, 878; BGH NJW 1965, 815, 816.

386 BGH NJW 2017, 2905, 2906; BGH NZV 2014, 167, 168; BGH NJW 2006, 3628, 3629; BGH NJW-RR 1989, 394, 395; BGH NJW-RR 1987, 147; BGH NJW 1976, 46, 47; OLG Hamm BeckRS 2017, 107377; OLG Brandenburg BeckRS 2009, 8855; OLG Frankfurt a. M. NJW-RR 2008, 1476, 1477.

387 OLG Nürnberg-Fürth NJW-RR 2005, 464, 465; OLG Düsseldorf NJW-RR 2000, 787, 789; *Förster*, in: BeckOK BGB, § 831 Rn. 364.

Dritte übertragen möchte. Denn die Künstler sind selbst die „Lärmverursacher" und ihre Arbeit liegt gerade darin, ihre Musik laut zu spielen, sodass alle Besucher des Open-Air-Konzerts sie hören können.[388] Der wohl überwiegenden Ansicht in der Literatur zufolge ist neben der persönlichen Fähigkeit und Zuverlässigkeit zudem die finanzielle Leistungsfähigkeit des Übernehmenden zu berücksichtigen. Denn der Übertragende hat bei der Auswahl auch darauf zu achten, dass der Übernehmende ausreichende Mittel zur Erfüllung der ihm übertragenden Aufgaben besitzt und im Haftungsfall die Ersatzansprüche Dritter erfüllen kann.[389]

Die Intensität der Auswahlpflicht richtet sich nach mehreren Faktoren, u.a. der Einflussmöglichkeit des Übertragenden und der Gefährlichkeit der Aufgaben.[390] Demzufolge soll die Pflicht zur sorgfältigen Auswahl strenger ausfallen, wenn der Übertragende den Übernehmenden später nur schwer beeinflussen kann oder nicht mehr kontrollieren kann.[391] Das ist der Fall, wenn der Abfallproduzent die Lagerung und Vernichtung der Industrieabfälle auf ein selbständiges Fachunternehmen überträgt.[392] Eine Intensivere Auswahlpflicht ist zudem notwendig, wenn die Abfälle für die Umwelt besonders gefährlich sind, weil dies eine erhöhte Gefährlichkeit bedeutet.[393]

b) Anweisung

Neben der Auswahlpflicht kann den Übertragenden auch eine Anweisungspflicht treffen.[394] So hat der Straßenmeister den Straßenwärter deutlich anzuweisen, wie er die von Straßenbäumen drohenden Schäden aufdecken und erkennen soll.[395] Auch hat das Gartenbauamt dem Gärtnermeister Anweisungen zu geben, dass die Kontaktkorrosion besondere

388 OLG Nürnberg-Fürth NJW-RR 2005, 464, 465.

389 *Förster*, in: BeckOK BGB, § 823 Rn. 365; *Wagner*, in: MüKo BGB, § 823 Rn. 531; *Hager*, in: Staudinger, BGB, § 823 Rn. E 61.

390 BGH NJW 1976, 46, 47; *Förster*, in: BeckOK BGB, § 823 Rn. 364.

391 *Förster*, in: BeckOK BGB, § 823 Rn. 364.

392 BGH NJW 1976, 46, 47; OLG Düsseldorf NJW-RR 1996, 1426, 1427.

393 BGH NJW 2006, 3628, 3629.

394 *Hager*, in: Staudinger, BGB, § 823 Rn. E 60; BGH NJW 1988, 48, 49; BGH NJW 1965, 815, 816.

395 BGH NJW 1965, 815, 816.

Gefahren mit sich bringen kann und der Gärtnermeister die Stabilität des Stahlrohrmastes regelmäßig überprüfen soll.[396]

Anders als die Auswahlpflicht besteht die Pflicht zur ordnungsgemäßen Anweisung nicht in jedem Fall. In der Rechtsprechung wurden von dem Übertragenden oft nur die Auswahl- und Überwachungspflicht verlangt, besonders wenn der Übertragende seine Verkehrssicherungspflicht an Personen mit gewisser Selbstständigkeit und Fachkunde delegiert.[397] Denn in solchen Fällen weißt der Übertragende nicht besser als der Übernehmende, wie die Verkehrssicherungspflicht ordnungsgemäß erfüllt werden soll. Es besteht daher keine Notwendigkeit, dem Übernehmenden Anweisungen zu geben. Wenn die Erteilung von Anweisungen im konkreten Fall aber erforderlich ist, dann sind die Anweisungen genau, klar und deutlich zu geben.[398]

c) Überwachung

Schließlich obliegt dem Übertragenden noch eine Überwachungspflicht gegenüber dem Übernehmenden.[399] Diese Pflicht wird in der Rechtsprechung am häufigsten erwähnt. Das bedeutet aber nicht, dass eine Kontrolle *„auf Schritt und Tritt“* zu verlangen ist.[400] Vielmehr darf der Übertragende im Allgemeinen darauf vertrauen, dass der Dritte die ihm übertragenden Verpflichtungen ordnungsgemäß erfüllt, solange keine Anhaltspunkte für das Gegenteil vorliegen. Das gilt besonders dann, wenn der Übertragende seine Verkehrssicherungspflicht auf ein selbständiges Fachunternehmen überträgt.[401] Ebenso unvertretbar wie die Nachprüfung jeder Arbeit ist das Gegenteil, d.h. das Unterlassen jeglicher Kontrolle, weil der Übertragende sich durch Delegation der Verkehrssicherungspflicht noch nicht

---

396 BGH NJW 1988, 48, 49.

397 *Förster*, in: BeckOK BGB, § 823 Rn. 363; *Hager*, in: Staudinger, BGB, § 823 Rn. E 65.

398 BGH VersR 1967, 877, 878; BGH NJW 1965, 815, 816.

399 BGH NZV 2014, 167, 168; BGH NJW 2006, 3628, 3629; BGH NJW-RR 1987, 147; BGH NJW 1985, 2588; BGH NJW 1976, 46, 47; *Förster*, in: BeckOK BGB, § 823 Rn. 362; *Wagner*, in: MüKo BGB, § 823 Rn. 526; *Hager*, in: Staudinger, BGB, § 823 Rn. E 60.

400 BGH NJW 2006, 3628, 3629; BGH NJW-RR 1987, 147; BGH NJW 1976, 46, 47.

401 BGH NZV 2014, 167, 168; BGH NJW 2006, 3628, 3629; BGH NJW-RR 1987, 147; BGH NJW 1985, 2588; BGH NJW 1976, 46, 47; OLG Hamm BeckRS 2017, 107377.

vollständig entlasten darf. Anzunehmen ist letztendlich der Mittelweg: Es ist erforderlich, aber auch ausreichend, dass „*von Anfang an wenigstens stichprobenartige Kontrollen vorgenommen werden*."[402]

Die Intensität der Überwachungspflicht ist wiederum eine Einzelfallfrage. Dabei zu berücksichtigen sind unter anderem die Zuverlässigkeit des Übernehmenden, der Grad der Gefahr und die Eintrittsmöglichkeit der gravierenden Schäden.[403] Demnach trifft den Übertragenden neben einer Stichprobenpflicht auch eine Verpflichtung zum Eingreifen, wenn er Anlass zu Zweifeln hat, ob der Übernehmende den Gefahren und Sicherungsanforderungen in angemessener Weise Rechnung trägt, oder wenn weitere, unvorhergesehene Gefahren entstehen, die besonders gravierende Schäden herbeiführen können.[404]

d) Zusammenfassung der allgemein deliktsrechtlichen Delegationsgrundsätze

Aus den obigen Ausführungen lassen sich einige allgemeine Delegationsgrundsätze im Deliktsrecht zusammenfassen: Es ist rechtlich zulässig, dass der primär Pflichtige die Erfüllung seiner Verkehrssicherungspflicht an Dritte delegiert. Durch die Delegation wird der Delegierende aber nicht von seiner Verantwortung entlastet. Er muss noch gewährleisten, dass der Delegatar die ihm übertragenden Aufgaben erfolgreich und ordnungsgemäß erfüllen wird. Dazu hat der Delegierende einen geeigneten Delegatar auszuwählen, ihm erforderliche Anweisungen zu geben und seine Tätigkeit sorgfältig zu überwachen. Der Umfang der Auswahl- Einweisungs- und Überwachungspflichten richtet sich nach den Umständen des Einzelfalls, wobei insbesondere Grad der Gefahren und die Zuverlässigkeit des Delegatars zu berücksichtigen sind.

---

402 BGH NJW-RR 1987, 147; OLG Brandenburg BeckRS 2009, 8855; *Förster*, in: BeckOK BGB, § 823 Rn. 368; *Wagner*, in: MüKo BGB, § 823 Rn. 527.

403 BGH NJW 2006, 3628, 3629; *Förster*, in: BeckOK BGB, § 823 Rn. 367.

404 BGH NJW 2006, 3628, 3629; BGH NJW 1987, 2669, 2670; BGH NJW 1976, 46, 47; *Förster*, in: BeckOK BGB, § 823 Rn. 367 ff.; *Hager*, in: Staudinger, BGB, § 823 Rn. E 65.

2. Übertragung der Tätigkeit auf Verrichtungsgehilfen (§ 831 BGB)

Ähnlich wie der Delegationsfall bei § 823 BGB basiert auch § 831 BGB auf einem Delegationsverhältnis. Der Geschäftsherr kann seine Tätigkeit auf einen Verrichtungsgehilfen übertragen; ihm obliegen dabei die Auswahl-, Einweisungs- und Überwachungspflichten gegenüber dem Gehilfen. Hier stellt es sich die Frage, ob aus § 831 BGB auch etwaige Delegationsgrundsätze abgeleitet werden können.

§ 831 BGB sieht vor, dass der Geschäftsherr zum Ersatz des Schadens verpflichtet ist, den der Verrichtungsgehilfe bei der Ausführung der ihm übertragenen Tätigkeit einem Dritten widerrechtlich zufügt. Ein Verschulden des Geschäftsherrn wird bereits vermutet und zur Entlastung muss er darlegen, dass er bei der Auswahl der bestellten Person, bei der Beschaffung von Vorrichtungen oder Gerätschaften und bei der Leitung der Ausführung der Verrichtung, die im Verkehr erforderliche Sorgfalt beobachtet hat (§ 831 Abs. 1 S. 2 BGB). Darüber hinaus hat der Geschäftsherr zu beweisen, dass er die Tätigkeit des Gehilfen ordnungsgemäß überwacht. Diese Überwachungspflicht wurde zwar nicht im Gesetzeswortlaut abgebildet, ist aber seit langem von Rechtsprechung und Schrifttum anerkannt.[405]

Insofern zeigen die Pflichten des Geschäftsherrn in § 831 BGB *„sowohl hinsichtlich der üblichen Sachverhaltsgestaltungen als auch in der rechtlichen Konstruktion"* deutliche Parallelen zu den Pflichten des Übertragenden bei der Delegation der Erfüllung von Verkehrssicherungspflichten in § 823 BGB:[406] Wenn der Geschäftsherr seine Aufgaben an Verrichtungsgehilfen delegiert, dann treffen den Geschäftsherrn eigene Auswahl-, Einweisungs- und Überwachungspflichten in Bezug auf den Gehilfen. Falls der Gehilfe bei der Ausführung ihm übertragenden Aufgaben einen Dritten widerrechtlich schädigt und der Geschäftsherr seine Auswahl-, Einweisungs- oder Überwachungspflicht nicht ordnungsgemäß erfüllt hat, ist der Geschäftsherr zum Ersatz des Schadens verpflichtet.

Bei näherer Betrachtung haben die Pflichten des Geschäftsherrn im Rahmen des § 831 BGB mit den Delegationsgrundsätzen, anders als die Pflichten des Übertragenden in § 823 BGB, aber nicht wirklich etwas zu tun. Die Pflichten des Geschäftsherrn in § 831 betreffen nicht die Delegationsfrage, d.h. es geht nicht um die Frage, wie der Geschäftsherr

---

405 BGH NJW 2003, 288, 290; OLG Koblenz NJW-RR 2011, 1049, 1051; OLG Brandenburg BeckRS 2008, 5070; OLG Düsseldorf NZV 2002, 91; *Wagner*, in: MüKo BGB, § 831 Rn. 36; *Förster*, in: BeckOK BGB, § 831 Rn. 51.

406 *Förster*, in: BeckOK BGB, § 831 Rn. 42.

gewährleisten kann, dass der Gehilfe als Delegatar die ihm übertragenden Aufgaben erfolgreich erledigen wird. Vielmehr handelt es sich um Verkehrssicherungspflichten, die sich daraus ergeben, dass der Geschäftsherr einen Gehilfen einsetzt und somit eine „Gefahrenquelle" schafft. Dabei ist der Geschäftsherr verpflichtet, die notwendigen und zumutbaren Maßnahmen zu treffen, um eine Schädigung anderer möglichst zu verhindern („Verkehrssicherungspflicht").[407] Eine Haftung für die Verletzung einzelner Verkehrssicherungspflichten greift ein, wenn der Geschäftsherr seine Auswahl-, Einweisungs- oder Überwachungspflicht verletzt und ein anderer dadurch einen Schaden erlitten hat, der von dem Gehilfen durch eine unerlaubte Handlung rechtswidrig herbeigeführt wurde.[408] Das Ergebnis der Delegation, d.h. ob der Gehilfe die ihm übertragenden Aufgaben erfolgreich erledigt, ist für das Bestehen dieser deliktsrechtlichen Haftung nicht relevant. Zusammenfassend zielen sich die Auswahl-, Einweisungs- und Überwachungspflicht des Geschäftsherrn in § 831 BGB nicht auf die Gewährleistung der erfolgreichen Aufgabenerfüllung des Delegatars, sondern auf die Verhinderung der Schädigung Dritter durch den Delegatar. Daher haben die Pflichten des Geschäftsherrn in § 831 BGB mit den Delegationsgrundsätzen nichts zu tun.

3. Übertragbarkeit der deliktsrechtlichen Grundsätze auf die Fälle der KI-Delegation im Unternehmen

Nachdem soeben die Pflichten des Übertragenden bei der Delegation der Erfüllung von Verkehrssicherungspflichten im Rahmen des § 823 BGB erörtert wurden, soll im Folgenden der weiteren Frage nachgegangen werden, ob diese deliktsrechtlichen Verhaltenspflichten des Delegierenden auch auf die Vorstandspflichten in Bezug auf KI-Systeme, die die unternehmerischen Entscheidungen des Vorstands unterstützen, übertragen werden können.

Eine vollständige Übertragung der bei § 823 BGB geltenden Delegationsgrundsätze ist abzulehnen. Erstens geht es bei der Delegation der Aufgaben im Rahmen unternehmerischer Entscheidungen an KI-Systeme nicht um eine Delegation von Verkehrssicherungspflichten, wie dies bei § 823 BGB der Fall ist, sondern um eine Delegation der Geschäftsführungsaufgaben des Vorstands. Es handelt sich nur um das Innenverhältnis des

---

407 *Wagner*, in: MüKo BGB, § 831 Rn. 11; *Förster*, in: BeckOK BGB, § 831 Rn. 1 f.
408 *Förster*, in: BeckOK BGB, § 831 Rn. 1 f.; *Hager*, in: Staudinger, BGB, § 831 Rn. 2.

Unternehmens. Ob ein außenstehender Dritter geschädigt wird, ist insoweit nicht von Belang. Zweitens verfolgen das Deliktsrecht und das Aktienrecht unterschiedliche Ziele. Die Pflichten des Delegierenden in § 823 BGB bezwecken letztlich den Schutz der Interessen Dritter. Der Übertragende hat dafür Sorge zu tragen, dass der Übernehmende die ihm übertragene Erfüllung der Verkehrssicherungspflicht ordnungsgemäß erledigen wird und dadurch *die Interessen der Dritten geschützt werden*. Die Pflichten des Vorstandsmitglieds bei vertikaler Delegation im Aktienrecht verfolgen hingegen das Ziel, dass der Delegatar die ihm übertragenen Aufgaben ordnungsgemäß erfüllen wird und dadurch *das Interesse des Unternehmens gewahrt wird*. Da sich sowohl die Sachverhaltsgestaltung als auch das verfolgte Ziel unterscheiden, dürfen die deliktsrechtlichen Delegationsgrundsätze nicht pauschal auf die Fälle der KI-Delegation im Aktienrecht übertragen werden.

Es besteht aber die Möglichkeit, dass die Grundsätze zu den Verhaltenspflichten des Übertragenden im Deliktsrecht eine „Orientierungshilfe" für die Vorstandspflichten bei vertikaler Delegation bieten können:[409] Unabhängig von der Art der übertragenen Aufgaben und den Zielen des Deliktsrechts sowie des Aktienrechts kann der Delegierende sich durch Delegation nicht vollständig entlasten. Er muss weiterhin dafür sorgen, dass der Delegatar die ihm übertragenden Aufgaben erfolgreich und ordnungsgemäß erfüllt. Zu diesem Zweck hat der Delegierende einen zuverlässigen Delegatar auszuwählen, ihm erforderliche Einweisungen zu erteilen und seine Tätigkeit sorgfältig zu überwachen. Diese *Sorgfaltspflichten des Delegierenden* gelten für alle Delegationsfälle, und damit auch für die vertikale Delegation im Unternehmen, so dass diese Grundsätze auf die Delegation der Vorstandsaufgaben an KI-Systeme übertragen werden können.

II. Ision-Kriterien

Bei der Konkretisierung der Vorstandspflichten in Bezug auf KI-Systeme, die bei der Vornahme unternehmerischer Entscheidungen eingesetzt werden, ziehen *Weber, Kiefner* und *Jobst* neben den anerkannten Auswahl-, Einweisungs- und Überwachungspflichten aus dem Delegationsverhältnis

409 *Fleischer*, in: Handbuch des Vorstandsrechts, § 8 Rn. 28; *ders.*, in: Spindler/Stilz, AktG, § 93 Rn. 100; *Turiaux/Knigge*, DB 2004, 2199, 2205; *Schmidt-Husson*, in: Hauschka, Corporate Compliance, § 6 Rn. 28.

auch die Grundsätze des Ision-Urteils heran.[410] Daher gilt es zu untersuchen, welche Grundsätze aus dem Ision-Urteil abgeleitet werden können. Anschließend muss zudem geprüft werden, ob und wie diese Grundsätze auf die Fälle des KI-Einsatzes im Rahmen unternehmerischer Entscheidungen übertragen werden können.

1. Grundlage

Das Ision-Urteil des BGH hat den Blick darauf gelenkt, welchen Anforderungen der Vorstand genügen muss, um im Zusammenhang mit der Einholung von Rechtsrat seine Sorgfaltspflicht aus § 93 Abs. 1 S. 1 AktG zu erfüllen. Dem Ision-Urteil entsprechend kann der Geschäftsleiter „*den strengen Anforderungen an eine ihm obliegende Prüfung der Rechtslage und an die Beachtung von Gesetz und Rechtsprechung nur genügen*“, wenn „*er sich unter umfassender Darstellung der Verhältnisse der Gesellschaft und Offenlegung der erforderlichen Unterlagen von einem unabhängigen, für die zu klärende Frage fachlich qualifizierten Berufsträger beraten lässt und den erteilten Rechtsrat einer sorgfältigen Plausibilitätskontrolle unterzieht.*“[411] Diese im zweiten Leitsatz der Ision-Entscheidung genannten Voraussetzungen findet man nicht nur im Ision-Urteil. Vor dem Ision-Urteil hatte der BGH bereits in zwei früheren Entscheidungen ähnliche Anforderungen formuliert[412] und nach dem Ision-Urteil diese Anforderungen durch weitere Entscheidungen bestätigt und fortentwickelt.[413]

Aus dem Ision-Urteil und weiteren relevanten Entscheidungen lassen sich folgende drei Prüfungspunkte als Verhaltensanforderungen der Ision-Kriterien an die Vorstandsmitglieder bei der Einholung von Rechtsrat ableiten: Auswahl eines unabhängigen und fachlich qualifizierten Berufsträgers, Darstellung der Verhältnisse der Gesellschaft und Offenlegung der erforderlichen Unterlagen sowie sorgfältige Plausibilitätskontrolle des erteilten Rechtsrats.

---

410 *Weber/Kiefner/Jobst*, NZG 2018, 1131, 1133.

411 BGH NZG 2011, 1271.

412 BGH NZG 2007, 545, 547; BGH DStR 2007, 1641, 1642; Auch in der oberlandesgerichtlichen Rechtsprechung waren die Kriterien schon im Vorfeld des Ision-Urteils mehrfach aufgegriffen worden, wie z.B. OLG Stuttgart, NZG 2010, 141, 142 und OLG Schleswig, NZI 2010, 492, 494.

413 BGH CCZ 2013, 34; BGH NZG 2015, 792.

2. Auswahl der Berater

a) Fachliche Sachkunde

In Bezug auf die ordnungsgemäße Auswahl des Beraters fordert der BGH dessen„fachliche Qualifikation“.[414] Fachlich qualifiziert ist grundsätzlich derjenige, der über formale Qualifikationen verfügt, mithin einen anerkannten Berufsabschluss hat.[415] Im juristischen Kontext kommt hier oft der erfolgreiche Abschluss eines Studiums mit dem ersten sowie zweiten Staatsexamen in Betracht.

Es stellt sich somit die Frage, ob allein die Formalqualifikation zur Bejahung der Fachkunde des Beraters ausreichend ist. Dies ist eigentlich eine Einzelfallfrage. Der Rechtsprechung zufolge hat man bei der Auswahl des Beraters *„die Größe des zu beurteilenden Unternehmens“* zu berücksichtigen,[416] so dass z.B. in einfachen Fällen bei kleinen Unternehmen allein das Vorliegen einer einschlägigen formalen Qualifikation hinreichend sein könnte. Für die meisten Fälle ist das Vorhandensein einer Formalqualifikation aber nicht genügend, um die Anforderungen an eine sorgfaltsgemäße Einholung fachkundiger Auskunft zu erfüllen. Die Formalqualifikation stellt nur einen wichtigen Anhaltspunkt für das Vorliegen der fachlichen Qualifikation des Beraters dar.[417] Angesichts der steigenden Ausdifferenzierung der verschiedenen Rechtsgebiete und aufgrund der zunehmenden Spezialisierung des Berufsstands der Anwaltschaft sind neben der formalen Qualifikation auch tatsächliche Spezialkenntnisse und Erfahrungen auf dem entsprechenden Rechtsgebiet unerlässlich.[418] Beispielsweise sind bei gesellschaftsrechtlichen Fragen die Anwälte im Corporate-Abteilung zu konsultieren, nicht dagegen die Anwälte der Strafrecht-Abteilung.

414 BGH NZG 2011, 1271, 1273; BGH NZG 2015, 792, 793; BGH NZG 2007, 545, 547; BGH CCZ 2013, 34, 35; OLG Stuttgart, NZG 2010, 141, 143.

415 *Fleischer*, ZIP 2009, 1397, 1403; *Hahn/Naumann*, CCZ 2013, 156, 160.

416 BGH CCZ 2013, 34, 35; *Strohn*, CCZ 2013, 177, 181; *Hahn/Naumann*, CCZ 2013, 156, 160.

417 *Gottschalk/Weng*, GWR 2013, 243, 244; *Strohn*, CCZ 2013, 177, 181; *Selter*, AG 2012, 11, 15 f.; andere Ansicht: *Fleischer*, NZG 2010, 121, 123; *Hahn/Naumann*, CCZ 2013, 156, 160: *„Der Rechtssuchende ist häufig gar nicht in der Lage, die tatsächliche fachliche Qualifikation des jeweiligen Berufsträgers zutreffend einzuschätzen. Infolgedessen vertritt die Gegenauffassung, dass sich der Rechtsunkundige zumindest auf die Formalqualifikation seines Beraters, wie z.B. die Anwaltszulassung, verlassen kann.“*

418 *Strohn*, ZHR 176 (2012), 137, 141; *Gottschalk/Weng*, GWR 2013, 243, 244; *Binder*, AG 2008, 274, 285 f.; *Bürkle*, VersR 2013, 792, 800.

Im Ergebnis kommt es daher für die Annahme einer hinreichenden fachlichen Qualifikation auf die inhaltlich nachweisbar vorhandene Fachkunde des Beraters im Einzelfall dahingehend an, ob die Fachkenntnisse und Erfahrungen des Beraters für die Erfüllung der ihm übertragenen Aufgaben tatsächlich außer Frage stehen.[419] Dabei zu berücksichtigen sind unter anderem die Eigenschaften und Gewicht der Beratungsaufgaben, die formalen Qualifikationen, Spezialkenntnisse und die Berufserfahrung des Beraters.

b) Unabhängigkeit

Die zweite Anforderung an die sorgfältige Auswahl des Beraters ist die Unabhängigkeit des Beraters.[420] Rat darf nicht bei Dritten eingeholt werden, die sich in einem Interessenkonflikt befinden oder deren Auskunft ein bloßes Gefälligkeitsgutachten darstellen würde. Denn nur dann ist eine objektive und wahrheitsgemäße Auskunft gewährleistet.[421] Bei der Beurteilung der Unabhängigkeit kommt es nicht auf die persönliche Unabhängigkeit, sondern auf die sachliche Unabhängigkeit an, d.h. der Experte hat seine Auskunft *„unbeeinflusst von unmittelbaren oder mittelbaren Vorgaben hinsichtlich des Ergebnisses"* zu erteilen.[422] Die gebotene Unabhängigkeit bildet ihrerseits ein Teilelement der persönlichen Zuverlässigkeit.[423] Wenn der Berater bei der Erteilung der Beratung keine sachwidrigen Eigeninteressen oder Interessen Dritter verfolgt und keine Anhaltspunkte bestehen, dass er unseriös oder käuflich ist, dann liegt grundsätzlich die Unabhängigkeit vor.[424]

In der Regel wird eine Unabhängigkeit bei unternehmensexternen Beratern vorliegen.[425] Problematisch und praktisch hochrelevant erscheint demgegenüber die Frage, ob und inwiefern eine Beratung durch die un-

419 BGH CCZ 2013, 34, 35.

420 BGH NZG 2011, 1271, 1273; BGH NZG 2015, 792, 793; BGH NZG 2007, 545, 547; BGH CCZ 2013, 34, 35; OLG Stuttgart, NZG 2010, 141, 143.

421 *Müller*, DB 2014, 1301, 1302; *Fleischer*, NZG 2010, 121, 123; *Wagner*, BB 2012, 651, 656.

422 BGH NZG 2015, 792, 795.

423 *Sander/Schneider*, ZGR 2013, 725, 749 f.; *Fleischer*, NZG 2010, 121, 123.

424 *Hahn/Naumann*, CCZ 2013, 156, 160; *Sander/Schneider*, ZGR 2013, 725, 749 ff.; *Fleischer*, NZG 2010, 121, 123; *ders.*, ZIP 2009, 1397, 1403; *Wagner*, BB 2012, 651, 656.

425 *Hahn/Naumann*, CCZ 2013, 156, 160.

ternehmensinterne Rechtsabteilung diesem Kriterium genügen kann.[426] Zweifel an der Unabhängigkeit der Unternehmensjuristen ergeben sich zunächst aus deren wirtschaftlicher Abhängigkeit und deren Weisungsabhängigkeit als Angestellte. Schließlich kommen die Situationen, in denen das geschäftsführende Organ von der Rechtsabteilung ein bestimmtes Ergebnis erwartet, nicht selten vor. Darüber hinaus ist nicht zu vernachlässigen, dass eine möglicherweise bestehende „Betriebsblindheit" der Rechtsabteilung und ihre stärkere Identifikation mit dem Unternehmen die Unabhängigkeit der Unternehmensjuristen ebenfalls beeinträchtigen könnten.[427]

Die überwiegende Meinung im Schrifttum befürwortet aber, dass auch die unternehmensinterne Rechtsabteilung eine unabhängige Beratung gewährleisten kann.[428] Zuerst sind die Hausjuristen schon kraft ihrer Anstellungsverträge und aufgrund des anwaltlichen Standesrechts verpflichtet, eine objektive und rechtmäßige Beratungsauskunft zu liefern.[429] Zweitens ist bei der wirtschaftlichen Abhängigkeit zu beachten, dass auch externe Anwälte von ihren Mandanten nicht minder abhängig sein können als Hausjuristen von ihrem Arbeitgeber, besonders wenn es um die Groß- oder Dauermandanten geht.[430] Darüber hinaus muss berücksichtigt werden, dass der Zweck einer Rechtsabteilung gerade darin besteht, den Vorstand bei rechtlichen Problemen zu unterstützen. Würde man die Rechtsabteilung grundsätzlich als abhängigen Berater ansehen, die immer der Meinung des Vorstands zustimmt und damit nur eine Feigenblattfunktion hat, so würde ihr die Arbeitsgrundlage entzogen.[431] Diese herrschende

---

426 *Strohn*, CCZ 2013, 177, 182; *Hahn/Naumann*, CCZ 2013, 156, 160; *Fleischer*, NZG 2010, 121, 123; *Steber*, DStR 2015, 2391, 2394; *Müller*, DB 2014, 1301, 1303 f.; *Vetter*, NZG 2015, 889, 894.

427 *Müller*, DB 2014, 1301, 1303; *Fleischer*, NZG 2010, 121, 123; *Klöhn*, DB 2013, 1535, 1539; *Selter*, AG 2012, 11, 15; *Junker/Biederbick*, AG 2012, 898, 902 f.; *Kiefner/Krämer*, AG 2012, 498, 501; *Wagner*, BB 2012, 651, 656.

428 *Wagner*, BB 2012, 651, 655 f.; *Fleischer*, ZIP 2009,1397,1403; *ders.*, NZG 2010, 121, 123; *Selter*, AG 2012, 11, 14 f.; *Bürkle*, VersR 2013, 792, 800; *Kiefner/Krämer*, AG 2012, 498, 501; *Strohn*, CCZ 2013, 177, 182 f.; *ders.*, ZHR 176 (2012), 137, 140 f.; *Müller*, DB 2014, 1301, 1303 f.; *Klöhn*, DB 2013, 1535, 1538; *Merkt/Mylich*, NZG 2012, 525, 528; *Krieger*, ZGR 2012, 496, 500; *Junker/Biederbick*, AG 2012, 898, 903; *Sander/Schneider*, ZGR 2013, 725, 750 f.; *Gottschalk/Weng*, GWR 2013, 243, 244 f.

429 *Strohn*, CCZ 2013, 177, 182 f.; *Merkt/Mylich*, NZG 2012, 525, 528; *Fleischer*, in FS Hüffer, 187, 192 f.

430 *Fleischer*, NZG 2010, 121, 123; *Sander/Schneider*, ZGR 2013, 725, 751; *Merkt/Mylich*, NZG 2012, 525, 528.

431 *Strohn*, ZHR 176 (2012), 137, 140 f.

Meinung in der Literatur findet auch Unterstützung bzw. Bestätigung durch die Rechtsprechung. In einem Urteil aus dem Jahr 2015 hat BGH geklärt, dass sich das Unabhängigkeitserfordernis auf die *„sachliche Unabhängigkeit"* des Beraters bezieht. Es kommt nicht darauf an, ob dieser persönlich unabhängig und weisungsabhängig ist, sondern dass der Berater eine ergebnisoffene Prüfung der anstehenden Rechtsfragen vornimmt und ihm insoweit keine Vorgaben erteilt werden.[432]

Aus alledem kann gefolgert werden, dass auch die unternehmensinterne Rechtsabteilung eine unabhängige Auskunft liefern kann. Bei der Beurteilung der Unabhängigkeit maßgeblich ist nicht formal das Fehlen äußerer Abhängigkeitsfaktoren wie das arbeitsrechtliche Weisungsrecht, sondern die tatsächlich fachliche Weisungsfreiheit im einzelnen Fall.[433]

3. Einweisung und Informationspflichten

Nachdem die Auskunftsperson sorgfältig ausgewählt wurde, muss diese auch in ihren neuen Aufgabenbereich ordnungsgemäß eingewiesen werden. Den Ision-Kriterien entsprechend hat das zuständige Vorstandsmitglied dem hinzugezogenen Berater die *„Verhältnisse der Gesellschaft"* umfassend darzustellen und die *„erforderlichen Unterlagen"* offenzulegen.[434] Diese Anforderung zur umfassenden Schilderung des Sachverhalts versteht sich von selbst, da eine Beratung nur unter richtiger und vollständiger Kenntnis der Sachlage zutreffend erfolgen kann. In der Regel hat der Geschäftsleiter dem Berater alle notwendigen Informationen, die er für die Erfüllung der Beratungsaufgabe braucht, unmissverständlich und vollständig mitzuteilen. Enthält das Vorstandsmitglied dem Berater relevante Informationen bewusst vor oder teilt er ihm bewusst einen falschen Sachverhalt mit, dann könnte er sich auf das Beratungsergebnis, was sich dem Grunde nach oft als lückenhaft oder fehlerhaft erweist, als Entscheidungsgrundlage nicht mehr berufen.[435]

Fraglich ist jedoch, ob das Rat suchende Vorstandsmitglied bei einer unbewusst falschen oder lückenhaften Informationsübermittlung noch auf

---

432 BGH NZG 2015, 792, 795; *Vetter*, NZG 2015, 889, 893.

433 *Schäfer*, WM 2012, 1022, 1025.

434 BGH NZG 2011, 1271, 1273; BGH NZG 2015, 792, 794; BGH NZG 2007, 545, 547; BGH CCZ 2013, 34, 35; OLG Stuttgart, NZG 2010, 141, 143.

435 *Fleischer*, in FS Hüffer, 187, 193; *Selter*, AG 2012, 11, 17; *Sander/Schneider*, ZGR 2013, 725, 751 f.

den erteilten Rat vertrauen darf. Bei der Beantwortung dieser Frage ist entscheidend, ob die Unrichtigkeit und Lücke der mitgeteilten Informationen für das Vorstandsmitglied erkennbar war.[436] Grundsätzlich ist davon auszugehen, dass eine inhaltlich falsche Information dem Vorstandsmitglied bei ordnungsgemäßer Recherche als solche hätte auffallen müssen. Daher dürfte die Mittelung falschen Sachverhalts regelmäßig schuldhaft erfolgen. Wenn es hingegen nur um eine unbewusst lückenhafte Sachverhaltsschilderung geht, dann kann man grundsätzlich von einem schuldlosen Verhalten ausgehen.[437] Denn gerade auf die zu beratende Aufgabe verfügt der Vorstand selbst nicht über ausreichende Fachkenntnisse, besonders wenn es sich um komplexe Rechtsfragen handelt; dem Vorstand wird regelmäßig auch die Fähigkeit fehlen, die Vollständigkeit des Sachverhalts zu beurteilen.[438] Dabei kann den Berater die Pflicht treffen, Fragen an den Mandanten zu Stellen und dadurch die Lücken bei der Sachverhaltsschilderung zu schließen.[439]

Bei der Mitteilung der relevanten Informationen zu beachten ist zudem die Verschwiegenheitspflicht. Gemäß § 93 Abs. 1 S. 3 AktG sind die Vorstandsmitglieder gehalten, über vertrauliche Angaben und Geheimnisse der Gesellschaft Stillschweigen zu wahren. Die Verschwiegenheitspflicht ist aber kein Selbstzweck, sondern besteht im Unternehmensinteresse. Daher kann sie eingeschränkt werden, wenn *„dem Gesellschaftsinteresse im Einzelfall mit einer Offenbarung des Geheimnisses besser gedient ist"*.[440] Dies ist gerade der Fall, wenn die Vorstandsmitglieder externe Berater heranziehen und diesen die notwendigen Informationen mitzuteilen haben.[441] In einem solchen Fall verlangt das Gesellschaftsinteresse eine Offenlegung der vertraulichen Informationen gegenüber den Beratern, setzt aber voraus, dass die Berater die Vertraulichkeit solcher Informationen wahren werden.[442] Manche Berater, wie Rechtsanwälte, Wirtschaftsprüfer

---

436 *Selter*, AG 2012, 11, 17; *Fleischer*, ZIP 2009, 1397, 1403.

437 *Fleischer*, in FS Hüffer, 187, 193; *Selter*, AG 2012, 11, 17; *Binder*, AG 2008, 274, 286.

438 *Binder*, AG 2008, 274, 286; *Fleischer*, in FS Hüffer, 187, 193 f.; *Selter*, AG 2012, 11, 17.

439 *Sander/Schneider*, ZGR 2013, 725, 756; *Krieger*, ZGR 2012, 496, 499; *Selter*, AG 2012, 11, 17; *Binder*, AG 2008, 274, 286.

440 *Fleischer*, in: Spindler/Stilz, AktG, § 93 Rn. 169.

441 *Hopt/Roth*, in: Großkommentar AktG, § 93 Rn. 300 ff.; *Koch*, in: Hüffer/Koch, AktG, § 93 Rn. 31; *Grigoleit/Tomasic*, in: Grigoleit, Aktiengesetz, § 93 Rn. 79.

442 *Spindler*, in: MüKo AktG, § 93 Rn. 154; *Hopt/Roth*, in: Großkommentar AktG, § 93 Rn. 304.

und Steuerberater, sind schon von Berufs wegen zur Verschwiegenheit verpflichtet.[443] Bei Nichtvorliegen einer gesetzlichen Schweigepflicht sollen dann andere Vorkehrungsmaßnahmen, wie beispielsweise der Abschluss einer Vertraulichkeitsvereinbarung, vorgenommen werden.[444]

4. Plausibilitätskontrolle

Der Rechtsprechung zufolge ist es für eine Berufung auf die Beratung als ordnungsgemäße Entscheidungsgrundlage schließlich erforderlich, dass die erhaltene Auskunft einer *„sorgfältigen Plausibilitätskontrolle"* unterzogen wird.[445] Die Plausibilitätsprüfung hat zwei Funktionen: Zum einen soll dadurch sichergestellt werden, dass sich das Vorstandsmitglied nicht hinter einem Gefälligkeitsgutachten versteckt.[446] Zum anderen wird hier der Letztentscheidungskompetenz der Geschäftsleiter Rechnung getragen: Ähnlich wie sich das Leitungsorgan nicht durch die unternehmensinterne Delegation seiner Verantwortlichkeit entziehen kann, können die Vorstandsmitglieder nicht ihre eigene Beurteilung von Rechtsfragen vollständig aus der Hand geben, sondern auch hier verbleibt ihnen eine Überwachungsverantwortung.[447] Umfang und Intensität der Plausibilitätsprüfung richten sich nach den Erfordernissen des Einzelfalls.[448] Zu berücksichtigen sind unter anderem die besonderen Kenntnisse und Fähigkeiten des einzelnen Organmitglieds,[449] die Eilbedürftigkeit der auf Grundlage der eingeholten Beratungsauskunft zu treffenden Entscheidung,[450] deren Bedeutung für die Gesellschaft und die mit ihr erkennbar verbundenen Ri-

---

443 *Grigoleit/Tomasic*, in: Grigoleit, Aktiengesetz, § 93 Rn. 79; *Hopt/Roth*, in: Großkommentar AktG, § 93 Rn. 302; *Koch*, in: Hüffer/Koch, AktG, § 93 Rn. 31.

444 *Spindler*, in: MüKo AktG, § 93 Rn. 154; *Hopt/Roth*, in: Großkommentar AktG, § 93 Rn. 304; *Koch*, in: Hüffer/Koch, AktG, § 93 Rn. 31; *Fleischer*, in: Spindler/Stilz, AktG, § 93 Rn. 171.

445 BGH NZG 2011, 1271, 1273; BGH NZG 2015, 792, 794; BGH NZG 2007, 545, 547; BGH CCZ 2013, 34, 35; OLG Stuttgart, NZG 2010, 141, 143.

446 *Strohn*, ZHR 176 (2012), 137, 141; *ders.*, CCZ 2013, 177, 183; *Fleischer*, NJW 2009, 2337, 2339; *ders.*, in FS Hüffer, 187, 194; *Selter*, AG 2012, 11, 18; *Krieger*, ZGR 2012, 496, 503; *Bürkle*, VersR 2013, 792, 800.

447 *Buck-Heeb*, BKR 2011, 441, 448; *Bürkle*, VersR 2013, 792, 800.

448 *Müller*, DB 2014, 1301, 1303; *Sander/Schneider*, ZGR 2013, 725, 753.

449 BGH NZG 2011, 1271, 1273; *Sander/Schneider*, ZGR 2013, 725, 754; *Müller*, DB 2014, 1301, 1303; *Hahn/Naumann*, CCZ 2013, 156, 162 f.

450 *Strohn*, CCZ 2013, 177, 183; *Müller*, DB 2014, 1301, 1303; *Gottschalk/Weng*, GWR 2013, 243, 246; *Hahn/Naumann*, CCZ 2013, 156, 162.

siken.[451] Zwar kann der konkrete Inhalt der Plausibilitätskontrolle nicht allgemein umschrieben werden, aus den genannten Funktionen lassen sich jedoch durchaus verschiedene Mindestanforderungen an die sorgfältige Plausibilitätsprüfung ableiten, die in der Literatur bereits eine hinreichende Konkretisierung erfahren haben.

a) Formale Prüfung und Inhaltliche Prüfung

Nach der Rechtslehre und Rechtsprechung besteht die Plausibilitätsprüfung nicht in einer rechtlichen Überprüfung der erhaltenen Rechtsauskunft. Vielmehr hat der Geschäftsleiter dabei zu prüfen, *„ob dem Berater nach dem Inhalt der Auskunft alle erforderlichen Informationen zur Verfügung standen, er die Informationen verarbeitet hat und alle sich in der Sache für einen Rechtsunkundigen aufdrängenden Fragen widerspruchsfrei beantwortet hat oder sich auf Grund der Auskunft weitere Fragen aufdrängen“*.[452] Diese Überprüfung kann weiterhin in zwei Teile unterteilt werden: die formale Prüfung und die inhaltliche Prüfung.[453]

aa) Formale Prüfung

Das zuständige Vorstandsmitglied hat bei der formalen Prüfung zu kontrollieren, ob der Berater alle erforderlichen Informationen erhalten hat, diese bei der Erteilung der Beratungsauskunft auch verarbeitet wurden und die erteilte Auskunft schließlich die geplante Entscheidung abdeckt.[454] Die formale Prüfung korrespondiert zunächst mit den Informationspflichten des Vorstandsmitglieds. Wenn die Informationen, die für die Beratung notwendig gewesen wären, von dem Vorstandsmitglied bewusst zurückgehalten wurden, dann ist die Beratungsauskunft schon aus diesem Grund als Entscheidungsgrundlage nicht geeignet.[455] Die weitere Frage, ob der Berater die zur Verfügung gestellten Unterlagen auch vollständig

---

451 *Sander/Schneider*, ZGR 2013, 725, 754; *Müller*, DB 2014, 1301, 1303.

452 BGH NZG 2015, 792, 795; *Steber*, DStR 2015, 2391, 2394 f.; *Vetter*, NZG 2015, 889, 894; *Gottschalk/Weng*, GWR 2013, 243, 246; *Merkt/Mylich*, NZG 2012, 525, 529; *Fleischer*, NZG 2010, 121, 124; *ders.*, ZIP 2009, 1397, 1404.

453 *Müller*, DB 2014, 1301, 1303.

454 *Müller*, DB 2014, 1301, 1303.

455 *Fleischer*, in FS Hüffer, 187, 193; *Selter*, AG 2012, 11, 17; *Sander/Schneider*, ZGR 2013, 725, 751 f.

in seine Prüfung einbezogen hat, ist aus der Perspektive des Auftraggebers schwer zu beantworten. Die Prüfung beschränkt sich somit auf evidente Lücken und Fehler. Ein Vorstandsmitglied darf sich regelmäßig darauf verlassen, dass der Berater den Sachverhalt vollständig ausgewertet hat, es sei denn, aus dem Inhalt des Gutachtens ergibt sich etwas Anderes.[456]

Darüber hinaus scheidet eine eingeholte Beratungsauskunft als Grundlage der zu treffenden Entscheidung aus, wenn sie die Entscheidung inhaltlich oder zeitlich nicht deckt.[457] Der zeitliche Aspekt ist insbesondere bei Maßnahmen zu beachten, die sich über einen längeren Zeitraum hinziehen, da sich die Rechts- oder Tatsachengrundlage zwischenzeitlich geändert haben kann.[458] Daneben ist erforderlich, dass die der Auskunft zugrundeliegende Fragestellung von der inhaltlichen und fachlichen Reichweite der Auskunft umfasst ist. So können z.B. von einem Rechtsberater regelmäßig nur Auskünfte zur Rechtslage erwartet werden, nicht aber, dass dieser auch betriebswirtschaftliche Fragen umfassend beantworten wird.[459] Die Deckungsanforderung verlangt aber nicht, *„dass ein Prüfauftrag ausdrücklich für eine bestimmte Rechtsfrage erteilt wird"*, sondern nur, *„dass die Prüfung aus der Sicht des nicht fachkundigen Organs die zweifelhafte Frage umfasst."*[460] Denn von einem nicht selbst rechtskundigen Auftraggeber kann grundsätzlich nicht erwartet werden, dass er bestimmte Rechtsfragen klar und eindeutig formulieren könnte.

bb) Inhaltliche Prüfung

In einem zweiten Schritt hat die Geschäftsleitung den empfangenen Rechtsrat inhaltlich zu überprüfen, d.h. sorgfältig auf offensichtliche Widersprüche und Begründungslücken zu kontrollieren und die getroffenen Schlussfolgerungen mit ihren persönlichen Erfahrungen aus dem Geschäfts- und Wirtschaftsleben abzugleichen.[461] Zwar ist klar, dass von dem Geschäftsleiter keine Untersuchung erwartet werden kann, die juristisches Fachwissen erfordert und an die Plausibilitätsprüfung keine allzu strengen Anforderungen gestellt werden dürfen.[462] Aber auch ohne spezielles

---

456 *Berger*, Vorstandshaftung und Beratung, S. 249.
457 *Selter*, AG 2012, 11, 17 f.; *Fleischer*, in FS Hüffer, 187, 198.
458 OLG Stuttgart, NZG 2010, 141, 144; *Selter*, AG 2012, 11, 18.
459 OLG Stuttgart, NZG 2010, 141, 144.
460 BGH NZG 2015, 792, 795.
461 *Müller*, DB 2014, 1301, 1303.
462 *Strohn*, CCZ 2013, 177, 183; *Vetter*, NZG 2015, 889, 894.

Fachwissen muss ein Geschäftsleiter erkennen können, ob ein Gutachten *„offensichtliche Widersprüche und Begründungslücken“* aufweist,[463] z.B. ob er, *„aus seinem insoweit laienhaften Verständnis heraus die Darlegungen versteht und sie ihm einleuchten“*, ob es die *„höchstrichterliche Rechtsprechung darstellt“* und ob es nur *„eine von mehreren konkurrierenden Interessenlagen berücksichtigt“*.[464] Wenn ein Gutachten, das für die juristischen Laien wie Vorstandsmitglieder erstattet wird, für diese nicht nachvollziehbar ist oder aus deren Perspektive noch Zweifel daran bestehen, dürften sie darauf nicht vertrauen.[465] Um die verbleibenden Zweifel auszuräumen, ist ein Gespräch oder eine Nachfrage mit dem Berater erforderlich.[466] (Nur) in Ausnahmefällen, wenn die Lücken also trotz Nachfrage des Geschäftsleiters nicht beseitigt werden konnten, wird das Vorstandsmitglied eine Pflicht zur Einholung eines weiteren Gutachtens treffen.[467]

Neben der Prüfung der Begründungslücke und etwaiger Widersprüche wird von Seiten der Literatur als Anforderung an die Plausibilitätskontrolle auch verlangt, dass das zuständige Vorstandsmitglied die gutachterliche Beratung *„mit den Erfahrungen des Geschäfts- und Wirtschaftslebens abgleicht“*.[468] Der Zweck liegt darin, Gefälligkeitsgutachten als solche aufzuspüren.[469] Wenn das Ergebnis des Gutachtens klar von den Erfahrungen des Geschäfts- und Wirtschaftslebens abweicht, wird man dem Geschäftsleiter eher eine Berufung auf das Ergebnis versagen; derart nicht-plausible Ergebnisse sind ja auch ohne Weiteres für den Geschäftsleiter erkennbar.

463 *Fleischer*, NZG 2010, 121, 124; *Selter*, AG 2012, 11, 18; *Strohn*, ZHR 176 (2012), 137, 142; *Gottschalk/Weng*, GWR 2013, 243, 246; *Hahn/Naumann*, CCZ 2013, 156, 163; *Sander/Schneider*, ZGR 2013, 725, 755; *Binder*, AG 2008, 274, 286; *Bürkle*, VersR 2013, 792, 801.

464 *Strohn*, ZHR 176 (2012), 137, 142; *ders.*, CCZ 2013, 177, 183.

465 BGH NZG 2007, 545, 547 (verlangt eine für den organschaftlichen Vertreter *nachvollziehbare* Feststellung des Vorliegens der Insolvenzsituation); *Strohn*, CCZ 2013, 177, 183.

466 *Gottschalk/Weng*, GWR 2013, 243, 246; *Krieger*, ZGR 2012, 496, 500 f.; *Sander/Schneider*, ZGR 2013, 725, 755.

467 *Gottschalk/Weng*, GWR 2013, 243, 246; *Krieger*, ZGR 2012, 496, 501.

468 *Müller*, DB 2014, 1301, 1303; *Fleischer*, NZG 2010,121,124; *Selter*, AG 2012, 11, 18; *Strohn*, CCZ 2013, 177, 183; *Sander/Schneider*, ZGR 2013, 725, 755; *Binder*, AG 2008, 274, 283; *Kiefner/Krämer*, AG 2012, 498, 500; *Hahn/Naumann*, CCZ 2013, 156, 162.

469 *Selter*, AG 2012, 11, 18; *Fleischer*, ZIP 2009, 1397, 1404.

b) Schriftlichkeitserfordernis

Der Ision-Entscheidung und überwiegenden Ansicht in der Literatur zufolge hat die Beratung zudem regelmäßig schriftlich zu erfolgen, da die lediglich mündlich erteilte Auskunft für die Vorstandsmitglieder nicht ausreichend sei, um die Logik der Begutachtung zu verstehen und ihre Qualität zu beurteilen.[470] Das Schriftlichkeitserfordernis ist kein Selbstzweck, sondern dient der Nachvollziehbarkeit der Beratungsergebnisse und der erfolgreichen Durchführung der sorgfältigen Plausibilitätskontrolle.[471] Es gibt daher Ausnahmefälle, in denen ein mündlicher Rat die Anforderungen der Plausibilitätskontrolle genügen kann. Das betrifft zumeist die Situationen, in denen die Beratung aufgrund der Einfachheit der zu beurteilenden Sach- und Rechtslage ein schriftliches Gutachten nicht erfordert oder die Eilbedürftigkeit der Angelegenheit die Schriftlichkeit nicht zulässt.[472] Als Beispiel für die Eilbedürftigkeit wird oft die Entscheidung über die Veröffentlichung einer Ad-hoc-Mitteilung genannt.[473]

c) Höchstpersönlichkeit der Plausibilitätskontrolle

Bei der Plausibilitätskontrolle stellt sich noch die weitere Frage, ob die Plausibilitätsprüfung immer von den Vorstandsmitgliedern höchstpersönlich vorzunehmen ist. Zwar obliegt dem Geschäftsleiter eine Pflicht zur Überprüfung des erteilten Gutachtens, das impliziert aber nicht, dass er ein (unter Umständen) sehr umfassendes Gutachten auch selbst lesen und durcharbeiten muss. Vielmehr darf ein Geschäftsleiter dabei die für eine Plausibilitätskontrolle erforderliche umfangreiche Ausarbeitung einer nachgeordneten Unternehmensebene wie der Rechtsabteilung über-

---

470 BGH NZG 2011, 1271, 1272; *Strohn*, ZHR 176 (2012), 137, 142; *Gottschalk/Weng*, GWR 2013, 243, 246; *Müller*, NZG 2012, 981, 982; *Hahn/Naumann*, CCZ 2013, 156, 163; grundsätzlich andere Ansicht, vgl. *Fleischer*, NZG 2010, 121, 124 f.

471 *Hahn/Naumann*, CCZ 2013, 156, 162; *Krieger*, ZGR 2012, 496, 501 ff.

472 BGH NZG 2011, 1271, 1273; *Strohn*, CCZ 2013, 177,183; *Gottschalk/Weng*, GWR 2013, 243, 246; *Hahn/Naumann*, CCZ 2013, 156, 162; *Merkt/Mylich*, NZG 2012, 525, 529.

473 *Fleischer*, NZG 2010, 121, 125; *Strohn*, CCZ 2013, 177, 183; *Hahn/Naumann*, CCZ 2013, 156, 162; *Merkt/Mylich*, NZG 2012, 525, 529.

lassen.[474] Zum Beispiel kann die Rechtsabteilung dabei helfen, ein langes und für Laien schwer nachvollziehbares Gutachten in einer kurzen und verständlicheren Form zu verarbeiten und durch eine formale und inhaltliche Prüfung einen eigenen Auswertungsbericht zu erstellen, so dass das zuständige Vorstandsmitglied das von dem Berater erteilte Gutachten leicht verstehen und schnell auswerten kann. Die Delegation der Ausführung der Plausibilitätsprüfung berücksichtigt die begrenzten Arbeitszeiten und Fähigkeiten des Vorstandsmitglieds und kann die Qualität sowie die Effizienz der Plausibilitätsprüfung erhöhen. Der Geschäftsleiter sollte allerdings nicht darauf verzichten, sich das Ergebnis der Auswertung nachgeordneter Ebenen berichten zu lassen und sich auf dieser Grundlage letztendlich ein eigenes Urteil über die Plausibilität der Ausarbeitung zu machen.[475] Denn die Hilfsmaßnahmen können zwar an nachgeordnete Ebene delegiert werden, die Verantwortung zur Plausibilitätskontrolle bleibt aber immer bei dem Vorstand.

5. Übertragbarkeit der Ision-Kriterien auf den KI-Einsatz im Rahmen unternehmerischer Entscheidungen

Nachdem soeben die Ision-Kriterien bzw. die Verhaltensvorgaben der Vorstandsmitglieder bei der Beschaffung der im Vorfeld der gebundenen Entscheidungen notwendigen Informationsgrundlage erläutert wurden, soll im Folgenden der Frage nachgegangen werden, ob die Ision-Kriterien auch für die Fälle der Informationsbeschaffung durch KI-Systeme bei unternehmerischen Entscheidungen übertragen werden dürfen.

a) Meinungsstand in der Literatur

In der Literatur gibt es seit 2018 Diskussionen über die Übertragbarkeit der Ision-Kriterien auf die Fälle der KI-Delegation.[476] Manche Autoren sind der Meinung, dass die Frage, ob der Vorstand einem KI-gestützten

---

474 *Strohn*, CCZ 2013, 177, 183 f; *Gottschalk/Weng*, GWR 2013, 243, 246; *Krieger*, ZGR 2012, 496, 502; *Wagner*, BB 2012, 651, 657.

475 *Gottschalk/Weng*, GWR 2013, 243, 246; *Krieger*, ZGR 2012, 496, 502.

476 *Linardatos*, ZIP 2019, 504, Fn. 58; *Lücke*, BB 2019, 1986, 1992; *Noack*, ZHR 183 (2019), 105, 119; *Weber/Kiefner/Jobst*, NZG 2018, 1131, 1133; *Zetzsche*, AG 2019, 1, 8 f.

Analyseergebnis ebenso vertrauen darf wie einem Gutachten durch einen menschlichen Berater, anhand der Ision-Kriterien beantwortet werden muss.[477] Dies bedeutet aber nicht, dass alle spezifischen Anforderungen der Ision-Kriterien ohne weiteres und unverändert auf die KI-Delegation anzuwenden sind. Es bedarf bei der Übertragung immer einer Detailanpassung an die Besonderheiten der KI-Systeme als Berater.[478] So hat *Zetzsche* darauf hingewiesen, dass bei der Auswahl eines „fachlich qualifizierten" KI-Systems die Anforderungen an menschliche Berater, wie beispielsweise Abschlusszeugnisse und Berufserfahrung, nicht gelten können. Vielmehr ist vor allem eine objektive Anerkennung des KI-Systems, z.B. durch einen Software-TÜV, zu verlangen.[479] Auch die Plausibilitätsprüfung konzentriert sich nicht auf menschliche Interessenkonflikte, sondern auf die IT-Fehler, also eine fehlerhafte Programmierung, unzureichende Dateneingabe und weitere typisch technikinduzierte Defizite.[480]

Andere Autoren stehen der Übertragbarkeit der Ision-Kriterien aber skeptisch gegenüber. Ob die Ision-Kriterien sich auch auf die Fälle des KI-Einsatzes anwenden lassen, erscheint noch *„sehr fraglich"*.[481] Die für menschlichen externen Expertenrat entwickelten Ision-Kriterien sind *„nur bedingt übertragbar"*[482] oder *„passen nur zum Teil"*.[483] Dabei ist *Noack* der Meinung, dass die für die menschliche Intelligenz entwickelten Maßstäbe nicht auf die künstliche Intelligenz *„nolens volens"* zu übertragen sind. Richtigerweise sollen sachangepasste Kriterien entwickelt werden, die an den Eigenheiten des KI-Systems ansetzen.[484] Beispielsweise sind bei der KI-Auswahl keine Arbeitsbelege oder Zertifikate zu verlangen. Vielmehr muss man vor allem den Funktionsmechanismus des KI-Systems, d.h. zugrundliegenden Algorithmen und die Datenverarbeitungsweise kennen. Darüber hinaus kann das Problem bei der Plausibilitätsprüfung, dass der Analyseprozess des KI-Systems vergleichbar einer Black Box nicht offenliegt, dadurch gelöst werden, dass man eine zweite Meinung durch Veränderung der Parameter des KI-Systems einholt.[485]

---

477 *Weber/Kiefner/Jobst*, NZG 2018, 1131, 1133; *Zetzsche*, AG 2019, 1, 8.
478 *Weber/Kiefner/Jobst*, NZG 2018, 1131, 1133; *Zetzsche*, AG 2019, 1, 8 f.
479 *Zetzsche*, AG 2019, 1, 8.
480 *Zetzsche*, AG 2019, 1, 8 f.
481 *Lücke*, BB 2019, 1986, 1992.
482 *Linardatos*, ZIP 2019, 504, Fn. 58.
483 *Noack*, ZHR 183 (2019), 105, 143.
484 *Noack*, ZHR 183 (2019), 105, 119.
485 *Noack*, ZHR 183 (2019), 105, 119.

Nunmehr stellt sich die Frage, ob die Autoren der zweiten Auffassung sich eigentlich nicht gegen die Übertragung der *Ision-Kriterien als solche*, sondern nur gegen eine Übertragung *aller spezifischen Anforderungen der Ision-Kriterien*, insbesondere solcher, die nur für menschliche Berater und nicht zugleich für KI-System gelten können, aussprechen. Nach *Noack* obliegt dem Vorstand beim KI-Einsatz immer noch eine Pflicht zur sorgfältigen Auswahl und zu einer Plausibilitätsprüfung nach den Ision-Kriterien; nicht übertragbar sind tatsächlich die auf menschlichen Expertenrat gemünzten konkreten Anforderungen. *Lücke* vertritt eine ähnliche Auffassung und hat einen 10-Punkte-Pflichtenkanon entwickelt, in dem die Vorstandspflichten hinsichtlich der Auswahl eines geeigneten KI-Systems, der Instruktion des KI-Systems durch Programmierung und Dateneingabe sowie der Verplausibilisierung der Ergebnisse des KI-Systems betont werden.[486] Dies entspricht im Grundsatz den Anforderungen der Ision-Kriterien. Zwar spricht *Lücke* davon, dass die Übertragbarkeit der Ision-Kriterien auf die Fälle des KI-Einsatzes *„sehr fraglich"* erscheint. Aber tatsächlich hinterfragt er vor allem, welche Qualifikation das als sachverständig anzuerkennende qualifizierte KI-System haben müsse.[487] Dass das KI-System den grundsätzlichen Anforderungen der Ision-Kriterien genügen muss, steht dagegen außer Frage.

Im Vergleich mit der ersten Auffassung kann daher festgehalten werden, dass diese beiden scheinbar unterschiedlichen Auffassungen sich letztlich gleichen: Die grundsätzlichen Anforderungen der Ision-Kriterien – Auswahl eines unabhängigen und fachlich qualifizierten Beraters, umfassende Offenlegung der erforderlichen Unterlagen und sorgfältige Plausibilitätskontrolle des erteilten Rats – sind auf die Fälle des KI-Einsatzes im Rahmen unternehmerischer Entscheidungen übertragbar. Die spezifischen Anforderungen der Ision-Kriterien, die nur für menschliche Berater und nicht zugleich für KI-System gelten können, sind dagegen nur bedingt übertragbar. Bei der konkreten Übertragung bedarf es noch einer Detailanpassung an die Eigenheiten bzw. Besonderheiten des KI-Systems als Berater.

b) Begründung der Übertragbarkeit der Ision-Kriterien

Zwar wird die Übertragbarkeit der Ision-Kriterien für den KI-Einsatz im Rahmen unternehmerischer Entscheidungen vom Schrifttum allgemein

486 *Lücke*, BB 2019, 1986, 1993.
487 *Lücke*, BB 2019, 1986, 1992.

bejaht. Die Autoren haben diese Übertragbarkeit aber nicht näher begründet. Es bleibt insbesondere noch zu klären, weshalb die *im Vorfeld der gebundenen Entscheidung* geltenden Ision-Kriterien auch für das *im Vorfeld der unternehmerischen Entscheidung* einzuholende oder eingeholte KI-Analyseergebnis gelten können.

Wie bereits oben dargelegt stellen die Ision-Kriterien die Verhaltenspflichten der Vorstandsmitglieder im Rahmen der Einholung der im Vorfeld der gebundenen Entscheidung zu schaffenden Informationsgrundlage dar. Im Prozess der Einholung von Rechtsrat hat der Vorstand die Ision-Kriterien einzuhalten, um der Sorgfaltspflicht eines ordentlichen und gewissenhaften Geschäftsleiters zu genügen (§ 93 Abs. 1 S. 1 AktG). Bei genauerer Betrachtung wird deutlich, dass die von der Rechtsprechung aufgestellten Ision-Kriterien allesamt unter die drei Verhaltenspflichten des Delegierenden im Deliktsrecht, nämlich die Auswahl-, Einweisungs- und Überwachungssorgfalt, fassbar sind. Eine sorgfältige Auswahl fordert, dass der Delegatar über ausreichende fachliche Sachkunde verfügt und zugleich zuverlässig ist. Die erforderliche Einweisung umfasst die Darstellung der Verhältnisse der Gesellschaft sowie die Offenlegung der erforderlichen Unterlagen. Auch die Plausibilitätsprüfung dient eigentlich der Überwachung der ordnungsgemäßen Aufgabenerfüllung der Delegatare. Insofern stellen die Ision-Kriterien nicht erst eine Neuerung der vergangenen Jahre dar, sondern sie sind letztendlich *„die konkretisierte Ausformulierung der Sorgfaltspflicht der Delegierenden, speziell zugeschnitten für den Bereich der Delegation in Form der Einholung vom Expertenrat“*.[488]

Hinsichtlich der Vorstandspflichten bei der Informationsbeschaffung durch KI-Systeme im Rahmen unternehmerischer Entscheidung findet nicht § 93 Abs. 1 S. 1 AktG, sondern die Business Judgment Rule Anwendung. Danach erfüllt der Vorstand seine Sorgfaltspflicht, wenn er vernünftigerweise annehmen durfte, dass eine angemessene Informationsgrundlage geschaffen wird. Dies bedeutet, dass der Vorstand bei der Beurteilung der Frage, welche Informationen er für die zutreffende Entscheidung einzuholen hat und ob eine angemessene Informationsgrundlage vorliegt, einen bereiteren Ermessensspielraum als im Rahmen des § 93 Abs. 1 S. 1 AktG besitzt.[489] Deswegen gibt es bis heute noch keine zwingende Vorstandspflicht zur Einholung von KI-Analysen. Ob der Vorstand bei einer

488 *Kauer*, Die Informationsbeschaffungspflicht des Vorstands einer AG, S. 124 f.
489 S. dazu bereits oben Teil 2 C.III.

unternehmerischen Entscheidung ein KI-gestützte Analyseergebnis einholen wird, steht in seinem eigenen Ermessen.[490]

Wenn der Vorstand aber *ein KI-Analyseergebnis eingeholt hat* oder *sich entschieden hat, ein KI-Analyseergebnis einzuholen*, dann hat er in diesem Informationseinholungsprozess die allgemeine Sorgfaltspflicht nach § 93 Abs. 1 S. 1 AktG einzuhalten. Hier gilt die BJR nicht; der haftungsprivilegierende Passus „vernünftigerweise annehmen durfte" bezieht sich nur auf die „Angemessenheit" der Informationsgrundlage, nicht auch auf den *Delegationsprozess der Informationsbeschaffung an Dritte*. Bei den Fällen der Delegation obliegen dem Vorstand als Delegierendem immer die Auswahl-, Einweisungs- und Überwachungspflichten. Der Vorstand hat bei der Beantwortung der Frage, ob und zu welchem Grad er solche Pflichten erfüllen muss, keinen breiten Ermessensspielraum wie den im Rahmen BJR.

Die Ision-Kriterien stellen eine konkretisierte Ausformulierung der Verhaltensvorgaben des Vorstands bei einer Informationsbeschaffung durch Dritte dar. Wenn der Vorstand die Arbeiten der Informationsbeschaffung an Dritte delegiert, dann hat er dabei die Ision-Kriterien einzuhalten, um seiner Sorgfaltspflicht als Delegierender zu genügen (§ 93 Abs. 1 S. 1 AktG). Ob die delegierten Informationsbeschaffungsaufgaben die Vorbereitung unternehmerischer Entscheidung oder gebundener Entscheidung betreffen, hat keinen Einfluss auf Inhalt und Intensität dieser Vorstandspflichten. Denn es geht hier nicht um die Frage, ob dem Vorstand eine Pflicht zur Informationseinholung obliegt, sondern um die Frage, wie der Vorstand als Delegierende gewährleisten kann, dass der Delegatar die ihm übertragenden Aufgaben der Informationsbeschaffung erfolgreich und ordnungsgemäß erledigen wird.

Im Ergebnis gelten die Ision-Kriterien daher unmittelbar für die Fälle, in denen der Vorstand bei unternehmerischen Entscheidungen die Aufgaben der Informationsbeschaffung an KI-Systeme delegiert. Zu beachten ist nur, dass die spezifischen Anforderungen der Ision-Kriterien, die nur für menschliche Berater und nicht für KI-System gelten können, an die Eigenheiten des KI-Systems anzupassen sind.

III. Ergebnis

Welche Pflichten den Vorstandsmitgliedern in Bezug auf KI-Systeme obliegen, wenn diese bei unternehmerischen Entscheidungen eingesetzt wer-

490 S. hierzu bereits oben Teil 2 C.V.4.

den, kann man zwar dem Aktienrecht nicht unmittelbar entnehmen, doch können dabei die Delegationsgrundsätze aus dem Deliktsrecht eine Orientierungshilfe bieten. Danach ist der Übertragende verpflichtet, einen geeigneten Delegatar auszuwählen, ihm die erforderlichen Anweisungen zu geben und seine Tätigkeit sorgfältig zu überwachen.

Neben den deliktsrechtlichen Delegationsgrundsätzen können zudem die Ision-Kriterien, die die Verhaltensvorgaben des Vorstands bei Informationsbeschaffung durch Dritte konkretisieren, auf die Fälle des KI-Einsatzes im Rahmen unternehmerischer Entscheidungen übertragen werden. Anders als die sehr begrenzte Übertragbarkeit der deliktsrechtlichen Delegationsgrundsätze aus § 823 BGB, die nur hinsichtlich ihres Rechtsgedankens übertragbar sind, gelten die Ision-Kriterien unmittelbar für die KI-Delegation bei unternehmerischen Entscheidungen. Einzig die konkreten Anforderungen müssen an die Besonderheiten des KI-Systems angepasst werden.

C. Vorstandspflichten beim KI-Einsatz im Rahmen unternehmerischer Entscheidungen

Die Verhaltensvorgaben des Delegierenden im Deliktsrecht und die Vorstandspflichten bei einer Informationsbeschaffung durch Dritte nach den Kriterien des Ision-Urteils wurden soeben untersucht. Aus dieser Untersuchung wurde klar, dass die Pflichten des Delegierenden gegenüber dem Delegatar grundsätzlich in drei Sorgfaltskategorien zusammengefasst werden können: Auswahlpflicht, Einweisungspflicht und Überwachungspflicht. Im Folgenden soll auf Basis dieser Sorgfaltskategorien näher beleuchtet werden, wie die deliktsrechtlichen Verhaltensvorgaben und die Ision-Kriterien auf die Fälle der KI-Delegation übertragen und an die Besonderheiten des KI-Systems angepasst werden können.

I. Auswahlpflicht der Vorstandsmitglieder beim KI-Einsatz

1. Auswahl der KI-Systeme

a) Unternehmerische Entscheidung

Zwar hat sich der breite Einsatz von KI heute als globaler Trend etabliert, dem sich keine entwickelte Volkswirtschaft und kaum noch ein Unternehmen zu entziehen vermag.[491] Gleichwohl obliegt dem Vorstand keine Pflicht zum KI-Einsatz. Einerseits sind KI-Systeme nicht in der Lage, alle Typen von unternehmerischen Entscheidungen effektiv zu unterstützen. Andererseits befindet sich der KI-Einsatz in Unternehmen noch im Anfangsstadium und ist oft mit hohen Kosten und unvorhersehbaren Risiken verbunden.[492] Deshalb ist die Nutzung der KI nicht für alle Unternehmen eine gute Strategie. Vielmehr sollte jeder Vorstand der Aktiengesellschaft vor dem Einsatz der KI-Systeme zunächst überlegen, ob die Einführung der KI-Systeme dem Unternehmen mehr Nutzen als Kosten bringen wird. Erst danach kommt die weitere Auswahl des konkreten KI-Systems in Betracht.

Die Entscheidung über die KI-Einführung für die Unterstützung unternehmerischer Entscheidungen stellt selbst eine unternehmerische Entscheidung dar:[493] Dem Vorstand stehen jetzt zwei rechtmäßige Handlungsmöglichkeiten – KI-Einführung und keine KI-Einführung – zur Verfügung. Eine zwingende Organpflicht zur KI-Einführung besteht zurzeit noch nicht, da (ex ante) noch nicht feststellbar ist, ob dies der langfristigen Ertragsstärkung und Wettbewerbsfähigkeit der Unternehmen dient. Erst mit dem späteren Erfolg oder Misserfolg in der Unternehmenspraxis kann der Vorstand wissen, welche Handlungsalternative die Bessere ist. Insofern kann man zu Recht von einer Entscheidung sprechen, die Risiko und Unsicherheit infolge Zukunftsbezogenheit beinhaltet und die sich in ihrem Charakter nicht grundlegend von der typischen unternehmerischen Entscheidung, etwa einer traditionellen Investitionsentscheidung, unterscheidet.[494]

Der BJR (§ 93 Abs. 1 S. 2 AktG) zufolge haben die Vorstandsmitglieder bei einer unternehmerischen Entscheidung auf der Grundlage angemessener Information zum Wohle der Gesellschaft zu handeln. Demnach ist der Vorstand gehalten, vor der endgültigen Entscheidung zuerst eine angemessene Informationsgrundlage zu schaffen. Bei der Entscheidung über

---

491 *Bitkom*, Künstliche Intelligenz, S. 13; *Europäische Kommission*, Mitteilung der Kommission, Künstliche Intelligenz für Europa, 25.4.2018, COM (2018) 237 final, S. 2.

492 S. hierzu bereits oben Teil 2 C.V.4.

493 *„Gerade Entscheidungen über Investitionen in neue Technologien, insbesondere in neue IT-Produkte ebenso wie deren Einsatz im Unternehmen, sind von einer Prognose bestimmt und zählen zu den unternehmerischen Entscheidungen"*, vgl. *Spindler*, CR 2017, 715, 717.

494 Zur Beurteilung des Vorliegens einer unternehmerischen Entscheidung s. oben Teil 2 C.II.

KI-Einführung ist es wichtig, dass die KI immer zu dem konkreten Ziel und zu den zu erfüllenden Aufgaben passen muss. Es gibt kein KI-System, das alle unternehmerischen Entscheidungen effektiv unterstützen kann und nicht alle Arbeiten, die an KI-System delegiert werden dürfen, können von ihm besser erledigt werden als von menschlichen Mitarbeitern und Beratern.[495] Daher muss der Vorstand vor dem KI-Einsatz davon Kenntnis nehmen, welche Aufgaben von der KI besser ausgeführt werden können und ob es im IT-Markt bereits solche KI-Systeme gibt. Darüber hinaus müssen weitere Faktoren bei der Entscheidung über KI-Einführung berücksichtigt werden: Neben den üblichen Abwägungsgesichtspunkten wie der Größe des Unternehmens und seiner wirtschaftlichen Lage sind hier zudem die mit der KI-Einführung eng verbundenen Faktoren wie die aktuelle Situation der IT-Landschaft und die Datenlage des Unternehmens sowie die potenziellen Risiken beim KI-Einsatz zu berücksichtigen.[496] Beispielsweise hat sich der Vorstand vor der KI-Einführung Kenntnis über die Qualität der unternehmensinternen Daten und die Funktionsfähigkeit der bestehenden IT-Software und Hardware zu verschaffen, da ohne eine gute Datenbasis und eine moderne IT-Infrastruktur eine reibungslose Einführung sowie der anschließende gute Betrieb der KI-Systeme unmöglich wäre.[497]

b) Auswahl eines fachlich qualifizierten und zuverlässigen KI-Systems

Die unternehmerische Entscheidung über die KI-Einführung umfasst nicht nur die Ob-Einführungsfrage an sich, sondern auch die Auswahl eines geeigneten KI-Systems. Nach den deliktsrechtlichen Delegationsgrundsätzen muss der Übernehmende die Fähigkeit, Eignung und Zuverlässigkeit, die zur erfolgreichen Erfüllung der an ihn delegierten Verkehrssicherungspflichten erforderlich ist, besitzen.[498] Den Ision-Grundsätzen zufolge hat der Delegierende bei der Auswahl des Delegatars ebenfalls zu beach-

---

495 Beispielsweise spielt die KI-gestützte Datenanalyse bei den Entscheidungen, die mehr auf Instinkt und Erfahrung des Vorstandsmitglieds beruhen, grundsätzlich keine Rolle, vgl. *Zetzsche*, AG 2019, 1, 9.

496 *Fraunhofer*, Künstliche Intelligenz in Deutschland, S. 22 ff; *BaFin*, Big Data trifft auf Künstliche Intelligenz, S. 54 ff.

497 *BaFin*, Big Data trifft auf Künstliche Intelligenz, S. 54 ff.; *PwC*, Künstliche Intelligenz in Unternehmen, S. 12.

498 S. oben Teil 5 B.I.1.a).

ten, dass der Delegatar fachlich qualifiziert und unabhängig ist.[499] Diese Anforderungen gelten auch für die Fälle der KI-Delegation, d.h. das KI-System als Delegatar muss die erforderliche Sachkunde und Zuverlässigkeit für die Erfüllung der ihm übertragenden Aufgaben besitzen.[500]

Als Kriterien zur Beurteilung der erforderlichen Fachkunde der menschlichen Berater wurden in der Rechtsprechung und Rechtslehre zum einen die formalen Qualifikationen wie ein Ausbildungsabschluss und amtliche Befähigungsnachweise sowie zum anderen tatsächliche Spezialkenntnisse und Erfahrungen im entsprechenden Bereich erwähnt.[501] Es liegt auf der Hand, dass diese konkreten Kriterien nicht direkt auf die KI-Systeme angewandt werden können, da KI keine natürliche Person ist und keine menschlichen Abschlusszeugnisse oder Berufserfahrung besitzen kann. Eine Anpassung dieser Kriterien an die Besonderheiten des KI-Systems ist somit notwendig.

aa) Formale Qualifikationen: Normen und Standards

Grundsätzlich sollen die menschlichen Berater zumindest die objektiven Anforderungen und Standards der Branche für ihre Position erfüllen und gegebenenfalls entsprechende Zertifikate besitzen. Beispielsweise ist das Bestehen von dem ersten und zweiten Staatsexamen die Voraussetzung für eine Anwaltspraxis.[502]

In ähnlicher Weise gibt es auch für Produkte Normen und Standards, die die Anforderungen an bestimmte Produkte festlegen. Solche Normen und Standards werden normalerweise von den anerkannten Normungsinstituten, vor allem vom *Deutschen Institut für Normung (DIN)* auf der nationalen Ebene, dem *Europäischen Komitee für Normung (CEN)* auf der europäischen Ebene und der *Internationalen Organisation für Normung (ISO)* auf der internationalen Ebene, erarbeitet und veröffentlicht.[503] Durch Normen und Standards wird Klarheit über die Eigenschaften der Produkte geschaffen und durch Zertifizierung wird deren Qualität anerkannt und

---

499 S. oben Teil 5 C.II.2.

500 *Becker/Pordzik*, ZfPW 2020, 334, 349; *Zetzsche*, AG 2019, 8; *Lücke*, BB 2019, 1986; *Weber/Kiefner/Jobst*, NZG 2018, 1131, 1133.

501 S. oben Teil 5 C.II.2.

502 S. oben Teil 5 B.II.2.a).

503 DIN > Über Normen & Standards > DIN – kurz erklärt, abrufbar unter_https://www.din.de/de/ueber-normen-und-standards/basiswissen.

gesichert.[504] Daher könnte ein Produkt, wenn es den anerkannten Produktstandard erfüllt und gegebenenfalls entsprechende Zertifikate besitzt, aus Sicht eines ordentlichen und gewissenhaften Vorstandsmitglieds den Anforderungen an die„fachliche Qualifikation" genügen, obwohl das Vorstandsmitglied selbst mit dem Produkt nicht vertraut ist.[505]

Bei der Auswahl der KI-Systeme kann die Prüfung der Erfüllung entsprechender Normen und Standards jedoch nicht stattfinden, da es bis heute noch kein vollständiges bzw. ausgereiftes Normensystem für KI-Produkte gibt.[506] Auf der internationalen Ebene haben ISO und IEC (Internationale Elektrotechnische Kommission) erst Anfang 2018 ein Komitee gegründet, das für die Entwicklung der Standards im Bereich der KI zuständig ist (ISO/IEC JTC 1/SC 42).[507] Dessen Arbeit über die Erarbeitung der KI-Standards befindet sich derzeit noch im Anfangsstadium.[508] Die Arbeiten an einer KI-Normierung durch das deutsche DIN und das europäische CEN sind in einer ähnlichen Anfangsphase.[509] Wenn die KI-Normen noch nicht ausgearbeitet wurden, sind die weiteren Zertifizierungen der KI-Produkte (wie Algorithmen-TÜV[510]), die auf KI-Normen beruhen würden, ebenfalls nicht möglich. Die Normen und Zertifikate stellen zwar die wichtigen Kriterien für die Auswahl der fachlich qualifizierten und vertrauenswürdigen KI-Systeme dar, die Normierung und Standardisierung im Bereich der KI wird aber vorerst noch einige Jahre dauern. In dieser

504 DKE > Normen & Standards > Bedeutung der Normung, abrufbar unter https://www.dke.de/de/normen-standards; *Die Bundesregierung*, Strategie Künstliche Intelligenz der Bundesregierung, November 2018, S. 41.

505 *Hochrangige Expertengruppe für künstliche Intelligenz*, Ethik-Leitlinien für eine vertrauenswürdige KI, April 2019, S. 28.

506 Becker und Pordzik halten eine ähnliche Meinung, *„Bislang haben sich keine Zertifizierungsstandards zur Bewertung von Softwareagenten herausgebildet"*, vgl. *Becker/Pordzik*, ZfPW 2020, 334, 349; *Geminn*, ZD 2021, 354, 358; *Noack*, NZG 2021, 305, 306.

507 Zu den Informationen des ISO/IEC JTC 1/SC 42 Komitees s. unter https://jtc1info.org/sd-2-history/jtc1-subcommittees/sc-42/.

508 Ausführliche Informationen über die aktuellen Fortschritte der ISO bei der Entwicklung der KI-Standards findet man unter https://www.iso.org/committee/6794475.html.

509 Zu den KI-Normen und KI-bezogenen Technischen Regeln vom DIN s. unter https://www.din.de/de/meta/suche/62730!search?query=k%C3%BCnstliche+Intelligenz; zu den aktuellen Fortschritte von CEN und CENELEC bei der Entwicklung der KI-Standards s. unter https://www.cencenelec.eu/resultsearch/?q=CEN-CENELEC+Joint+Technical+Committee+21.

510 *Becker/Pordzik*, ZfPW 2020, 334, 349; *Zetzsche*, AG 2019, 8; *Möslein*, ZIP 2018, 204, 212.

Zwischenzeit muss man daher andere Wege finden, um ein „fachlich qualifiziertes“ KI-System auswählen zu können.

bb) Materielle Qualifikation

Die Antwort zu der Frage, ob das einzuführende KI-System tatsächlich in der Lage ist, bestimmte Aufgaben erfolgreich und einwandfrei durchzuführen, kann man zurzeit vor allem in den vom Anbieter angebotenen Informationen finden. Im Folgenden wird die KI-gestützte Business-Intelligence-Lösung „IBM Cognos Analytics“ als Beispiel aufgeführt, um zu zeigen, wie ein Kundenunternehmen die „fachliche Qualifikation“ eines KI-Systems kennenlernen und sich davon überzeugen kann.[511]

Die Informationen der KI-Produkte kann man zuerst auf der Anbieter-Website finden. Der wichtigste Teil ist die Beschreibung der Funktionalität der angebotenen KI-Lösung. Auf der IBM-Website werden der Workflow und die Vorteile der *IBM Cognos Analytics* durch Text und Video demonstriert. Dabei wird der Einsatz innovativer Technologien wie künstliche Intelligenz, maschinelles Lernen und natürliche Sprachverarbeitung besonders erwähnt. Unter der System-Vorstellung werden zudem unterschiedliche Editionen und Preisgestaltungen vorgestellt und unter der „Kundenerfolge“ kann man einige erfolgreichen Anwendungsfälle dieser KI-Lösung finden. Darüber hinaus gibt es bei *IBM Cognos Analytics* einen 30-tägigen kostenlosen Test. Durch diesen Test bzw. die Probe kann man den Funktionsmechanismus und die Fähigkeit der KI-Lösung besser kennenlernen. Neben der Website kann ein Kundenunternehmen auch durch andere Wege, zum Beispiel per E-Mail und Telefon, IBM kontaktieren und dadurch mehr Informationen über *IBM Cognos Analytics* erhalten. Weitere Informationen kann man zudem mithilfe einer Beratung durch interne Abteilungen, außenstehende Beratungsunternehmen sowie durch diejenigen Unternehmen, die die bereits Erfahrung beim KI-Einsatz gesammelt haben, erhalten.

Die obige Aufzählung der Wege der Informationsbeschaffung ist nicht abschließend. In der derzeitigen Unternehmenspraxis gibt es noch keine standardisierte Verhaltensanleitung für die Auswahl der KI-Produkte. Die Erfüllung der Auswahlsorgfalt kann nur im Einzelfall geprüft werden: Wenn der Vorstand vernünftigerweise annehmen durfte, dass ein be-

511 Ausführliche Informationen über „IBM Cognos Analytics“ findet man unter https://www.ibm.com/de-de/products/cognos-analytics.

stimmtes KI-System auf der Grundlage angemessener Informationsgrundlage zum Wohle der Gesellschaft ausgewählt wurde, dann liegt keine Pflichtverletzung der Auswahlsorgfalt vor.

cc) Zuverlässigkeit

Bei der Auswahl der menschlichen Delegatare ist neben deren fachlicher Qualifikation auch deren Zuverlässigkeit zu berücksichtigen. Persönlich zuverlässig ist der Delegatar, wenn keine Anhaltspunkte dafür vorliegen, dass er als unseriös, interessiert oder käuflich gilt.[512] Im Prozess der Auswahl der Berater wird vor allem die sachliche Unabhängigkeit der Berater verlangt, um eine objektive und wahrheitsgemäße Beratung zu gewährleisten.[513]

Die KI-Systeme haben kein Selbstbewusstsein und kein eigenes Interesse und scheinen somit auf den ersten Blick neutral, unabhängig und zuverlässig zu sein. Aber es besteht noch die Möglichkeit, dass ein KI-System von dem Eigeninteresse einzelnen Vorstandsmitglieds beeinflusst wird und letztlich ein Gefälligkeitsergebnis erzeugt. Zudem ist es nicht selten, dass die Eingabedaten und Algorithmen die Voreingenommenheit enthalten, die dann zu einem diskriminierenden KI-Analyseergebnis führen wird. Deshalb ist die Prüfung der Zuverlässigkeit des KI-Systems, wie die Prüfung des menschlichen Delegatars, ebenfalls notwendig. Zu beachten ist aber, dass eine solche Prüfung bei der Auswahlphase schwer vorzunehmen ist: Etwaige Probleme des KI-Systems sind vor dessen tatsächlichem Einsatz schwer zu erkennen. Selbst wenn die Entwickler oder Benutzer vorher einige Tests bereits durchgeführt haben, werden viele Probleme noch nicht sichtbar sein. Insbesondere ergeben sich eine Vielzahl von Problemen nicht aus dem KI-System selbst, z.B. aufgrund von Fehlern in den ursprünglichen Algorithmen, sondern aus den nachfolgenden fehlerhaften Eingabedaten und den ungeeigneten Benutzer-Feedbacks. Deshalb ist es schwierig, die Zuverlässigkeit des KI-Systems schon in der Phase der Auswahl zu prüfen. Effektiver und wohl sinnvoller wäre es, in der Überwachungsphase die Plausibilität der vom KI-System erzeugten Analyseergebnisse sorgfältiger zu überprüfen. Deswegen sind die Probleme der Zuverlässigkeit der KI-Systeme nicht an dieser Stelle, sondern später im

512 *Fleischer*, ZIP 2009, 1397, 1403.
513 S. hierzu bereits oben Teil 5 B.II.2.b).

Teil 5 C. III. „Überwachungspflicht der Vorstandsmitglieder beim KI-Einsatz“ näher zu behandeln.[514]

2. Wege zur Implementierung von KI-Projekten im Unternehmen

Bei der Auswahlphase haben die Vorstandsmitglieder neben der grundsätzlichen Einführungs-Frage (*ob*) und der Frage der Auswahl eines fachlich qualifizierten sowie zuverlässigen KI-Systems zudem zu überlegen, wie die KI-Systeme im Unternehmen eingeführt und implementiert werden sollen. Laut einer Studie von *Deloitte* erfolgt die Umsetzung von KI-Projekten in den deutschen Unternehmen überwiegend im Zusammenspiel interner Ressourcen und externer Spezialisten.[515] Statt KI aufwendig selbst zu entwickeln, verwenden die Unternehmen vielfach Algorithmen, Applikationen oder komplette KI-Lösungen *„von der Stange“*. Sie nutzen KI entweder *„as a Service“* oder als Teil von Enterprise Software-Lösungen.[516] Darüber hinaus arbeiten manche Unternehmen mit einem außenstehenden KI-Partnerunternehmen zusammen, um ein maßgeschneidertes KI-System effizient zu bilden. Im Folgenden werden diese üblichen Wege zur Implementierung von KI-Projekten im Unternehmen kurz vorgestellt.

514 S. dazu ausführlich unten Teil 5 C.III.2.

515 *Deloitte*, State of AI in deutschen Unternehmen, S. 7.

516 *Deloitte*, State of AI in deutschen Unternehmen, S. 8 ff.; *Deloitte*, State of AI in the Enterprise, S. 4.

a) KI-as-a-Service[517] (Algorithmen-Marktplätze)

Algorithmen Marktplätze sind eine neue Entwicklung, die um 2015 begann.[518] Viele der spezialisierten Analytics-Lösungsanbieter und führenden Cloud-Anbieter[519] wie *Amazon*, *Google* oder *Microsoft* haben bereits KI-Anwendungen für Unternehmen „as a Service“ in ihr Angebot integriert[520] – d.h. sie stellen Applikationsbausteine, Entwicklungswerkzeuge und „fertige“ KI-Anwendungen über Algorithmen-Marktplätze zur Verfügung, so dass Unternehmen nicht jeden Algorithmus selbst entwickeln und auch keine Infrastruktur selbst aufbauen müssen.[521] Der Vorteil für Unternehmen liegt darin, dass Entwicklungszeiten so reduziert und Kosten gesenkt

---

517 Der Begriff „X as a Service“ (XaaS) bedeutet „irgendwas als Dienstleistung“ und kann für eine Vielzahl von Angeboten benutzt werden. Zurzeit können vor allem drei verschiedene Kategorien von Servicemodellen unterschieden werden: Software as a Service (SaaS), Infrastructure as a Service (IaaS) und Plattform as a Service (PaaS). SaaS: Sämtliche Angebote von Anwendungen, die den Kriterien des Cloud-Computing entsprechen, fallen in diese Kategorie. IaaS: Bei IaaS werden IT-Ressourcen wie z. B. Rechenleistung, Datenspeicher oder Netze als Dienst angeboten. PaaS: Ein PaaS-Provider stellt eine komplette Infrastruktur bereit und bietet dem Kunden auf der Plattform standardisierte Schnittstellen an, die von Diensten des Kunden genutzt werden, vgl. Bundesamt für Sicherheit in der Informationstechnik, Merkblatt – Orientierungshilfe zu Auslagerungen an Cloud Anbieter, S. 4, abrufbar unter https://www.bafin.de/SharedDocs/Downloads/DE/Merkblatt/BA/dl_181108_orientierungshilfe_zu_auslagerungen_an_cloud_anbieter_ba.pdf?__blob=publicationFile&v=4.

518 *Bitkom*, Künstliche Intelligenz, S. 145.

519 Cloud bzw. Cloud-Computing bezeichnet das dynamisch an den Bedarf angepasste Anbieten, Nutzen und Abrechnen von IT-Dienstleistungen über ein Netz. Angebot und Nutzung dieser Dienstleistungen erfolgen dabei ausschließlich über definierte technische Schnittstellen und Protokolle. Die Spannbreite der im Rahmen von Cloud angebotenen Dienstleistungen umfasst das komplette Spektrum der Informationstechnik und beinhaltet unter anderem Infrastruktur, Plattformen und Software, vgl. Bundesamt für Sicherheit in der Informationstechnik, Merkblatt – Orientierungshilfe zu Auslagerungen an Cloud Anbieter, S. 4, abrufbar unter https://www.bafin.de/SharedDocs/Downloads/DE/Merkblatt/BA/dl_181108_orientierungshilfe_zu_auslagerungen_an_cloud_anbieter_ba.pdf?__blob=publicationFile&v=4.

520 Der Algorithmen Marktplatz von Amazon (*Amazon Web Services*) findet man unter https://aws.amazon.com/marketplace/solutions/machine-learning; der Algorithmen Marktplatz von Google (*Google Cloud*) findet man unter https://cloud.google.com/products/ai/; der Algorithmen Marktplatz von Microsoft (*Microsoft Azure*) findet man unter https://azure.microsoft.com/de-de/.

521 *Bitkom*, Künstliche Intelligenz, S. 146; *Deloitte*, State of AI in the Enterprise, S. 18.

werden können. Besonders für die kleineren Unternehmen, denen oft die benötigten Fachkräfte und Mittel für Eigenentwicklungen fehlen, eröffnen die Cloud-basierten KI-Lösungen einen schnellen und kostengünstigen Zugang zu der KI-Technologie.[522]

b) Unternehmenssoftware mit integrierter KI

Der Deloitte-Studie zufolge ist neben KI-as-a-Service auch die Unternehmenssoftware mit integrierter KI sehr gefragt.[523] Die Verwendung von ERP-Systemen oder CRM-Systemen, in die die Prädiktive Analytik und das maschinelle Lernen schon eingebettet sind, ist ebenfalls ein einfacher Weg zum KI-Einsatz.[524] Viele Anbieter wie *SAP* und *Salesforce* haben dazu bereits spezielle Erweiterungsmodule im Portfolio, die über Cloud und über offene Schnittstellen zugänglich sind.[525] Diese Systeme haben den Vorteil eines Zugriffs auf immense Datensätze im ERP- und CRM-System und können von Mitarbeitern ohne spezialisierte KI-Kenntnisse "out of the box" verwendet werden.[526]

c) Co-Entwicklung mit Dritten

Während es zahlreiche Möglichkeiten für Unternehmen gibt, auf vorgefertigte KI-Lösungen zuzugreifen oder ein neues KI-System selbst zu entwickeln, suchen viele Unternehmen auch nach Sachkenntnis von außen und möchten mit Partnerunternehmen zusammen eine maßgeschneiderte KI-Lösung entwickeln.[527] Nach den Studien von *Deloitte* arbeiten zwar bei der Umsetzung der KI-Projekte nur 10 Prozent der befragten deutschen Unternehmen mit einem Kooperationspartner,[528] aber in den internationalen

---

522 *Deloitte*, State of AI in deutschen Unternehmen, S. 20; *Bitkom*, Künstliche Intelligenz, S. 146.
523 *Deloitte*, State of AI in deutschen Unternehmen, S. 8.
524 *Deloitte*, State of AI in the Enterprise, S. 4.
525 Zum Beispiel *S/4HANA Cloud* von SAP und *Einstein Analytics* von Salesforce. Ausführliche Informationen zu diesen KI-Produkten findet man unter https://www.sap.com/products/s4hana-erp.html?url_id=text-glo-404-reclink und https://www.salesforce.com/ap/products/einstein-analytics/overview/.
526 *Deloitte*, State of AI in the Enterprise, S. 4.
527 *Deloitte*, State of AI in the Enterprise, S. 5.
528 *Deloitte*, State of AI in deutschen Unternehmen, S. 7.

Vergleichsmärkten USA, China, UK, Frankreich, Kanada und Australien haben schon 53 Prozent der Firmen den Weg des *„Codevelopment with Partners"* gewählt.[529] Mit einem KI-Unternehmen zusammen zu arbeiten und bestimmte Leistungen an Spezialisten auszulagern, kann für die Kundenunternehmen von Vorteil sein: Zum einen sind die standardisierten KI-Produkte, die von IT-Unternehmen bereitgestellt werden, zwar leicht zugänglich und kostengünstig, doch können diese nicht die Besonderheiten jedes Kundenunternehmens berücksichtigen. Zum anderen sind Analysten und Programmierer heutzutage besonders gefragte Fachleute; die meisten Kundenunternehmen sind daher nicht in der Lage, eine eigene KI-Abteilung aufzubauen und die gesamte, vom Unternehmen benötigte KI-Software selbst zu entwickeln.[530]

Die KI-Spezialisten des außenstehenden KI-Unternehmens können dann mit ihren Fachkenntnissen sowie Erfahrungen den Kundenunternehmen dabei helfen, die KI-Lösungen effizient zu entwickeln, an die Bedürfnisse des Kundenunternehmens anzupassen, zu testen und schließlich reibungslos im Kundenunternehmen zu implementieren.[531] Diese maßgeschneiderte KI-Lösung ist zwar teurer als ein standardisiertes KI-Produkt, entspricht aber eher den Unternehmensbedürfnissen und kann bessere Leistung liefern. Daher ist die Co-Entwicklung für größere Unternehmen, die nicht in der IT-Branche tätig sind, eine beliebte Lösung.

3. Höchstpersönlichkeit der Auswahl der KI-Systeme

Der Vorgang der KI-Auswahl inklusiv deren konkreter Implementierung im Unternehmen ist komplex und für die meisten Vorstandsmitglieder noch fremd. Die Vorstandsmitglieder brauchen solche Arbeiten aber nicht selbst zu erfüllen. Wenn es sich bei der KI-Einführung um eine Geschäftsführungsaufgabe handelt, die nicht zum Kern der Leitungsaufgabe gehört, dann ist der ganze Prozess der KI-Einführung ohne Weiteres delegierbar. Wenn sie sich hingegen um eine Leitungsaufgabe handelt, dann können zumindest die konkreten Vorbereitungs- und Ausführungsarbeiten auf nachgeordnete Mitarbeiter oder außenstehende Experte übertragen wer-

---

529 *Deloitte*, State of AI in the Enterprise, S. 4.

530 *Reinnarth/Schuster/Möllendorf/ Lutz*, Chefsache Digitalisierung 4.0, S. 131.

531 Ein Beispiel hierzu ist der Otto-Fall bei *Blue Yonder*, vgl. *Blue Yonder*, Replenishment und Price Optimization bei OTTO, S. 1 ff.

den. Der Vorstand bleibt jedoch weiterhin verpflichtet, sich am Schluss wohlerwogen und eigenverantwortlich zu entscheiden.[532]

4. Zwischenergebnis

In der Phase der Auswahl von KI-Systemen haben die Vorstandsmitglieder zunächst zu überlegen, ob der KI-Einsatz dem Unternehmen mehr Nutzen als Kosten bringen wird und daher ein KI-System eingeführt werden soll. Nach der Entscheidung über die Einführung (*ob*) trifft die Vorstandsmitglieder die Pflicht, ein fachlich qualifiziertes und zuverlässiges KI-System auszuwählen. Bei der Beurteilung der „fachlichen Qualifikation" gibt es heute zwar noch keine festgelegten Standards. Aber wenn der Vorstand vernünftigerweise annehmen durfte, dass ein bestimmtes KI-System auf der Grundlage angemessener Informationen zum Wohle der Gesellschaft ausgewählt wurde, dann liegt keine Verletzung der Auswahlpflicht vor. Diese KI-Systeme kann das Unternehmen sowohl von IT-Unternehmen mieten oder kaufen als auch selbst oder mit Dritten zusammen entwickeln. Die konkreten Arbeiten der KI-Auswahl sind immer delegierbar und die Vorstandsmitglieder brauchen dies nicht selbst durchzuführen.

II. Einweisungspflicht der Vorstandsmitglieder beim KI-Einsatz

Den Ision-Kriterien zufolge obliegt den Vorstandsmitgliedern neben der Auswahl eines geeigneten menschlichen Beraters zudem eine Pflicht zur sorgfältigen Einweisung, d.h. die Vorstandsmitglieder haben die Verhältnisse der Gesellschaft gegenüber dem Berater umfassend darzustellen und die erforderlichen Unterlagen offenzulegen.[533] Auch in den Fällen der Übertragung der Verkehrssicherungspflichten an Dritte (§ 823 BGB) kann den Übertragenden neben der Auswahlpflicht eine Anweisungspflicht betreffen.[534] Die Einweisungspflicht des Delegierenden versteht sich von selbst, denn ohne hinreichende Informationen bzw. Kenntnisse über die Delegationsaufgaben wäre es für die Mitarbeiter oder Berater als Delegatar unmöglich, diese Aufgaben ordnungsgemäß und erfolgreich zu erledigen.

---

532 Zur Delegierbarkeit der Aufgaben des Vorstands s. bereits oben Teil 3 A.
533 S. dazu oben Teil 5 B.II.3.
534 S. oben Teil 5 B.I.1.b).

Bei der Delegation von Aufgaben bezüglich unternehmerischer Entscheidungen an KI-Systeme obliegt dem Vorstand ebenfalls eine Einweisungspflicht. Auch ein KI-System muss die ihm übertragenen Aufgaben gut „kennen" und die zur Ausführung der Aufgabe notwendigen Informationen erhalten. Doch anders als bei den Fällen der Delegation an Menschen sind hier die Anweisungen weder in mündlicher Form zu erteilen noch in schriftlicher Form offenzulegen. Als „Einweisung" in die KI-Systeme einzugeben ist vielmehr eine (möglichst) *große Menge von Datensätzen*. Die KI-Systeme sind von Big Data angetrieben. Erst mit großer Datenmenge können die Lernalgorithmen und Modelle der KI trainiert, getestet und weiter optimiert werden. Die Qualität der vom KI-System erzeugten Ergebnisse hängt ausschließlich von den Algorithmen und den eingegebenen Daten ab.[535] Wie im zweiten Teil schon dargelegt, umfasst die Wertschöpfungskette von Big Data und künstlicher Intelligenz mehrere Schritte, angefangen bei der Datenerhebung bis hin zu deren Aufbereitung und Analyse sowie der Nutzung der Analyseergebnisse.[536] Die Einweisungspflicht entspricht den Schritten der Datenerhebung und Datenaufbereitung. Im Folgenden soll untersucht werden, wie die KI-Systeme ordnungsgemäß eingewiesen werden müssen, d.h. wie die einzugebenden Daten rechtmäßig erhoben und sorgfältig aufbereitet werden müssen.

1. Datenschutzrechtliche Probleme und nützliche Pflichtverletzung

a) Datenschutzrechtliche Probleme

Die Frage, welche Datensätze das KI-System zur Erfüllung der ihm übertragenen Aufgaben braucht, ist im Einzelfall zu beantworten. Beispielsweise sind die kundenbezogenen Daten wie Kundenstammdaten und Kaufverhaltensdaten für die Unterstützung der Marketing-Entscheidungen wichtig, während solche Daten für die Vornahme von M&A-Entscheidung nicht von großer Bedeutung sind. Das bedeutet aber nicht, dass alle nützlichen Daten ohne Weiteres in das KI-System eingegeben werden dürfen. Hier sind besonders die rechtlichen Grenzen, die durch die datenschutzrechtlichen Regelungen gesetzt sind, zu beachten.

Die DSGVO, die am 21. Mai 2018 in Kraft getreten ist, bezweckt den Schutz natürlicher Personen bei der Verarbeitung personenbezogener Da-

535 Zur Datenqualität und Datenaufbereitung s. unten Teil 5 C.II.3.

536 S. oben Teil 2 B.II.3.

ten (Art. 1 DSGVO). Nach der DSGVO sind zwei Grundsätze einzuhalten: Der Grundsatz der Zweckbindung und der Grundsatz der Datenminimierung. Der Zweckbindungsgrundsatz besagt, dass die personenbezogenen Daten *„für festgelegte, eindeutige und legitime Zwecke erhoben werden"* müssen und *„nicht in einer mit diesen Zwecken nicht zu vereinbarenden Weise weiterverarbeitet werden"* dürfen (Art. 5 Abs. 1 lit. b DSGVO). Der Datenminimierungsgrundsatz verlangt, dass die personenbezogenen Daten *„dem Zweck angemessen und erheblich sowie auf das für die Zwecke der Verarbeitung notwendige Maß beschränkt sein"* müssen. (Art. 5 Abs. lit. 1 c DSGVO)

Datenerhebung und Datenanalyse im Hintergrund von Big Data und KI-Analyse geraten aber leicht in rechtliche Konflikte zum Grundsatz der Zweckbindung. Um den Wert der Big Data ausschöpfen zu können, darf die Verarbeitung großer Datenmengen nicht auf einen einzigen spezifischen Zweck beschränkt werden; vielmehr müssen diese zu unterschiedlichen Zwecken in unterschiedlichen Weisen analysiert und ausgewertet werden. Dabei ist es häufig der Fall, dass sich nicht zum Zeitpunkt der Datenerhebung, sondern erst am Ende der Auswertung sagen lässt, welche genaue Zielsetzung der Analyseprozess hatte.[537] Zum Beispiel können die Kundendaten durch KI-Analyse nicht nur für individualisierte Werbung, sondern auch für Produktverbesserung und Marktforschung effektiv genutzt werden. Normalerweise kann man aber erst nach der Datenanalyse wissen, ob beispielsweise der Umsatzrückgang von den Marketingmethoden, der Produktqualität oder anderen Faktoren beeinflusst wurde und wie man entsprechende Maßnahmen und Entscheidungen, wie z.B. Produktentwicklung oder Präzisionsmarketing, für die Umsatzsteigerung treffen soll. Der konkrete Zweck dieses Verarbeitungsprozesses, nämlich die Produktentwicklung und das Präzisionsmarketing, lässt sich erst jetzt bestimmen.

Mit der KI-gestützten Datenverarbeitung nicht vereinbar ist zudem der Grundsatz der Datenminimierung. Dieser Grundsatz gründet auf eine einfache Erkenntnis: Das Risiko für die informationelle Selbstbestimmung wächst proportional zur Menge der gesammelten, gespeicherten und verarbeiteten Daten. Damit sind die Erhebung und Verarbeitung auf die Daten zu beschränken, die zum jeweiligen Zweck benötigt werden.[538] Bei KI-gestützter Datenverarbeitung setzt sich aber zuerst das Zweckbindungs-

537 *Hoffmann-Riem*, Big Data – Regulative Herausforderungen, S. 45, 85; *Dorschel*, Praxishandbuch Big Data, S. 170; *Dorschel/Nauerth*, Wirtschaftsinformatik & Management 2013, 32, 34.

538 *Martini*, in: Die digitale Lebenswelt gestalten, S. 125 f.

problem fort. Lässt sich gar kein Zweck bestimmen, wird die Notwendigkeitsprüfung vollständig sinnlos. Bleibt der Zweck sehr offen und vage, so läuft sie leer und verliert ihre grundrechtsschützende Begrenzung des Datenumgangs.[539] Darüber hinaus trägt Big Data den Konflikt mit dem Datenminimierungsgrundsatz bereits im Namen. Grundsätzlich ist KI-gestützte Datenverarbeitung umso erfolgreicher, je mehr Daten unterschiedlicher Art verfügbar sind, die auf unterschiedliche Weise ausgewertet und deren Ergebnisse in unterschiedlichen Kontexten verwendet werden können. Dies sind die speziellen Merkmale und Vorteile der KI-gestützten Datenverarbeitung, die aber gerade im Widerspruch zum Prinzip der Datenminimierung stehen.[540]

b) Nützliche Pflichtverletzung?

Aus den soeben gemachten Ausführung wird klar, dass die datenschutzrechtlichen Regelungen den Umfang der verfügbaren Daten stark beschränken. Die Verarbeitung der personenbezogenen Daten (wie z.B. Kundendaten) kann zum Verstoß gegen die DSGVO führen. Aus der Sicht des heutigen kundenorientierten Unternehmens stellen die personenbezogenen Daten aber eine unerlässliche Informationsgrundlage für viele wichtige unternehmerische Entscheidungen dar. Falls das KI-System auch die personenbezogenen Daten erheben und analysieren dürfte, könnte es bessere KI-Analyseergebnisse erzeugen. Diese würden sodann die Vorstandsmitglieder bei der Vornahme unternehmerischer Entscheidungen besser unterstützen.

Daher stellt sich die Frage, ob die Vorstandsmitglieder, um bessere Entscheidungen treffen und dem Unternehmen mehr ökonomische Vorteile bringen zu können, die datenschutzrechtlichen Regelungen ignorieren oder verletzten dürfen („nützliche Pflichtverletzung“[541]). Die Antwort auf

---

539 *Hoffmann-Riem*, Big Data – Regulative Herausforderungen, S. 86; *Fraunhofer*, Chancen durch Big Data und die Frage des Privatsphärenschutzes, S. 27.

540 *Dorschel/Nauerth*, Wirtschaftsinformatik & Management 2013, 32, 33; *Hoffmann-Riem*, Big Data – Regulative Herausforderungen, S. 45; *Fraunhofer*, Chancen durch Big Data und die Frage des Privatsphärenschutzes, S. 27; *Bitkom*, Leitlinien für den Big-Data-Einsatz Chancen und Verantwortung, S. 90 f.

541 BGH NJW 2011, 88, 92; BGH NZG 2010, 1190, 1192; OLG Karlsruhe NZG 2013, 1177, 1178 f.; *Fleischer*, in: Spindler/Stilz, AktG, § 93 Rn. 36; *Hopt/Roth*, in: Großkommentar AktG, § 93 Rn. 134; *Hölters*, in: Hölters, AktG, § 93 Rn. 75; *Spindler*, in: MüKo AktG, § 93 Rn. 106.

diese Frage lautet: Nein. Die Legalitätspflicht fordert, dass der Vorstand als Vertretungs- und Geschäftsführungsorgan der Gesellschaft die Pflicht hat, für die Rechtmäßigkeit des Handelns der Gesellschaft Sorge zu tragen. Ausgangspunkt ist die Pflicht der Aktiengesellschaft, sämtliche gesetzlichen Verpflichtungen zu beachten, die sie als Rechtssubjekt betreffen.[542] Danach haben die Vorstandsmitglieder auch die Pflichten und Vorgaben der DSGVO einzuhalten. Anders als unternehmerische Entscheidungen hat der Vorstand bei der Frage, ob die datenschutzrechtlichen Regelungen einzuhalten sind oder nicht, keinen Ermessensspielraum.[543] Verstöße gegen die Regelungen der DSGVO und somit gegen die Legalitätspflicht können auch im Verhältnis zur Gesellschaft selbst nicht dadurch gerechtfertigt werden, dass sie *„subjektiv im Interesse der Gesellschaft oder gar objektiv zu ihrem Nutzen erfolgte"*.[544] Vielmehr hat die Einhaltung der gesetzlichen Vorschriften immer den Vorrang.[545]

2. Rechtsgrundlagen für die KI-gestützte Datenverarbeitung

Die Vorstandsmitglieder müssen ihre Legalitätspflicht erfüllen und sind mithin verpflichtet, datenschutzrechtliche Regelungen einzuhalten. Dies kann dazu führen, dass viele nützliche Daten nicht vom KI-System benutzt und verarbeitet werden können. Umfang und Quantität der (rechtlich) verfügbaren Daten werden die Qualität der KI-gestützten Datenverarbeitung stark beeinflussen. Angesichts dessen ergibt sich die Frage, ob und wie der Vorstand unter Einhaltung der Regelungen der DSGVO noch gewährleisten kann, dass die verfügbaren Datensätze für die Erzeugung guter KI-Analyseergebnisse ausreichend sind und er seine Einweisungspflicht noch ordnungsgemäß erfüllen wird.

Zwar enthalten Big Data und KI-Analyse in mehrfacher Hinsicht Gefahren für den Datenschutz und die Vorschriften der DSGVO sind zudem zwingend einzuhalten, doch ist eine Nutzung dieser Art von Erhebung und weiterer Verarbeitung der Datensätze möglich, ohne gegen grundlegende Datenschutzprinzipien zu verstoßen.

---

542 Zur Legalitätspflicht s. oben Teil 4 A.II.3.

543 BT-Drucks. 15/5092, 11.

544 *Fleischer*, in: Spindler/Stilz, AktG, § 93 Rn. 36; *Hopt/Roth*, in: Großkommentar AktG, § 93 Rn. 134; *Spindler*, in: MüKo AktG, § 93 Rn. 106.

545 BGH NJW 2011, 88, 92; BGH NZG 2010, 1190, 1192.

a) Anonyme Daten

Nach Erwägungsgrund 26 DSGVO gelten die Grundsätze des Datenschutzes nicht für anonyme Informationen, d.h. nicht für Informationen, „*die sich nicht auf eine identifizierte oder identifizierbare natürliche Person beziehen, oder personenbezogene Daten, die in einer Weise anonymisiert worden sind, dass die betroffene Person nicht oder nicht mehr identifiziert werden kann.*“[546] Danach sind zum Beispiel die Finanzdaten einer juristischen Person, Messdaten in Industrieanlagen[547] und anonymisierte Kundendaten, wenn sie keinen Rückschluss auf Lebenssachverhalte eines Menschen zulassen,[548] keine personenbezogenen Daten. Die Verarbeitung solcher anonymen Daten im Unternehmen ist daher datenschutzrechtlich unproblematisch.

Die personenbezogenen Daten sind zwar wichtig für die Vornahme vieler unternehmerischer Entscheidungen, aber nicht jede Entscheidung erfordert solche Daten als Informationsgrundlage. Ein Beispiel ist die Entscheidung über die Wartung der Anlagen einer Werkstatt, wobei vor allem die technischen Daten über die Anlagen von Bedeutung sind. Selbst wenn für eine bestimmte unternehmerische Entscheidung die Informationen aus personenbezogenen Daten erforderlich sind, wird die Anonymisierung dieser Daten ihren Wert oft nicht beeinträchtigen. Wenn der Vorstand zur

---

546 Anonyme Informationen umfassen somit zwei Datentypen: Zum einen die Daten, „*die sich ursprünglich nicht auf eine identifizierte oder identifizierbare natürliche Person bezogen*“ und zum anderen die Daten, „*die ursprünglich personenbezogene Daten waren, später jedoch durch technische Maßnahmen anonymisiert wurden*“, vgl. *Europäische Kommission*, Mitteilung der Kommission, Leitlinien zur Verordnung über einen Rahmen für den freien Verkehr nicht-personenbezogener Daten in der Europäischen Union, 29.5.2019, COM (2019) 250 final, S. 5 f.

547 *Dorschel/Nauerth*, Wirtschaftsinformatik & Management 2013, 32, 35; *Europäische Kommission*, Mitteilung der Kommission, Leitlinien zur Verordnung über einen Rahmen für den freien Verkehr nicht-personenbezogener Daten in der Europäischen Union, 29.5.2019, COM (2019) 250 final, S. 6 f.

548 Heute ist die erneute Re-Identifizierung vermeintlich anonymisierter Datensätze durch technische Mittel möglich, „*Um festzustellen, ob eine natürliche Person identifizierbar ist, sollten alle Mittel berücksichtigt werden, die von dem Verantwortlichen oder einer anderen Person nach allgemeinem Ermessen wahrscheinlich genutzt werden, um die natürliche Person direkt oder indirekt zu identifizieren, wie beispielsweise das Aussondern. Bei der Feststellung, ob Mittel nach allgemeinem Ermessen wahrscheinlich zur Identifizierung der natürlichen Person genutzt werden, sollten alle objektiven Faktoren, wie die Kosten der Identifizierung und der dafür erforderliche Zeitaufwand, herangezogen werden, wobei die zum Zeitpunkt der Verarbeitung verfügbare Technologie und technologische Entwicklungen zu berücksichtigen sind*“, vgl. Erwägungsgrund 26, DSGVO.

Vornahme einer unternehmerischen Entscheidung nur die Informationen über Personengruppen, wie z.B. die von Personen im Alter zwischen 30 und 40 Jahren bevorzugten Autotypen, und nicht Informationen über einzelne Person benötigt, dann kann die Analyse der anonymisierten personenbezogenen Daten durchaus den Bedürfnissen der Vorstandsmitglieder gerecht werden.

b) Einwilligung

Wenn eine Entscheidung die personenbezogenen Daten als Informationsgrundlage benötigt, deren Anonymisierung aber aus technischen oder ökonomischen Gründen schwer vorzunehmen ist, kann die Verarbeitung solcher Daten dennoch dadurch gerechtfertigt werden, dass die Einwilligung der betroffenen Personen eingeholt wird.

Nach Art. 6 Abs. 1 lit. a DSGVO ist die Erhebung der personenbezogenen Daten rechtmäßig, wenn die betroffene Person *„ihre Einwilligung zu der Verarbeitung der sie betreffenden personenbezogenen Daten für einen oder mehrere bestimmte Zwecke gegeben“* hat. Bei der KI-gestützten Big Data-Verarbeitung kommt wieder das Zweckbindungsproblem ins Spiel, da zum Zeitpunkt der Einholung der Einwilligung die Folgen der Datenverarbeitung normalerweise noch nicht absehbar sind und die Erhebungszwecke nicht ohne weiteres bestimmt werden können. Außerdem ist eine Einwilligungserklärung dergestalt, dass der Betroffene nicht nur der ursprünglich vorgesehenen Datenverarbeitung, sondern auch jeglicher künftigen Zweckänderung und Weiternutzung seiner Daten zustimmt, datenschutzrechtlich unwirksam.[549] Im Ergebnis scheidet daher die Einwilligung als Ermächtigungsgrundlage für Big Data-Analyse im Unternehmen (in der Regel) aus.[550]

---

549 *Dorschel/Nauerth*, Wirtschaftsinformatik & Management 2013, 32, 34.

550 Für Big Data-Anwendungen im Bereich von Forschung und Wissenschaft stellt die DSGVO erleichtere Anforderungen an die Einwilligung. Im Erwägungsgrund 33 der DSGVO heißt es dazu, *„Oftmals kann der Zweck der Verarbeitung personenbezogener Daten für Zwecke der wissenschaftlichen Forschung zum Zeitpunkt der Erhebung der personenbezogenen Daten nicht vollständig angegeben werden. Daher sollte es betroffenen Personen erlaubt sein, ihre Einwilligung für bestimmte Bereiche wissenschaftlicher Forschung zu geben, wenn dies unter Einhaltung der anerkannten ethischen Standards der wissenschaftlichen Forschung geschieht. Die betroffenen Personen sollten Gelegenheit erhalten, ihre Einwilligung nur für bestimme*

c) Berechtigte Interessen

Soweit die KI-gestützte Big Data-Verarbeitung für die Unterstützung der Vornahme unternehmerischer Entscheidungen nicht von der Einwilligung des Betroffenen getragen ist, kann deren Rechtmäßigkeit noch durch die berechtigten Interessen des Verantwortlichen bzw. des Unternehmens begründet sein (Art. 6 Abs. 1 lit. f DSGVO).[551] Zentraler Prüfungspunkt bei der Rechtmäßigkeit der Datenerhebung nach Art. 6 Abs. 1 lit. f DSGVO ist es, die berechtigten Interessen des Verantwortlichen mit den mit der Datenverarbeitung kollidierenden Interessen der betroffenen Personen abzuwägen. Dafür müssen zunächst die zu wahrenden Interessen einerseits und die berechtigten Interessen andererseits überhaupt erkannt, bezeichnet und dann zueinander ins Verhältnis gesetzt werden.[552]

Bei der Untersuchung der Frage, ob ein berechtigtes Interesse des Verantwortlichen vorliegt, können nicht nur rechtliche Interessen von Bedeutung sein, sondern wird jedes von der Rechtsordnung gebilligtes Interesse wie wirtschaftliche oder ideelle Interessen des Unternehmens berücksichtigt, denn Art. 6 Abs. 1 lit. f DSGVO bezweckt gerade, einen Ausgleich zwischen den Interessen des Betroffenen und jenen des Verantwortlichen zu schaffen.[553] In Erwägungsgrund 47 DSGVO findet man Anhaltspunkte für berechtigte Interessen, wobei insbesondere Betrugsverhinderung und Direktwerbung genannt werden.

Ist ein berechtigtes Interesse des Unternehmens zur Erhebung und Analyse der personenbezogenen Daten gegeben, so darf es die Grundrechte und Grundfreiheiten der betroffenen Person nicht überwiegen (Art. 6 Abs. 1 lit. f DSGVO). Im Rahmen der Interessenabwägung zu berücksichtigen sind unter anderem die Art und Menge der Daten, Eingriffsintensität der Datenverarbeitung und Art der betroffenen Person. Beispielsweise muss die Abwägung ganz besonders sorgfältig erfolgen, wenn es sich bei den zu verarbeiteten Daten um besonders schutzwürdige Daten[554] oder

Forschungsbereiche oder Teile von Forschungsprojekten in dem vom verfolgten Zweck zugelassenen Maße zu erteilen".

551 Diese Norm enthält die zentrale Interessenabwägungsklausel der DSGVO, der im Datenverkehr zwischen Privaten größte praktische Bedeutung zukommt, vgl. *Albers/Veit*, in: BeckOK Datenschutzrecht, Art. 6 Rn. 45.

552 *Frenzel*, in: Paal/Pauly, DS-GVO Art. 6 Rn. 31.

553 *Albers/Veit*, in: BeckOK Datenschutzrecht, Art. 6 Rn. 49; *Frenzel*, in: Paal/Pauly, DS-GVO Art. 6 Rn. 28.

554 Art. 9 Abs. 1 DSGVO.

bei der betroffenen Person um ein Kind[555] handelt. Hingegen ist ein geringeres Schutzinteresse des Betroffenen eher anzunehmen, wenn nur einzelne bzw. wenige personenbezogene Daten von einer Person eingeholt und diese bei der Analyse zugleich pseudonymisiert[556] oder anonymisiert werden. Hat die betroffene Person ihre Daten öffentlich gemacht, zum Beispiel selbst ins Internet gestellt, dann genießen diese Daten ebenfalls einen geringeren Schutz. Diese Erleichterung ist für viele Big-Data-Anwendungen relevant. Denn ein großer Teil der heute verarbeiteten personenbezogenen Daten entstammt sozialen Netzwerken, Foren und Blogs.[557] Darüber hinaus wurde im Erwägungsgrund 47 der DSGVO die *„vernünftige Erwartungshaltung des Betroffenen"* als weiteres Kriterium erwähnt. Ausschlaggebend kann demnach eine bereits vorhandene Beziehung zwischen dem Betroffenen und dem Verantwortlichen und die Absehbarkeit einer Verarbeitung sein.[558]

Liegt ein überwiegendes Verarbeitungsinteresse nach der erfolgten Abwägung vor, dann ist eine Datenerhebung des Unternehmens rechtmäßig. Dabei ist das Unternehmen aber verpflichtet, den Betroffenen über seine überwiegenden Interessen zu informieren (Art. 13 Abs. 1 lit. d DSGVO). Der Betroffene hat seinerseits ein Widerspruchsrecht (Art. 21 Abs. 1 S. 1

555 Art. 6 Abs. 1 lit. f DSGVO.

556 Pseudonymisierung bedeutet die Verarbeitung personenbezogener Daten in einer Weise, die es unmöglich macht, diese Daten ohne zusätzliche Informationen einer bestimmten Person zuzuordnen. Diese zusätzlichen Informationen werden getrennt aufbewahrt und durch organisatorische oder technische Maßnahmen gesichert. Pseudonyme Daten gelten jedoch weiterhin als Informationen über eine identifizierbare Person, wenn sie dieser Person durch Verwendung zusätzlicher Informationen zugeordnet werden können. Daher zählen die pseudonymen Daten noch zu den personenbezogenen Daten und unterliegen den Regelungen der DSGVO, vgl. Art. 4 Nr. 5 DSGVO und Erwägungsgrund 26 DSGVO.

557 *Martini*, in: Die digitale Lebenswelt gestalten, S. 142; *Dorschel/Nauerth*, Wirtschaftsinformatik & Management 2013, 32, 36 f.

558 *„Ob eine betroffene Person zum Zeitpunkt der Erhebung der personenbezogenen Daten und angesichts der Umstände, unter denen sie erfolgt, vernünftigerweise absehen kann, dass möglicherweise eine Verarbeitung für diesen Zweck erfolgen wird. Insbesondere dann, wenn personenbezogene Daten in Situationen verarbeitet werden, in denen eine betroffene Person vernünftigerweise nicht mit einer weiteren Verarbeitung rechnen muss, könnten die Interessen und Grundrechte der betroffenen Person das Interesse des Verantwortlichen überwiegen"*, vgl. Erwägungsgrund 47 DSGVO; *Albers/Veit*, in: BeckOK Datenschutzrecht, Art. 6 Rn. 53; *Frenzel*, in: Paal/Pauly, DS-GVO Art. 6 Rn. 30.

DSGVO) gegen eine auf Art. 6 Abs. 1 lit. f DSGVO gestützte Erhebung der ihn betreffenden personenbezogenen Daten.

3. Qualität der Eingabedaten und sorgfältige Datenaufbereitung

Die Ision-Kriterien verlangen weiterhin, dass die notwendigen Informationen, die der Berater für seine Aufgabenerfüllung braucht, diesem *vollständig und unmissverständlich* mitzuteilen sind.[559] Diese Anforderungen gelten auch für die Fälle der KI-Delegation. Die produktive Nutzung von KI-Systemen hängt stark von Umfang und Qualität der eingegebenen Daten ab, mit denen die Algorithmen trainiert und optimiert werden.[560] Wie ein menschlicher Delegatar können auch Algorithmen wegen unvollständiger, fehlerhafter oder veralteter Daten zu fehlerhaften Entscheidungen gelangen. Das ist das sogenannte *Garbage-In-Garbage-Out* Prinzip.[561] Deshalb ist es wichtig, dass vor der Dateneingabe die eingeholten Daten zuerst für die KI-Analyse passend aufbereitet werden. Ziel der Datenaufbereitung ist die Konstruktion der Datensätze in einem Format, das für die nachfolgend eingesetzten Methoden in der KI-Analyse geeignet ist. Elementare Schritte der Datenaufbereitung sind die Bereinigung und Transformation von Rohdaten, das erneute Formatieren von Daten, die Berichtigung von Informationen und die Kombination von Datensätzen.[562] Die Datenaufbereitung gehört zu den zeitaufwendigsten Phasen des gesamten Datenverarbeitungsprozesses und erfahrungsgemäß werden häufig etwa 70–80 % der Gesamtprojektzeit dafür veranschlagt.[563] Ähnlich wie die Arbeiten der Big Data-Analyse lässt sich die Aufbereitung der Big Data nicht manuell,

---

559 S. oben Teil 5 B.II.3.

560 *Europäische Kommission*, Vorschlag für eine Verordnung des Europäischen Parlaments und des Rates zur Festlegung harmonisierter Vorschriften über künstliche Intelligenz (Gesetz zur künstlichen Intelligenz) und zur Änderung bestimmter Rechtsakte der Union, 21.4.2021, COM (2021) 206 final, Erwägungsgrund 44; *BaFin*, Big Data trifft auf Künstliche Intelligenz, S. 18; *Hochrangige Expertengruppe für künstliche Intelligenz*, Ethik-Leitlinien für eine vertrauenswürdige KI, April 2019, S. 21.

561 *Fraunhofer*, Künstliche Intelligenz in Deutschland, S. 8 ff.; *Bitkom*, Künstliche Intelligenz, S. 69; *PwC*, Künstliche Intelligenz in Unternehmen, S. 11; *Dorschel*, Praxishandbuch Big Data, S. 78; *Lücke*, BB 2019, 1986, 1993; *Weber/Kiefner/Jobst*, NZG 2018, 1131, 1132 f.

562 *Dorschel*, Praxishandbuch Big Data, S. 71.

563 *Dorschel*, Praxishandbuch Big Data, S. 79; *IBM*, Was ist die Datenaufbereitung?, abrufbar unter https://www.ibm.com/de-de/analytics/data-preparation#2291876.

sondern nur mithilfe der KI-Tools erledigen. Heutzutage gibt es auf dem Markt bereits viele KI-Produkte für die Datenaufbereitung.[564] Die konkreten technischen Maßnahmen und Produkte können hier nicht weiter ausgeführt werden.

Bei der Einweisungspflicht des Vorstandsmitglieds gegenüber dem menschlichen Berater wird zudem das Problem der falschen und lückenhaften Informationsmitteilung diskutiert. Hierbei stellt sich die Frage, ob das Mitglied bei einer unrichtigen oder unvollständigen Informationsübermittlung noch auf das vom Berater erteilten Gutachten vertrauen darf. Der herrschenden Meinung zufolge können die Vorstandsmitglieder sich nicht auf die Beratungsergebnisse verlassen, wenn sie den Berater falsch oder bewusst unvollständig informiert haben, da in diesen Fällen die Mitglieder die Fehler bzw. die Bedeutung der Lücke kannten oder kennen mussten. Wenn es hingegen nur um eine unbewusst lückenhafte Information geht, kann man grundsätzlich von einem schuldlosen Verhalten ausgehen, weil der Vorstand selbst nicht über ausreichende Fachkenntnisse zur Lösung der Beratungsaufgabe verfügt. Ihm wird regelmäßig auch die Fähigkeit fehlen, die Vollständigkeit des entsprechenden Sachverhalts zu beurteilen.[565]

Diese herrschende Ansicht kann auch auf die Fälle übertragen werden, in denen die vom Vorstandsmitglied in das KI-System eingegebenen Daten falsch oder unvollständig sind. Bei der Aufbereitung von Big Data kann man grundsätzlich davon ausgehen, dass die Daten, die sorgfältig aufbereitet wurden (z.B. mithilfe branchenüblicher KI-Tools), inhaltlich richtig und für die weitere KI-Analyse förmlich geeignet sind, sofern keine Anhaltspunkte für etwaige Fehler oder Lücken vorliegen. Wenn die Vorstandsmitglieder hingegen die Aufbereitungsarbeiten nicht oder nicht vollständig ausgeführt oder die fehlerhaften und lückenhaften Daten bewusst in das KI-System eingegeben haben, dann können sie sich auf das Analyseergebnis des KI-Systems als Entscheidungsgrundlage nicht mehr berufen, denn in solchen Fällen wussten oder mussten die Mitglieder wissen, dass die eingegebenen Daten problematisch waren und die auf deren Basis erzeugten KI-Analyseergebnisse ebenfalls falsch oder lückenhaften sein würden.

---

564 Ein Beispiel von solchen KI-Produkten ist „IBM InfoSphere Advanced Data Preparation“, s. ausführlich unter https://www.ibm.com/de-de/products/infosphere-advanced-data-preparation.

565 S. dazu bereits oben Teil 5 B.II.3.

Fraglich ist weiter, ob das Vorstandsmitglied bei einer unbewusst falschen oder lückenhaften Dateneingabe noch auf die Ergebnisse der KI-Analyse vertrauen darf. An dieser Stelle kann der Erkennbarkeits-Maßstab der Ision-Kriterien übertragen werden und danach hat man zu untersuchen, ob die Unrichtigkeit und Lücke der eingegebenen Informationen für das Vorstandsmitglied erkennbar war. Die Eigenschaften von Big Data, nämlich Volume, Velocity und Variety,[566] machen es schwierig und oft unmöglich für die Organmitglieder, alle unrichtigen, inkonsistenten, veralteten oder unvollständigen Datensätze bei der Datenauswahl sowie Dateneingabe zu erkennen und herauszufinden. Die Vorstandsmitglieder dürfen somit darauf vertrauen, dass die Eingabedaten richtig und vollständig sind, wenn die Daten sorgfältig aufbereitet wurden und keine erkennbaren Lücken und Fehler bestehen. Die schuldlos entstandenen Defizite bei den Eingabedaten sollen den Vorstandsmitgliedern nicht zum Nachteil gereichen.

4. Zwischenergebnis

Als Zwischenergebnis kann sodann festgehalten werden, dass dem Vorstand bei der Delegation von Aufgaben bezüglich der unternehmerischen Entscheidungen an KI-Systeme auch eine Einweisungspflicht obliegt. Da die KI-Analyse von Big Data angetrieben ist und die Einweisung an die KI-Systeme in Form der Dateneingabe erfolgt, haben die Vorstandsmitglieder besonders die datenschutzrechtlichen Regelungen zu beachten. Im Hintergrund von Big Data und KI-Analyse gerät die Verarbeitung der personenbezogenen Daten leicht in rechtliche Konflikte zu den Grundsätzen des Datenschutzrechts in Gestalt des Zweckbindungsgrundsatzes und des Datenminimierungsgrundsatzes. Dabei hat die Einhaltung der gesetzlichen Regelungen immer den Vorrang; Verstöße gegen die Vorschriften der DSGVO und somit gegen die Legalitätspflicht können nicht dadurch gerechtfertigt werden, dass sie im Interesse der Gesellschaft lägen.

Das weitere Problem, dass die rechtlich verfügbaren Datensätze für die Erzeugung guter KI-Analyseergebnisse nicht ausreichend sind, kann durch die Anonymisierungstechnik gelöst wird. Daneben kann die Rechtmäßigkeit der Datenverarbeitung auch aus den berechtigten Interessen des Unternehmens ergeben, sofern die Rechten der betroffenen Person nicht überwiegen.

---

566 Zu den Eigenschaften von Big Data s. oben Teil 2 C.V.2.

Die Einweisungspflicht verlangt weiterhin, dass die eingegebenen Daten richtig und vollständig sein müssen. Grundsätzlich können die Vorstandsmitglieder auf die Richtigkeit und Vollständigkeit der Eingabedaten vertrauen, sofern diese bereits sorgfältig aufbereitet wurden und keine erkennbaren Lücken oder Fehler vorliegen.

Die Vorstandspflicht zur sorgfältigen Einweisung ist damit erfüllt, wenn die für KI-Analyse notwendigen Daten rechtmäßig erhoben, sorgfältig aufbereitet und danach im KI-System eingegeben werden. Zwar tragen die Vorstandsmitglieder die Einweisungsverantwortung, die konkreten Arbeiten der Datenerhebung und der folgenden Aufbereitung brauchen sie aber nicht höchstpersönlich zu erledigen. Die Delegation solcher Arbeiten an die IT-Abteilung, IT-Mitarbeiter oder KI-Tools ist nicht nur rechtlich zulässig, sondern auch in der Praxis notwendig.

III. Überwachungspflicht der Vorstandsmitglieder beim KI-Einsatz

Den Ision-Kriterien zufolge ist es für eine Berufung auf die Beratung als ordnungsgemäße Entscheidungsgrundlage zudem erforderlich, dass die erhaltene Auskunft einer sorgfältigen Plausibilitätskontrolle unterzogen wird. Dabei hat der Geschäftsleiter zu prüfen, *„ob dem Berater nach dem Inhalt der Auskunft alle erforderlichen Informationen zur Verfügung standen, er die Informationen verarbeitet hat und alle sich in der Sache für einen Rechtsunkundigen aufdrängenden Fragen widerspruchsfrei beantwortet hat oder sich auf Grund der Auskunft weitere Fragen aufdrängen“*.[567] Die Plausibilitätskontrolle i.S.v. Ision-Kriterien ist die konkretisierte Ausformulierung der Überwachungspflicht des Delegierenden, speziell zugeschnitten auf den Bereich der Delegation der Informationsbeschaffung. Wie oben bereits ausgeführt, können die Ision-Grundsätze auf die Fälle der Delegation der Entscheidungsvorbereitung an KI-Systeme übertragen werden. Allerdings muss bedacht werden, dass eine Detailanpassung an die Besonderheiten der KI-Systeme unerlässlich ist.[568]

---

567 BGH NZG 2015, 792, 795; *Steber*, DStR 2015, 2391, 2394 f.; *Vetter*, NZG 2015, 889, 894; *Gottschalk/Weng*, GWR 2013, 243, 246; *Merkt/Mylich*, NZG 2012, 525, 529; *Fleischer*, NZG 2010, 121, 124; *ders.*, ZIP 2009, 1397, 1404.

568 S. dazu oben Teil 5 B.II.4 u. 5.

1. Formale Prüfung

Den Ision-Kriterien entsprechend kann die Plausibilitätskontrolle in zwei Aspekte unterteilt werden: formale Prüfung und inhaltliche Prüfung. Bei der formalen Prüfung hat der Vorstand zu kontrollieren, ob der Delegatar alle erforderlichen Informationen von dem Delegierenden erhalten, die bei der Erteilung der Beratungsauskunft auch verarbeitet wurden und die erteilte Auskunft schließlich die geplante Entscheidung abdeckt.[569]

Bei den Fällen der KI-Delegation korrespondiert die formale Prüfung mit der Einweisungspflicht der Vorstandsmitglieder. Wenn die Mitglieder wussten oder wissen mussten, dass die eingegebenen Daten unvollständig oder fehlerhaft waren, können sie sich auf das Analyseergebnis des KI-Systems als Entscheidungsgrundlage nicht mehr berufen, denn die Qualität der verwendeten Datensätze beeinflusst die Leistungsfähigkeit der KI-Systeme und die Qualität von deren Analyseergebnissen.[570] Die weitere Prüfung der Frage, ob das KI-System die zur Verfügung gestellten Unterlagen auch vollständig in seine Prüfung einbezogen hat, ist hier entbehrlich, da die KI-Analyse nur von den Lernalgorithmen und den Eingabedaten abhängt. Die Lernalgorithmen, die von dem Entwickler oder Benutzer entwickelt und eingesetzt wurden, bestimmen bereits die Funktionsweise des KI-Systems, nämlich ob und wie die Eingabedaten aufbereitet und analysiert werden. Die Vorstandsmitglieder dürfen sich daher regelmäßig darauf verlassen, dass das sorgfältig ausgewählte KI-System die eingegebenen Daten auch ordnungsgemäß verarbeitet hat, es sei denn, das Analyseergebnis enthält evidente Lücken oder Fehler.

Die formale Prüfung der Ision-Kriterien verlangt weiterhin, dass das Analyseergebnis, als Grundlage der zu treffenden Entscheidung, diese Entscheidung zeitlich und inhaltlich decket. Bei der Prüfung der KI-Ergebnisse ist der zeitliche Aspekt zu beachten, wenn die für die KI-Analyse wichtigen Daten sich im Zeitraum der KI-Datenverarbeitung ändern oder neue relevante sowie wichtige Daten inzwischen entstehen. Eine veraltete oder unvollständige Datenbasis wird zu fehlerhaften Analyseergebnissen führen. Die inhaltliche Deckungsfrage, nämlich ob die KI-Analyseergebnisse die zu treffende Entscheidung abdecken oder zumindest sinnvolle Informationen liefern, kann nicht einfach mithilfe der formalen Prüfung

---

569 S. hierzu oben Teil 5 B.II.4.a).

570 *BaFin*, Big Data trifft auf Künstliche Intelligenz, S. 18; *Hochrangige Expertengruppe für künstliche Intelligenz*, Ethik-Leitlinien für eine vertrauenswürdige KI, April 2019, S. 21.

beantwortet werden, da es bei der KI-Analyse ein besonderes Problem bezüglich der Nachvollziehbarkeit gibt. Diese Frage soll daher im Rahmen der inhaltlichen Prüfung beantwortet werden.

Zusammenfassend kann damit festgehalten werden, dass es sich bei der formalen Prüfung der KI-Ergebnisse vor allem um die Prüfung der Einweisungspflicht handelt, d.h. ob die eingegebenen Daten vollständig, richtig und auf dem neuesten Stand sind. Die Vorstandsmitglieder können sich nicht auf das KI-Ergebnis verlassen, wenn sie wussten oder wissen mussten, dass die Eingabedaten fehlerhaft, lückenhaft oder veraltet waren.

2. Inhaltliche Prüfung

Den Ision-Kriterien zufolge hat der Vorstand neben der formalen Prüfung das empfangene Analyseergebnis auch inhaltlich zu überprüfen, also sorgfältig auf offensichtliche Widersprüche und Begründungslücken zu kontrollieren. Auch ohne spezielles Fachwissen muss ein Geschäftsleiter erkennen können, ob er *„aus seinem insoweit laienhaften Verständnis heraus die Darlegungen versteht und sie ihm einleuchten“* und ob das Gutachten nur *„eine von mehreren konkurrierenden Interessenlagen berücksichtigt“*.[571] Diese Kriterien gelten auch für die inhaltliche Prüfung des durch KI-Analyse erzeugten Ergebnisses. Dabei sind vor allem zwei Fragen zu untersuchen: Ob das KI-Ergebnis für die Vorstandsmitglieder nachvollziehbar ist und ob das KI-Ergebnis ein Gefälligkeitsgutachten darstellt.

a) Nachvollziehbarkeit der Ergebnisse von KI-Analyse

aa) Quellen des Nachvollziehbarkeitserfordernisses

Das Nachvollziehbarkeitserfordernis der KI-Analyse lässt sich nicht nur aus den Ision-Kriterien entnehmen. Vielmehr erfordert bereits eine erfolgreiche KI-Anwendung die Vertrauenswürdigkeit und Nachvollziehbarkeit des KI-Systems. Auch erfordert der Transparenzgrundsatz im Datenschutzrecht, dass die personenbezogenen Daten in einer für die betroffene Per-

571 *Strohn*, ZHR 176 (2012), 137, 142; *Fleischer*, NZG 2010, 121, 124; *Selter*, AG 2012, 11, 18; *Gottschalk/Weng*, GWR 2013, 243, 246; *Hahn/Naumann*, CCZ 2013, 156, 163; *Sander/Schneider*, ZGR 2013, 725, 755; *Binder*, AG 2008, 274, 286; *Bürkle*, VersR 2013, 792, 801.

son nachvollziehbaren Weise verarbeitet werden müssen (Art. 5 Abs. 1 lit. a DSGVO).

(i) Die Ision-Kriterien

Den Ision-Kriterien entsprechend dürfen die Vorstandsmitglieder auf die Beratungsergebnisse nicht vertrauen, wenn diese Ergebnisse für sie nicht nachvollziehbar sind oder aus ihrer Perspektive noch Zweifel daran bestehen. Bei der Prüfung der vom KI-System erzeugten Analyseergebnisse sollen die gleichen Grundsätze gelten: Der Geschäftsleiter muss in seiner Überwachungsverantwortung prüfen, ob das Ergebnis für ihn nachvollziehbar und somit vertrauenswürdig ist. Schwer nachvollziehbare Analysen dürfen nicht als Informationsgrundlage für die Vorstandsentscheidungen dienen.

Um diese Überwachungspflicht sorgfältig erfüllen zu können, müssen die Vorstandsmitglieder im Falle der KI-Delegation zumindest verstehen, *„wie das KI-System zu seinem Arbeitsergebnis kommt, das als Organentscheidung übernommen werden soll oder auf das sich die Mitglieder als Grundlage ihrer Entscheidung stützen wollen“*.[572] Nur dann können die Vorstandsmitglieder beurteilen, inwieweit sie davon ausgehen dürfen, dass das vom KI-System ausgegebene Analyseergebnis auf einer richtigen Logik und hinreichenden Informationsbasis beruht und das Ergebnis als Informationsgrundlage für die Vornahme der unternehmerischen Entscheidung von Nutzen ist.

(ii) Eine vertrauenswürdige KI

Neben den Delegationssituationen erfordert auch eine erfolgreiche KI-Anwendung die Vertrauenswürdigkeit und Nachvollziehbarkeit des KI-Systems.[573] Vertrauenswürdigkeit ist eine Grundvoraussetzung dafür, dass Menschen und Gesellschaften KI-Systeme entwickeln, einführen und nut-

---

572 *Wagner*, BB 2018, 1097, 1098.

573 *Die Bundesregierung*, Eckpunkte der Bundesregierung für eine Strategie Künstliche Intelligenz, 18. Juli 2018, S. 3; *Europäische Kommission*, Vorschlag für eine Verordnung des Europäischen Parlaments und des Rates zur Festlegung harmonisierter Vorschriften über künstliche Intelligenz (Gesetz zur künstlichen Intelligenz) und zur Änderung bestimmter Rechtsakte der Union, 21.4.2021, COM (2021) 206 final, S. 3 ff.

zen.[574] In den „Ethik-Richtlinien zum Einsatz von Künstlicher Intelligenz" hat die *Hochrangige Expertengruppe für KI* der Europäischen Kommission vier ethische Grundsätze für vertrauenswürdige KI angeführt, dazu gehört die Erklärbarkeit der KI.[575] Nach diesen Ethik-Richtlinien ist die Erklärbarkeit unabdingbar, wenn beim Benutzer Vertrauen in KI-Systeme entstehen soll. Das bedeutet, *„dass Prozesse transparent sein müssen, dass die Fähigkeiten und der Zweck von KI-Systemen offen zu kommunizieren sind und dass Entscheidungen – im größtmöglichen Umfang – den direkt und indirekt davon betroffenen Personen erklärbar sein müssen"*.[576] Inwieweit die Erklärbarkeit gegeben sein muss ist eine Einzelfallfrage und hängt sehr stark vom Kontext und der Tragweite der Konsequenzen eines fehlerhaften oder anderweitig unzutreffenden Ergebnisses ab. Grundsätzlich werden Entscheidungen unternehmerischer Art, die von einem KI-System unterstützt oder erzeugt werden, weniger ethische Bedenken hervorrufen, ganz im Gegensatz zu den KI-Entscheidungen im öffentlichen Bereich, die die Rechte und Pflichten natürlicher Personen unmittelbar beeinflussen.[577]

(iii) EU-DSGVO

Darüber hinaus lässt sich die Nachvollziehbarkeit der KI-Analyse aus dem Transparenzgrundsatz im Datenschutzrecht ableiten. Gemäß Art. 5 Abs. 1 lit. a DSGVO müssen die personenbezogenen Daten in einer für die betroffene Person nachvollziehbaren Weise verarbeitet werden. Personenbezogene Daten wie die Kundendaten sind eine unverzichtbare Informationsbasis für die KI-Analyse, die die unternehmerischen Entscheidungen des Vorstands unterstützen. Daher hat der Vorstand bei der KI-Analyse im Rahmen unternehmerischer Entscheidungen dafür Sorge zu tragen, dass die Eingabedaten in einer für die betroffene Person nachvollziehbaren Weise verarbeitet werden und die Entscheidungen, die auf Grundlage des Einsatzes von KI-Systemen erfolgen, nachvollziehbar und erklärbar sind.

---

574 *Hochrangige Expertengruppe für künstliche Intelligenz*, Ethik-Leitlinien für eine vertrauenswürdige KI, April 2019, S. 6.

575 *Hochrangige Expertengruppe für künstliche Intelligenz*, Ethik-Leitlinien für eine vertrauenswürdige KI, April 2019, S. 16.

576 *Hochrangige Expertengruppe für künstliche Intelligenz*, Ethik-Leitlinien für eine vertrauenswürdige KI, April 2019, S. 16.

577 *Hochrangige Expertengruppe für künstliche Intelligenz*, Ethik-Leitlinien für eine vertrauenswürdige KI, April 2019, S. 16, Fußnote 33.

Der „Hambacher Erklärung zur künstlichen Intelligenz“[578] zufolge genügt dabei nicht einfach die Erklärbarkeit im Hinblick auf das Ergebnis, sondern es muss auch die Nachvollziehbarkeit im Hinblick auf die Prozesse, die involvierte Logik und das Zustandekommen von Entscheidungen gewährleistet sein.[579]

Zwar bezieht sich der Transparenzgrundsatz auf den Datenschutz der betroffenen Person und er verlangt nicht ausdrücklich, dass der Verarbeiter, wie das Unternehmen und dessen Vorstand, den Prozess der Datenverarbeitung auch verstehen muss. Doch liegt es auf der Hand, dass zuerst der Verarbeiter selbst die KI-Analyse verstehen muss, ansonsten wäre es gar nicht möglich, dass er die betroffenen Personen dazu bringen könnte, die KI-gestützte Datenanalyse zu verstehen. Um dem datenschutzrechtlichen Grundsatz gerecht werden zu können, ist es somit notwendig, dass zuerst die Vorstandsmitglieder die Logik und Funktionsweise der KI-Systeme und die ausgegebenen KI-Ergebnisse verstehen können. Im Ergebnis lässt sich die Anforderung der Nachvollziehbarkeit der KI-Analyse an die Vorstandsmitglieder somit auch aus dem datenschutzrechtlichen Transparenzgrundsatz ableiten.

bb) Besonderes Nachvollziehbarkeitsproblem bei der KI-Analyse

Im Hinblick auf die Nachvollziehbarkeit der KI-Systeme und deren Ergebnissen soll aber ein besonderes Problem berücksichtigt werden: Die KI-Systeme begründen ihre gewonnenen Erkenntnisse typischerweise nicht.[580] Anders als die Fälle der Einholung von Rat durch ein Beratungsunternehmen oder menschliche Berater, bei der der Beauftragte dem Delegierenden in der Regel ein Gutachten mit ausführlicher Begründung erstattet, liefert die KI-gestützte Big Data-Analyse in erster Linie Korrelationen, statistische Zusammenhänge in den Daten, aber keine Kausalitäten. Sie zeigt nicht auf, weshalb diese Zusammenhänge bestehen. Die Kausalität der identifizierten Zusammenhänge kann nicht automatisiert belegt oder erklärt wer-

578 Die deutschen Datenschutzaufsichtsbehörden haben am 3. April 2019 die „Hambacher Erklärung zur Künstlichen Intelligenz“ veröffentlicht, in der sie sieben datenschutzrechtliche Anforderungen herausstellen. Eine Anforderung davon ist, dass KI transparent, nachvollziehbar und erklärbar sein muss.

579 *Die Datenschutzaufsichtsbehörden des Bundes und der Länder*, Hambacher Erklärung zur Künstlichen Intelligenz, S. 3.

580 *Weber/Kiefner/Jobst*, NZG 2018, 1131, 1133.

den, sondern dies obliegt dem Forscher und erfordert weitere technischen Maßnahmen.[581]

In Bezug auf die Nachvollziehbarkeit von KI-Systemen unterscheidet man zwischen zwei Begriffen: Transparenz und Erklärbarkeit.[582] Transparenz bezeichnet die Eigenschaft, dass das Verhalten des Systems vollständig nachvollziehbar ist. Diese Forderung ist allerdings häufig nicht erfüllbar. Denn das Verfahren des maschinellen Lernens im Allgemeinen und neuronale Netzen im Besonderen erscheinen wie eine Black Box, d.h. der Anwender hat keine direkte Möglichkeit zu erfahren, warum oder wie der Algorithmus seine Entscheidung gefällt und das Ergebnis produziert hat.[583] Erklärbarkeit bedeutet hingegen, dass für eine konkrete Einzelentscheidung des Systems die wesentlichen Einflussfaktoren aufgezeigt werden können. Diese Anforderung ist technisch einfacher zu erfüllen.[584] Für die Erzeugung nachvollziehbarer KI-Systeme gibt es heutzutage im Wesentlichen zwei technische Lösungen: Zum einen kann für beliebige Modelle versucht werden, verständliche Approximationen zu generieren. Diese Approximation sollte dabei die Eigenschaft haben, dass *„das Verhalten des originalen Modells bis auf eine möglichst kleine Abweichung nachgebildet wird, dabei aber eine für den Menschen verständliche Darstellung besitzt*“. Zum anderen gibt es viele Ansätze, aus den Daten direkt verständliche Modelle zu erzeugen, wie etwa Entscheidungsbäume oder lineare Regressionen. Diese Modellarten sind zwar nicht immer optimal für die Lernaufgabe geeignet. Falls aber die Nachvollziehbarkeit eine größere Bedeutung als die Ergebnisqualität hat, sind diese Verfahren vorzuziehen.[585]

---

581 *Dorschel*, Praxishandbuch Big Data, S. 121; *Lernende Systeme*, Künstliche Intelligenz und Diskriminierung, S. 17.

582 *Fraunhofer*, Maschinelles Lernen, S. 30; *BaFin*, Big Data trifft auf Künstliche Intelligenz, S. 37.

583 *BaFin*, Big Data trifft auf Künstliche Intelligenz, S. 37; *Bitkom*, Machine Learning und die Transparenzanforderungen der DS-GVO, S. 13; *Fraunhofer*, Maschinelles Lernen, S. 44; *Deloitte*, State of AI in the Enterprise, S. 12.

584 *BaFin*, Big Data trifft auf Künstliche Intelligenz, S. 37; *Fraunhofer*, Maschinelles Lernen, S. 30.

585 *Bitkom*, Künstliche Intelligenz, S. 163; *BaFin*, Big Data trifft auf Künstliche Intelligenz, S. 37.

cc) Erforderliche Kenntnisse der Vorstandsmitglieder in Bezug auf Algorithmen

Das Nachvollziehbarkeitserfordernis verlangt zum einen, dass die Analyse der KI-Systeme erklärt werden kann, und zum anderen, dass die Vorstandsmitglieder auch in der Lage sind, ein objektiv nachvollziehbares Gutachten nachvollziehen zu können.[586] Wie oben bereits ausgeführt, muss das für KI-Einsatz zuständige Organmitglied (z.B. der CDO) gewisse Sachkunde über IT besitzen. Je nach Art und Bedeutung der KI-Aufgaben kann ein Grundverständnis für IT bis hin zu einer tiefen KI-Kompetenz notwendig sein.[587] Wenn es sich um ein sehr komplexes KI-System handelt, dessen Funktionsweise für CDO oder CIO schwer zu verstehen ist, dann können und müssen sie die Arbeiten bezüglich der Nachvollziehbarkeit der KI-Lösungen an interne oder außenstehende IT-Experten delegieren. Dabei ist es genügend, wenn die IT-Experten das KI-System so erläutern, dass sich die Vorstandsmitglieder *„ein entsprechendes Bild machen können"*.[588]

b) Gefälligkeitsergebnis der KI-Analyse und diskriminierende KI-Analyse

aa) Gefälligkeitsergebnis der KI-Analyse

Im Rahmen der Plausibilitätskontrolle i.S.d. Ision-Kriterien hat das Vorstandsmitglied das Beratungsergebnis zudem daraufhin zu untersuchen, ob es erkennbar einseitig geprägt ist, indem es beispielsweise nur eine von mehreren konkurrierenden Interessenlagen berücksichtigt. Das Erfordernis folgt aus dem Zweck der Plausibilitätskontrolle, Gefälligkeitsgutachten aufzudecken, und schließt an die Ausführungen zur Unabhängigkeit des Beraters an.[589]

Im Falle der KI-Delegation scheinen die Algorithmen und KI-Systeme zwar auf den ersten Blick datenbasiert, neutral und somit unabhängig zu sein, doch können deren ausgegebene Analyseergebnisse noch von den persönlichen Interessen des Vorstands beeinflusst werden: Zum einen ist es möglich, dass die Vorstandsmitglieder, um bestimmte Ergebnisse von

---

586 *Weber/Kiefner/Jobst*, NZG 2018, 1131, 1132; *Wagner*, BB 2018,1097, 1098 f.; *Möslein*, ZIP 2018, 204, 209; *Fleischer*, in: BeckOGK AktG, § 76 Rn. 78.

587 S. dazu oben Teil 4 B.III.

588 *Wagner*, BB 2018, 1097, 1101.

589 S. dazu oben Teil 5 B.II.4.a).

der KI zu erhalten, bewusst unzureichende, lückenhafte oder fehlerhafte Datensätze in das KI-System eingegeben haben. Die auf Basis solcher Datensätze erzeugten Analyseergebnisse der KI-Systeme können nicht neutral und vertrauenswürdig sein. Zum anderen ist es in der Praxis der Regelfall, dass der Benutzer, nachdem das KI-System eine Aufgabe erledigt hat, diesem seine Feedbacks geben wird. Die guten Feedbacks werden die Funktionsweise des KI-Systems optimieren und die Qualität der künftigen KI-Analyse verbessern.[590] Falls die Feedbacks aber das Eigeninteresse des Vorstandsmitglieds enthalten, dann wird das KI-System ein solches Interesse ebenfalls als richtige Anweisung kennen und lernen, bei den zukünftigen Analysen dieses zu berücksichtigen und letztlich Ergebnisse zu liefern, die dem Eigeninteresse des Vorstandsmitglieds entsprechen. Ein solches Ergebnis des KI-Systems ähnelt dem Gefälligkeitsgutachten bei der Ratseinholung und dürfte nicht als Informationsgrundlage für die weiteren unternehmerischen Entscheidungen herangezogen werden.[591]

bb) Diskriminierende KI-gestützte Datenanalyse

(i) Diskriminierung der KI-Analyse im Unternehmen

Bei der Plausibilitätskontrolle der KI-Analyse zu beachten ist ferner das Problem der diskriminierenden Datenverarbeitung. Die Problematik der potenziellen Diskriminierung beim KI-Einsatz ist Teil einer größeren Debatte um die KI-Anwendung und deren Grenzen.[592] Bei der KI-Anwendung im Unternehmen kommt das Diskriminierungsproblem nicht selten vor. Beispielsweise werden durch KI-gestütztes individual Pricing oft die Personen, denen eine höhere Zahlungsbereitschaft und Zahlungsfähigkeit zugeschrieben wird, die Leistung zu einem höheren Preis als dem

---

590 *Gentsch*, Künstliche Intelligenz für Sales, Marketing und Service, S. 119.

591 *Weber/Kiefner/Jobst*, NZG 2018, 1131, 1133.

592 Das Diskriminierungsthema wird in der KI-Strategie der Bundesregierung sowie in der von der Bundesregierung eingerichteten Datenethikkommission und der Enquete-Kommission „Künstliche Intelligenz“ adressiert. Auf der europäischen Ebene wird in den „Ethik-Richtlinien zum Einsatz von Künstlicher Intelligenz“ darauf hingewiesen, dass Lernende Systeme diskriminierungsfrei sein sollen. Dies haben bereits auch einige Unternehmen erkannt und sind entsprechende Selbstverpflichtungen eingegangen oder haben spezielle Ethikräte eingerichtet, vgl. *Lernende Systeme – Die Plattform für Künstliche Intelligenz*, Künstliche Intelligenz und Diskriminierung, S. 3.

marktüblichen Preis erhalten.[593] Auch beim KI-Einsatz zur Bewertung von Bewerbungsunterlagen kann das KI-System die Eigenschaft „männlich" als positiv betrachten und die Bewerbungen von Frauen systematisch schlechter bewerten als diejenigen von Männern.[594] Darüber hinaus kann es bei den KI-gestützten Kredit-Entscheidungen passieren, dass bestimmte Kundengruppen nur erschwert Zugang zu klassischen Bankkrediten finden oder diese nur zu vergleichsweise höheren Kosten angeboten bekommen.[595] Solche Diskriminierungsfälle stellen möglicherweise eine Verletzung der Rechte und Freiheiten der betroffenen Personen dar[596] und verstoßen gegen die Anforderungen der DSGVO, wie etwa den Grundsatz der Verarbeitung nach Treu und Glauben, die Bindung der Verarbeitung an legitime Zwecke und die Angemessenheit der Verarbeitung.[597]

(ii) Ursachen des Diskriminierungsproblems

Die Ursachen des Diskriminierungsproblems können in zwei Phasen gefunden werden. Zum einen können Diskriminierungen aus dem Zusammenspiel von Software und Anwendung entstehen wie z.B. durch falsche Interpretation der Ausgaben oder durch gefärbte Feedbacks des Benutzers.[598] Zum anderen können die Diskriminierungen bereits vor dem tatsächlichen Einsatz des KI-Systems bestehen. Häufig wird dabei eine in der Gesellschaft etablierte Voreingenommenheit in das KI-System übertragen. Dies kann nicht nur explizit geschehen, wie wenn etwa eine diskriminierende Haltung durch die Programmierung der Entwickler ganz bewusst eingebaut wird, sondern kann auch implizit geschehen: Das KI-System lernt und übernimmt vorhandene Vorurteile aus den Datensätzen.[599] Das

---

593 *BaFin*, Big Data trifft auf Künstliche Intelligenz, 43 f.; *Lernende Systeme – Die Plattform für Künstliche Intelligenz*, Künstliche Intelligenz und Diskriminierung, S. 5 f.

594 *Die Datenschutzaufsichtsbehörden des Bundes und der Länder*, Hambacher Erklärung zur Künstlichen Intelligenz, S. 2.

595 *BaFin*, Big Data trifft auf Künstliche Intelligenz, S. 83.

596 *Hochrangige Expertengruppe für künstliche Intelligenz*, Ethik-Leitlinien für eine vertrauenswürdige KI, April 2019, S. 13; *Die Datenschutzaufsichtsbehörden des Bundes und der Länder*, Hambacher Erklärung zur Künstlichen Intelligenz, S. 3.

597 *Die Datenschutzaufsichtsbehörden des Bundes und der Länder*, Hambacher Erklärung zur Künstlichen Intelligenz, S. 3 f.

598 *Lernende Systeme*, Künstliche Intelligenz und Diskriminierung, S. 9.

599 *BaFin*, Big Data trifft auf Künstliche Intelligenz, S. 40; *Lernende Systeme*, Künstliche Intelligenz und Diskriminierung, S. 9.

Trainieren der Algorithmen für die Bewertung der Unterlagen der männlichen und weiblichen Bewerber mithilfe historischer Daten ist ein solcher Fall.[600]

(iii) Verhaltensvorgaben für diskriminierungsfreie KI-Systeme

Wenn der Vorstand bei einer unternehmerischen Entscheidung ein KI-System einsetzen möchte und die KI-Analyse sowie die zu treffende Entscheidung die Rechte und Freiheiten einer natürlichen Person beeinflussen werden, dann hat er unbedingt das Diskriminierungsproblem beim KI-Einsatz zu beachten und durch entsprechende Maßnahmen zu vermeiden.

Zunächst hat der Vorstand bereits in der Auswahlphase ein „zuverlässiges“ KI-System auszuwählen. Es ist aber nicht zu verlangen, dass die Geschäftsleiter die Algorithmen der KI-Lösung verstehen und eine mögliche diskriminierende Haltung der Entwickler erkennen. Es genügt vielmehr, wenn sie anhand angemessener Informationen, wie z.B. der Erfahrung aus Tests und Proben sowie den Bewertungen anderer Kunden, davon überzeugt sind, dass das KI-System keine diskriminierenden Ergebnisse liefern wird und damit zuverlässig ist. Zweitens muss der Vorstand in der Einweisungsphase dafür Sorge tragen, dass die Eingabedaten sorgfältig aufbereitet werden. Die eingegebenen Daten sollen nicht nur richtig und vollständig sein, sondern auch frei von Vorurteilen sein. Wenn die Vorstandsmitglieder wussten oder wissen mussten, dass die Eingabedaten diskriminierende Verzerrungen enthalten, dann dürfte das ausgegebene KI-Ergebnis nicht ohne Weiteres vom Vorstand zugrunde gelegt werden. Die Diskriminierungsneigungen der Algorithmen und der Eingabedaten sind aber nicht immer von vornherein erkennbar, besonders für die Vorstandsmitglieder, die in der Regel keine KI-Spezialisten sind. Daher ist es letztlich notwendig, dass die Ausgaben der KI-Analyse einer sorgfältigen Plausibilitätsprüfung unterzogen werden. Wenn diskriminierende Ergebnisse entstehen, dann müssen sie nachbearbeitet werden, etwa indem kritische Muster entfernt und Prognosen für benachteiligte Gruppen manuell verbessert werden.[601]

---

600 *Die Datenschutzaufsichtsbehörden des Bundes und der Länder*, Hambacher Erklärung zur Künstlichen Intelligenz, S. 2.

601 *BaFin*, Big Data trifft auf Künstliche Intelligenz, S. 40.

3. Intensität der Plausibilitätsprüfung

Die Intensität und konkreten Maßnahmen der Plausibilitätsprüfung der vom KI-System ausgegebenen Analyseergebnissen bestimmen sich nach den Gegebenheiten des jeweiligen Einzelfalls. Es gibt insofern keine starren Regeln. Für die vom Vorstandsmitglied berechtigterweise zu erwartende Sorgfalt relevante Gesichtspunkte sind z.B. die Zuverlässigkeit des KI-Systems, die Bedeutung der zu treffenden Entscheidung und die Wahrscheinlichkeit sowie der Umfang der Folgeschäden. Je zuverlässiger das eingesetzte KI-System ist, desto weniger Maßnahmen zur Plausibilitätsprüfung sind erforderlich. Wenn das KI-System erst vor kurzem entwickelt wurde oder das Kundenunternehmen zum ersten Mal ein KI-System zur Unterstützung der unternehmerischen Entscheidungen einführt, dann müssen die von dem KI-System erzeugten Ergebnisse einer strengeren Prüfung unterzogen werden. Eine intensivere Plausibilitätskontrolle ist zudem notwendig, wenn es sich bei der KI-unterstützten Entscheidung um eine strategische Entscheidung handelt, die für die langfristige Ertragskraft und Wettbewerbsfähigkeit des Unternehmens von großer Bedeutung ist. Darüber hinaus ist die Prüfung der KI-Analyseergebnisse besonders sorgfältig vorzunehmen, wenn die KI-gestützte Datenanalyse die personenbezogenen Daten verarbeitet und die zu treffende Entscheidung die Rechte und Freiheiten von natürlichen Personen (z.B. von Verbrauchern) beeinflussen wird.

4. Höchstpersönlichkeit der Plausibilitätsprüfung

Nach den Ision-Kriterien brauchen die Vorstandsmitglieder die Plausibilitätskontrolle der eingeholten Beratung nicht höchstpersönlich vorzunehmen und ein unter Umständen sehr umfassendes Gutachten selbst zu lesen. Die konkreten Ausführungsarbeiten der Überprüfung dürfen an eine nachgeordnete Ebene wie die Rechtsabteilung delegiert werden. Es genügt, wenn sich der Vorstand im entsprechenden Umfang über den Inhalt und die Grundlagen des Gutachtens berichten lässt.[602]

Gleiches gilt für die Überprüfung der vom KI-System erzeugten Ergebnisse, die die unternehmerische Entscheidung unterstützen werden. Dabei spielt wieder das Problem der Nachvollziehbarkeit eine Rolle. Wie oben ausgeführt, bergen die Methoden des maschinellen Lernens und im Spezi-

---

602 S. dazu oben Teil 5 B.II.4.c).

ellen das neuronale Netzwerk das Problem, dass das KI-System als Black Box funktioniert und der Benutzer weiß nicht, wie es zu seinem Arbeitsergebnis kommt.[603] Zwar gibt es bereits technische Ansätze für eine erklärbare KI, doch sind sie zum einen nicht für alle KI-Systeme anwendbar und zum anderen bedeutet die „Erklärbarkeit" der KI grundsätzlich nur, dass solche KI-Systeme für die IT-Spezialisten nachvollziehbar sind; für die fachlichen Laien wie Vorstandsmitglieder ist eine erklärbare KI dagegen schwer zu verstehen. Um die KI-Ergebnisse verstehen und mithin die Plausibilitätsprüfung durchführen zu können, sind die Vorstandsmitglieder oft gezwungen, relevante Erklärungsaufgaben an KI-Spezialisten zu delegieren. Durch die Beratung der Spezialisten können die Organmitglieder zumindest Einblicke in die Funktionsweise des Modells erhalten und die Gründe sowie Einflussfaktoren der KI-Analyseergebnisse kennenlernen.

Auch wenn kein Nachvollziehbarkeitsproblem vorliegt, kann das einzelne Mitglied noch die konkreten Überprüfungsaufgaben auf IT-Mitarbeiter oder die IT-Abteilung übertragen. Die Delegation der Ausführungsarbeiten der Plausibilitätsprüfung ist nicht nur rechtlich zulässig, sondern auch praktisch notwendig. Sie berücksichtigt die begrenzte Zeit und Kompetenz der Vorstandsmitglieder und wird die Qualität sowie die Effizienz der Plausibilitätsprüfung erhöhen. Die Vorstandsmitglieder dürfen allerdings nicht darauf verzichten, sich das Ergebnis vom Delegatar berichten zu lassen und sich auf dieser Grundlage letztendlich ein eigenes Urteil über die Plausibilität der KI-Ergebnisse zu machen.

5. Pflicht des CDOs oder des Gesamtvorstands?

Die Plausibilitätskontrolle der KI-Analyseergebnisse stellt eine spezifisch KI-bezogene Aufgabe dar und verlangt oft Sachkunde über KI-Technik. Deshalb stellt sich die Frage, ob die Überprüfung der KI-Analyse zu den Pflichten des für den KI-Einsatz zuständigen Vorstandsmitglieds (z.B. des CDOs) oder dies zu den Pflichten des Gesamtvorstands gehört. Dieselbe Frage besteht auch bei der Auswahl- und Einweisungspflicht gegenüber dem KI-System.

Wie die obigen Ausführungen zur Übertragbarkeit der Ision-Kriterien gezeigt haben, ergibt sich die Überprüfungspflicht aus dem Delegations-

---

603 *BaFin*, Big Data trifft auf Künstliche Intelligenz, S. 37; *Bitkom*, Machine Learning und die Transparenzanforderungen der DS-GVO, S. 13.

verhältnis.[604] Danach ist derjenige, der die ihm obliegenden Aufgaben an KI-System delegiert, verpflichtet, die KI-Analyseergebnisse sorgfältig zu überprüfen. Wie im dritten Teil bereits ausgeführt, sind die Leitungsaufgaben zwingend von dem Gesamtvorstand als Ganzes selbst zu erfüllen.[605] Deshalb trägt der Gesamtvorstand als Delegierender die Verantwortung zur Plausibilitätsprüfung, wenn die KI-gestützte unternehmerische Entscheidung zur Leitungsaufgabe gehört. Wenn die KI-gestützte Entscheidung eine normale Geschäftsführungsaufgabe darstellt, dann trifft die Überprüfungspflicht das für diese Geschäftsführungsaufgabe zuständige Vorstandsmitglied, das in solchen Fällen als Delegierende anzusehen ist, und nicht den Gesamtvorstand.

Die konkrete Aufgabe der Plausibilitätsprüfung ist aber immer delegierbar. Dabei kommt es nicht selten vor, dass solche Arbeiten aufgrund der Besonderheiten der KI-Anwendung, etwa des Black Box-Problems, nur von dem für den KI-Einsatz zuständigen Mitglied – wie dem CDO – oder mithilfe der IT-Experten erledigt werden können. In der Praxis werden daher die Überprüfungsaufgaben häufig vom CDO übernommen, der diese Aufgaben weiter an nachgeordnete IT-Mitarbeiter delegiert. Dies ändert aber nichts daran, dass der Gesamtvorstand oder der jeweilige Ressortinhaber die Verantwortung für die Plausibilitätsprüfung der KI-Analyseergebnisse weiterhin trägt. Dazu hat er unter anderem die Vorschläge oder Berichte des CDOs oder der IT-Spezialisten einzuholen und danach selbst zu entscheiden, ob das KI-Analyseergebnis vertrauenswürdig ist und er dieses KI-Ergebnis für die Vornahme der unternehmerischen Entscheidung nutzen will.[606]

6. Zwischenergebnis

Die Überwachungspflicht des Vorstands gegenüber den KI-Systemen kann in zwei Bestandteile, nämlich die formale Prüfung und die inhaltliche Prüfung, unterteilt werden. Die formale Prüfung betrifft vor allem die Prüfung der Einweisungspflicht, d.h. ob die Eingabedaten vollständig, richtig und im neuesten Stand sind.

---

604 S. oben Teil 5 B.II.5.

605 S. dazu oben Teil 3 A.

606 *„Den Rat einer Maschine einzuholen ist selbstverständlich auch im deutschen Recht zulässig; ihm zu folgen oder nicht, bleibt im Ermessen der menschlichen Leitung“*, vgl. *Noack*, NZG 2021, 305, 306.

Bei der inhaltlichen Prüfung müssen die Vorstandsmitglieder untersuchen, ob das KI-Analyseergebnis für die Vorstandsmitglieder nachvollziehbar ist oder ob es nur ein „Gefälligkeitsgutachten“ darstellt. Bezüglich der Nachvollziehbarkeit muss man beachten, dass das Verfahren des maschinellen Lernens oft wie eine Black Box erscheint und der Benutzer weiß nicht, wie das KI-System zu seinem Arbeitsergebnis gekommen ist. Das Nachvollziehbarkeitserfordernis verlangt zum einen die Erklärbarkeit der KI-Analyse und zum anderen die Beherrschung algorithmischer Grundkenntnisse durch die Vorstandsmitglieder. Bei der Gefälligkeitsprüfung haben die Vorstandsmitglieder neben der Gefälligkeit der KI-Analyseergebnisse auch das Diskriminierungsproblem der KI-gestützten Datenanalyse zu beachten. Um eine diskriminierungsfreie KI-Analyse zu gewährleisten, muss der Vorstand in der Auswahlphase ein „zuverlässiges“ KI-System auswählen, bei der Einweisung die Eingabedaten sorgfältig aufbereiten und bei der Plausibilitätsprüfung die diskriminierende KI-Analyse manuell zu korrigieren.

Die Intensität sowie die erforderlichen Maßnahmen der Plausibilitätsprüfung der KI-Analyseergebnisse sind eine Einzelfallfrage. Die konkreten Arbeiten der Überprüfung können an Dritte (z.B. IT-Experten) delegiert werden. Die Vorstandsmitglieder dürfen aber nicht darauf verzichten, sich letztendlich ein eigenes Urteil über die Plausibilität der KI-Ergebnisse zu machen.

IV. Ergebnis

Im Aktiengesetz findet man bislang keine Regelung über Vorstandspflichten in Bezug auf KI-Systeme, die im Rahmen unternehmerischer Entscheidungen eingesetzt werden. Allerdings können die deliktsrechtlichen Delegationsgrundsätze, nämlich die Verhaltenspflichten des Übertragenden gegenüber dem Übernehmenden im Rahmen des § 823 BGB, eine Orientierungshilfe bieten. Zudem können die Ision-Kriterien, die die Verhaltensvorgaben des Vorstands bei Informationsbeschaffung durch Dritte konkretisieren, auf die Fälle der KI-Delegation übertragen werden. Doch ist zu beachten, dass der konkrete Inhalt dieser Pflichten an die Besonderheiten der KI-Systeme angepasst werden muss.

Bezüglich der Auswahl haben die Vorstandsmitglieder ein fachlich qualifiziertes und zuverlässiges KI-System auszuwählen. Danach trifft sie in der Einweisungsphase die Pflicht, die für KI-Analyse notwendigen Daten rechtmäßig zu erheben und die Eingabedaten sorgfältig aufzubereiten. In der letzten Überwachungsphase haben die Vorstandsmitglieder insbesondere zu prüfen, ob das KI-Analyseergebnis für sie nachvollziehbar ist, ob es nur ein Gefälligkeitsergebnis darstellt und ob es eine Diskriminierung beinhaltet. Wenn die Vorstandsmitglieder bei der Einholung der KI-Analyseergebnisse die Auswahl-, Einweisungs- und Überwachungspflicht erfüllt und mithin den Anforderungen an die Sorgfaltspflicht der Geschäftsleiter bei der Delegation der Informationsbeschaffung genügt haben, können sie auf die Analyseergebnisse des KI-Systems vertrauen. Das Vorliegen eines vertrauenswürdigen KI-Analyseergebnisses bedeutet aber nicht, dass der Vorstand bei der Vornahme der unternehmerischen Entscheidung das KI-Analyseergebnis berücksichtigen *muss*. Bei der Beurteilung der Angemessenheit der Informationsgrundlage und mithin bei der Beantwortung der Frage, ob ein KI-Analyseergebnis heranzuziehen ist oder nicht, besitzen die Vorstandsmitglieder einen bereiten Ermessensspielraum.

Teil 6: Vorstandspflichten beim KI-Einsatz im Rahmen unternehmerischer Entscheidungen: Gewährleistung der IT-Sicherheit

Innerhalb der allgemeinen Sorgfaltspflicht des Vorstands aus § 93 Abs. 1 S. 1 AktG lassen sich drei größere Pflichtenkreise – Leitungspflicht, Überwachungspflicht und Legalitätspflicht – unterscheiden.[607] Im vierten Teil wurde die Pflicht der Vorstandskollegen gegenüber dem einzelnen Vorstandsmitglied, wenn die KI-bezogenen Aufgaben an dieses Mitglied delegiert werden („horizontale Überwachungspflicht"), untersucht. Im fünften Teil wurde die Pflicht der Vorstandsmitglieder gegenüber den KI-Systemen, wenn der Vorstand die Arbeiten der Entscheidungsstützung an KI-Systeme delegiert, erörtert („vertikale Überwachungspflicht"). Sowohl der vierte Teil als auch der fünfte Teil beschäftigten sich also mit der Überwachungspflicht der Geschäftsleiter.

Neben der Überwachungspflicht obliegt den Vorstandsmitgliedern zudem die sog. Legalitätspflicht, wonach der Vorstand für die Rechtmäßigkeit des Handelns der Gesellschaft Sorge tragen muss.[608] Es ist aber offensichtlich, dass der KI-Einsatz im Rahmen unternehmerischer Entscheidungen mit der organschaftlichen Legalitätspflicht nichts zu tun hat: Das KI-System ist nichts anders als ein nachgeordneter Mitarbeiter oder außenstehender Berater. Die Ordnungsmäßigkeit der Aufgabenerfüllung des KI-Systems gehört somit zum Bereich der vertikalen Überwachungspflicht des Vorstands, nicht der Legalitätspflicht, die die Rechtmäßigkeit des *Handelns der Aktiengesellschaft* in den Blick nimmt.

Dem Vorstand obliegt schließlich die Leitungspflicht. Der KI-Einsatz im Rahmen unternehmerischer Entscheidungen ändert nichts daran, dass der Vorstand die Planungs- und Steuerungsverantwortung, Organisationsverantwortung, Finanzverantwortung und Informationsverantwortung weiterhin trägt. Beim KI-Einsatz muss aber ein neues Thema der Leitungspflicht berücksichtigt werden und zwar die IT-Sicherheit. Es ist eine Tatsache des Lebens, dass neuartige Situationen oft neue Risiken bergen. Gleiches gilt für den Einsatz der Algorithmen-gestützten KI-Systeme. Laut

607 S. dazu oben Teil 4 A.II.
608 S. oben Teil 4 A.II.3.

Global Risk Report 2019 des World Economic Forum sind „Cyberattacks“ die bedeutendsten Risiken für die Unternehmen in den entwickelten Volkswirtschaften (Europa und Nordamerika).[609] Auch in einem Report von Deloitte (2020) werden die „Cybersecurity vulnerabilities“ von den befragten Unternehmen als die größten KI-bezogenen Risiken eingestuft.[610] IT-Sicherheit ist daher ein wichtiges Thema, das jedes Unternehmen beim KI-Einsatz unbedingt zu beachten und sorgfältig zu behandeln hat.

A. Überblick über IT-Sicherheit

Die Informationssicherheit bzw. IT-Sicherheit soll vor allem Vertraulichkeit, Integrität und Verfügbarkeit der IT-Systeme, -Komponenten und -Prozesse sicherstellen.[611] Vertraulichkeit erfordert, dass die vertraulichen Informationen vor unbefugter Preisgabe geschützt werden. Verfügbarkeit bedeutet, dass Informationen, Dienstleistungen und Funktionen eines IT-Systems dem Benutzer nur in der erforderlichen Weise zur Verfügung stehen sollen. Integrität verlangt, dass die Daten lediglich in der vorgesehenen Weise erzeugt, verändert oder ergänzt werden dürfen.[612]

Gefahren für die Informationssicherheit drohen nicht nur von außen, etwa durch Hackerangriffe, sondern auch innerhalb der Unternehmen, z.B. aufgrund unzureichender Präventions- und Schutzmaßnahmen in der Organisation, in den Prozessen und auf Seiten der Mitarbeiter.[613] IT-Risiken können dann grundsätzlich in zwei Kategorien unterteilt werden: Daten- und Systemrisiken sowie Cyberrisiken. Zu den Daten- und Systemrisiken gehören unter anderem das Ausfall- bzw. Unterbrechungsrisiko, das Risiko des Systemversagens und das Datensicherheitsrisiko, die die Verlässlichkeit von IT-Systemen und Hardware gefährden. Die Cyberrisiken umfassen vor allem die kriminellen Aktivitäten wie Hackerangriffe, deren Zweck darin besteht, der Funktionsfähigkeit eines Unternehmens zu schaden und/oder aus diesen Aktivitäten (nicht-)finanzielle Vorteile zu ziehen.[614]

---

609 *World Economic Forum*, Regional Risks for Doing Business 2019, S. 10.

610 *Deloitte*, Thriving in the era of pervasive AI, S. 14.

611 *BaFin*, Big Data trifft auf Künstliche Intelligenz, S. 59; *Bundesamt für Sicherheit in der Informationstechnik (BSI)*, Leitfaden Informationssicherheit, S. 14.

612 *Bundesamt für Sicherheit in der Informationstechnik (BSI)*, Leitfaden Informationssicherheit, S. 14.

613 *The Boston Consulting Group Inc.*, Building a cyberresilient organization, S. 3.

614 *BaFin*, Big Data trifft auf Künstliche Intelligenz, S. 60.

Das KI-System ist in erster Linie ein IT-System. Somit können alle IT-risiken, die ein Unternehmen bei der Nutzung von normalen IT-Systemen bereits ausgesetzt sein können, beim Einsatz der KI-Systeme ebenfalls vorliegen. Durch Big Data und KI nehmen Vernetzungsgrad und Datennutzung zu – und damit auch das Informationssicherheitsrisiko.[615] Neben dem steigenden Risiko durch stärkere Vernetzung von Marktteilnehmern und die vermehrte Nutzung von Daten können sich aus dem Einsatz von KI auch neue speziellen Risiken ergeben.[616] Diese neuen KI-Risiken sind vor allem Angriffe gegen Lernalgorithmen.[617] Ein Beispiel dafür ist Adversarial Attack. Hierbei ändern Angreifer gezielt den Input für Algorithmen des maschinellen Lernens, um einen bestimmten Output zu erhalten. Diese Manipulation kann z.B. auf unstrukturierte Daten wie Bilder abzielen und eine fehlerhafte Klassifizierung durch das KI-System auslösen. Die Änderung des Inputs kann jedoch auch so subtil erfolgen, dass sie für das menschliche Auge kaum wahrnehmbar ist.[618]

Ein Mangel an Informationssicherheit kann erhebliche Auswirkungen auf die Unternehmen haben: Halten sie die regulatorischen Anforderungen (z.B. die datenschutzrechtlichen Regelungen) nicht ein, resultieren daraus möglicherweise Geldbußen.[619] Substanzielle Schäden ergeben sich zudem aus den Kosten für Wiederherstellung der Betriebssysteme sowie der Ursachenfeststellung und der Hinzuziehung von Beratern.[620] Daneben können Verletzungen der IT-Sicherheitsanforderungen zu Reputationsschäden führen und letztendlich den Unternehmenswert beeinträch-

615 *Schmidl*, in: Hauschka, Corporate Compliance, § 28 Rn. 3; *BaFin*, Big Data trifft auf Künstliche Intelligenz, S. 60.

616 *BaFin*, Big Data trifft auf Künstliche Intelligenz, S. 60; *Lernende Systeme*, Künstliche Intelligenz und IT-Sicherheit, S. 17 f.

617 *Lernende Systeme*, Künstliche Intelligenz und IT-Sicherheit, S. 17 f.

618 *Deloitte*, State of AI in the Enterprise, S. 11; *BaFin*, Big Data trifft auf Künstliche Intelligenz, S. 60. Erst seit wenigen Jahren setzt sich die Forschung mit KI-Risiken auseinander und ein systematisches Verständnis von Sicherheit und Datenschutz in Lernenden Systemen ist erst in der Entstehung, vgl. *Lernende Systeme*, Künstliche Intelligenz und IT-Sicherheit, S. 17.

619 Vgl. Art. 83 EU-DSGVO: Allgemeine Bedingungen für die Verhängung von Geldbußen.

620 *Schmidt-Versteyl*, NJW 2019, 1637, 1638; *BaFin*, Big Data trifft auf Künstliche Intelligenz, S. 59.

tigen.[621] In Extremfällen könnten die ökonomischen Schäden oder der Reputationsverlust sogar den Bestand der Unternehmen gefährden.[622]

Wachsende Verwundbarkeit und die Gefahr massiver wirtschaftlicher Schäden in Folge von Risiken bei der Informationsverarbeitung, besonders im Hintergrund von Big Data und KI-Analyse, erhöhen den Handlungsdruck, durch aktives IT-Sicherheitsmanagement Schäden zu verhindern und das Restrisiko zu minimieren. Das *Bundesamt für Sicherheit in der Informationstechnik (BSI)* ist der Meinung, dass solche Verantwortung sich keineswegs auf die jeweiligen IT-Fachabteilungen beschränkt. Vielmehr ist IT-Sicherheit „*Chefsache*".[623] Zudem wies die *Bafin* darauf hin, dass beim KI-Einsatz die Geschäftsleitung dafür Sorge zu tragen hat, das KI-System in eine wirksame, angemessene und ordnungsgemäße Geschäftsorganisation einzubetten.[624] Im Folgenden ist damit zu untersuchen, ob es bereits gesetzliche Regelungen zur Pflicht der Geschäftsleiter zur Gewährleistung der IT-Sicherheit gibt und welche Verhaltensanforderungen diese Regelungen an die Vorstandsmitglieder stellen. Am Ende dieses Teils sind auch die Standards der IT-Sicherheit von BSI und ISO kurz vorzustellen.

B. *Pflicht der Geschäftsleiter zur Gewährleistung der IT-Sicherheit*

I. Allgemeine Rahmennormen

1. § 91 Abs. 2 AktG

§ 91 Abs. 2 AktG sieht vor, dass der Vorstand geeignete Maßnahmen treffen und dabei insbesondere ein Überwachungssystem einrichten muss, damit den Fortbestand der Gesellschaft gefährdende Entwicklungen früh erkannt werden können. Diese Vorschrift ist eine Reaktion des Gesetzgebers auf Unternehmenskrisen in den neunziger Jahren.[625] Ausweislich der Regierungsbegründung handelt es sich um eine Organisationspflicht, die zur allgemeinen Leitungspflicht des Vorstands in § 76 Abs. 1 AktG

---

621 *Schmidl*, in: Hauschka, Corporate Compliance, § 28 Rn. 150; *Schmidt-Versteyl*, NJW 2019, 1637, 1638.

622 S. unten Teil 6 B.I.1.

623 *BSI*, Leitfaden Informationssicherheit, S. 10; *Spindler*, CR 2017, 715, 722; *Noack*, ZHR 183 (2019), 105, 124 ff.

624 *BaFin*, Big Data trifft auf Künstliche Intelligenz, S. 175.

625 *Fleischer*, in: Spindler/Stilz, AktG, § 91 Rn. 29; *Spindler*, in: MüKo AktG, § 91 Rn. 15.

gehört.[626] Die Verpflichtung des Vorstands, für ein angemessenes Risikomanagement und für eine angemessene interne Revision zu sorgen, wurde durch die Einführung des § 91 Abs. 2 AktG verdeutlicht und konkretisiert.[627]

§ 91 Abs. 2 AktG verknüpft eine Zielvorgabe mit organisatorischen Anforderungen:[628] Zuerst wird ein Organisationsziel in Form der Früherkennung bestandsgefährdender Entwicklungen vorgegeben. Der Gesetzesbegründung entsprechend zählen zu den bestandsgefährdenden Entwicklungen insbesondere risikobehaftete Geschäfte, Unrichtigkeiten der Rechnungslegung und Verstöße gegen gesetzliche Vorschriften („Entwicklung"), die sich auf die Vermögens-, Finanz- und Ertragslage der Gesellschaft wesentlich auswirken („Bestandsgefährdung").[629] Zweitens muss der Vorstand geeignete Maßnahmen zur Sicherung des Fortbestands der Gesellschaft ergreifen. Dies umfasst insbesondere die Einrichtung eines Überwachungssystems.

Ein solches Risiko der Bestandsgefährdung kann auch aus der Realisierung der IT-Risiken resultieren.[630] Für die größeren Unternehmen oder die Unternehmen, die selbst in der IT-Branche tätig sind, ist eine umfangreiche IT-Ausstattung unerlässlich und die IT-Systeme spielen eine bedeutende Rolle beim normalen Betrieb des Unternehmens. Das Auftreten der IT-Risiken könnte damit zur Unterbrechung des ganzen Geschäftsbetriebs führen und enorme wirtschaftlichen Verluste bringen, die letztendlich die Überlebensfähigkeit der Unternehmen gefährden. Möglicherweise kann auch der Reputationsverlust und der Verlust des Vertrauens der Kunden den Bestand eines Unternehmens gefährden.[631] Ungeachtet der Größe und Branche des Unternehmens könnte bereits der Verstoß gegen gesetzliche oder vertragliche Anforderungen an die IT-Sicherheit erhebliche negativen Auswirkung auf das Unternehmen haben. Dabei kommen nicht nur die Ansprüche auf Schadensersatz oder Schmerzensgeld, sondern auch strafrechtliche und Ordnungswidrigkeiten-rechtliche Folgen nicht selten vor.[632] Beispielsweise können die Verstöße gegen die DSGVO enorme Geldbußen zur Folge bringen, die bis zu 20 Mio. Euro oder bis zu 4 %

626 BT-Drucks. 13/9712, S. 15.

627 BT-Drucks. 13/9712, S. 15.

628 *Fleischer*, in: Spindler/Stilz, AktG, § 91 Rn. 30; *Müller-Michaels*, in: Hölters, AktG, § 91 Rn. 4.

629 BT-Drucks. 13/9712, S. 15.

630 *Schmidt-Versteyl*, NJW 2019, 1637, 1640; *Spindler*, CR 2017, 715, 722.

631 *Schmidl*, in: Hauschka, Corporate Compliance, § 28 Rn. 150.

632 *Schmidl*, in: Hauschka, Corporate Compliance, § 28 Rn. 130 ff.

des gesamten weltweit erzielten Jahresumsatzes des vorangegangenen Geschäftsjahrs betragen (Art. 83 Abs. 5 DSGVO). Die Existenzgefährdung für ein Unternehmen liegt bei derartigen hohen Bußgeldern auf der Hand.[633]

Wegen des enormen Schadenspotenzials im Zusammenhang mit IT-Sachverhalten liegt es nahe, dass der Geschäftsleiter in die Verantwortung gezogen wird, wenn Anhaltspunkte für eine bestandsgefährdende Entwicklung vorlagen, ohne dass hierauf angemessen reagiert wurde.[634] Um eine Organhaftung zu vermeiden, muss der Vorstand die Organisationspflichten aus § 91 Abs. 2 AktG einhalten, nämlich geeignete Maßnahmen treffen, insbesondere ein Überwachungssystem einrichten, damit die bestandgefährdenden IT-Risiken früh erkannt werden können.

2. §§ 93 Abs. 1 S. 1, 76 Abs. 1 AktG

Die in § 91 Abs. 2 AktG geregelten Pflichten des Vorstandes sind zwar aus den allgemeinen Pflichten der §§ 76, 93 AktG abgeleitet, doch verdrängen sie nicht etwa § 93 Abs. 1 S. 1 AktG.[635] § 91 Abs. 2 AktG regelt nicht sämtliche Vorstandspflichten in Bezug auf Risiken. Vielmehr ist § 91 Abs. 2 AktG eine Ausprägung von § 76 Abs. 1 AktG (und indirekt von § 93 Abs. 1 S. 1 AktG). Deshalb können sich Vorstandspflichten, die den Umgang mit Risiken betreffen, selbstverständlich auch aus §§ 76, 93 AktG ergeben.[636] Danach können die Vorstandsmitglieder außerhalb des Anwendungsbereichs von § 91 Abs. 2 weitere Pflichten treffen, etwa die Pflicht, für eine ordnungsgemäße Organisation zu sorgen, die nicht nur die Früherkennung bestandsgefährdender Entwicklungen im Auge hat.[637]

Beim Umgang mit den IT-Risiken ergeben sich somit möglicherweise zusätzliche Vorstandspflichten aus § 93 Abs. 1 S. 1 AktG. Beispielsweise müssen die Risiken, die *„zwar keine Insolvenzgefahr hervorrufen, aber dennoch bedeutsam sind"*, von den Geschäftsleitern früh erkannt werden.[638] Auch kann die Vorstandspflicht zum Ergreifen der Risikobewältigung-Maßnahmen, die zwar nicht von § 91 Abs. 2 AktG umfasst sind, sich noch

---

633 *Spindler*, CR 2017, 715, 721; *ders*, in: MüKo AktG, § 91 Rn. 20 f.
634 *Schmidt-Versteyl*, NJW 2019, 1637, 1640; *Spindler*, CR 2017, 715, 722.
635 *Spindler*, in: MüKo AktG, § 91 Rn. 3.
636 *Kort*, in: Großkommentar AktG, § 91 Rn. 83.
637 *Spindler*, in: MüKo AktG, § 91 Rn. 3.
638 *Schmidt-Versteyl*, NJW 2019, 1637, 1640; *Spindler*, in: MüKo AktG, § 91 Rn. 26.

aus der Sorgfaltspflicht eines ordentlichen Geschäftsleiters herleiten.[639] Die weiteren Fragen, welche IT-Risiken als „bedeutsam" einzustufen sind und wann dem Vorstand eine Pflicht zur Risikobewältigung obliegt, können jedoch nicht allgemein beantwortet werden. Die konkreten Anforderungen bemessen sich nach den Umständen des Einzelfalls.

II. Spezielle Rahmennormen

Im Hinblick auf IT-Sicherheit hat der deutsche Gesetzgeber bereits Einzellösungen für manche Spezialbereiche geschaffen. Die speziellen gesetzlichen Anforderungen an die IT-Sicherheit sind vor allem im Aufsichtsrecht zu finden, wie z.B. im Kreditwesengesetz (KWG), im Versicherungsaufsichtsgesetz (VAG), im Wertpapierhandelsgesetz (WpHG), im Rundschreiben – Mindestanforderungen an das Risikomanagement (MaRisk), im Rundschreiben – Mindestanforderungen an die Geschäftsorganisation von Versicherungsunternehmen (MaGo), im Rundschreiben – Bankaufsichtliche Anforderungen an die IT (BAIT) und im Rundschreiben – Versicherungsaufsichtliche Anforderungen an die IT (VAIT). Zwar gibt es im Aufsichtsrecht eine beträchtliche Anzahl von Regelungen über IT-Sicherheit, aber viele von ihnen sind inhaltlich sehr ähnlich; der Unterschied liegt nur darin, dass sie für unterschiedliche Arten von Unternehmen gelten, wie etwa die BAIT für Finanzdienstleister und die VAIT für Versicherungsunternehmen. Deshalb werden im Folgenden vor allem die IT-Sicherheit-Anforderungen von KWG, MaRisk, BAIT und WpHG – als typische Regelungen über IT-Risikomanagement im Aufsichtsrecht – vorgestellt.

1. KWG, MaRisk und BAIT

Für die Finanzdienstleistungsunternehmen sieht § 25a Abs. 1 KWG vor, dass die Unternehmen über eine ordnungsgemäße Geschäftsorganisation verfügen müssen. Verantwortlich dafür sind die Geschäftsleiter des Unternehmens (§ 25a Abs. 1 S. 1 u. 2 KWG). Gemäß § 25a Abs. 1 S. 3 KWG umfasst diese Organisation insbesondere ein angemessenes und wirksames Risikomanagement, das auf der Grundlage von Verfahren zur Ermittlung und Sicherstellung der Risikotragfähigkeit die Festlegung von Strategien

639 *Kort*, in: Großkommentar AktG, § 91 Rn. 22a.; *Fleischer*, in: Spindler/Stilz, AktG, § 91 Rn. 34 f; *Blasche*, CCZ 2009, 62 f; *Baums*, ZGR 2011, 218, 274.

sowie die Einrichtung interner Kontrollverfahren mit einem internen Kontrollsystem und einer internen Revision beinhaltet, eine angemessene personelle und technisch-organisatorische Ausstattung des Instituts voraussetzt und die Festlegung eines angemessenen Notfallkonzepts für IT-Systeme einschließt. Die von der *BaFin* als Rundschreiben erlassene MaRisk gibt auf der Grundlage des § 25a Abs. 1 KWG einen flexiblen und praxisnahen Rahmen für die Ausgestaltung des Risikomanagements vor. Besonders konkretisiert es in AT 7.2 die Maßnahmen zur Gewährleistung der Sicherheit der Technisch-organisatorischen Ausstattung und in AT 7.3 die Anforderungen an die IT-Notfallkonzepte. Wegen der steigenden Bedeutung der IT-Sicherheit hat die *Bafin* im Jahr 2017 zudem das Rundschreiben-BAIT veröffentlicht, das die Anforderungen an das IT-Risikomanagement in § 25a KWG und MaRisk weiter präzisiert. In der BAIT kann man vor allem die konkreten Anforderungen hinsichtlich der IT-Strategie, der IT-Governance, der IT-Projekte, des IT-Sicherheitsmanagements und des IT-Betriebs finden.

2. § 80 Abs. 2 WpHG

Im Rahmen des Aufsichtsrechts sind neben allgemeinen Anforderungen an die Geschäftsorganisation auch bestimmte Bereiche der IT gesondert geregelt. In Bezug auf KI und Algorithmen sieht § 80 Abs. 2 WpHG besondere Anforderungen im sogenannten algorithmischen Handel vor. Danach müssen die Wertpapierhandelsunternehmen, die algorithmischen Handel betreiben, Systeme und Risikokontrollen haben, die sicherstellen, dass die Handelssysteme belastbar sind, über ausreichende Kapazitäten verfügen und angemessenen Handelsschwellen und Handelsgrenzen unterliegen (§ 80 Abs. 2 S. 3 Nr. 1 WpHG) und sicherstellen, dass die Übermittlung von fehlerhaften Aufträgen oder eine Funktionsweise vermieden wird, durch die Störungen auf dem Markt verursacht oder einen Beitrag zu diesen geleistet werden können (§ 80 Abs. 2 S. 3 Nr. 2 WpHG). Die Handelssysteme dürfen zudem nicht für einen rechtswidrigen Zweck verwendet werden (§ 80 Abs. 2 S. 3 Nr. 3 WpHG). Ferner müssen die Unternehmen über wirksame Notfallvorkehrungen verfügen, um mit unvorhergesehenen Störungen in ihren Handelssystemen umzugehen, und sicherstellen, dass ihre Systeme vollständig geprüft sind und ordnungsgemäß überwacht werden (§ 80 Abs. 2 S. 4 WpHG).

Anders als § 25a Abs. 1 S. 2 KWG adressiert § 80 Abs. 2 WpHG nach dem Wortlaut nicht die Vorstandsmitglieder persönlich, sondern die Gesellschaft. Aber als Geschäftsführung- und Vertretungsorgan der Gesellschaft trifft den Vorstand die Pflicht, alle gesetzlichen Anforderungen, die die Gesellschaft als Rechtssubjekt betrifft, zu erfüllen bzw. einzuhalten (Legalitätspflicht).[640] Demnach sind die Vorstandsmitglieder auch dafür verantwortlich, die Anforderungen in § 80 Abs. 2 WpHG zu erfüllen.

C. Verhaltensvorgaben des Vorstands bei der Gewährleistung der IT-Sicherheit

Nachdem soeben der Frage nachgegangen wurde, aus welchen Vorschriften sich eine Pflicht der Geschäftsleiter zur Gewährleistung der IT-Sicherheit ableiten kann, soll im Folgenden näher beleuchtet werden, welche konkreten Verhaltensvorgaben diese Regelungen beinhalten, besonders ob die konkreten IT-Risikomanagement-Anforderungen im Aufsichtsrecht auf das Aktienrecht übertragen werden können.

I. § 91 Abs. 2 AktG

Unabhängig von weiteren Faktoren wie der Branche und Größe des Unternehmens gilt § 91 Abs. 2 AktG unmittelbar für alle Aktiengesellschaften, wonach der Vorstand geeignete Maßnahmen zu treffen hat – insbesondere hat dieser ein Überwachungssystem einzurichten –, damit den Fortbestand der Gesellschaft gefährdenden Entwicklungen früh erkannt werden können. Im Einzelnen lässt sich aus § 91 Abs. 2 AktG das Erfordernis eines zweistufigen Systems ableiten: Erstens hat der Vorstand für die Früherkennung bestandsgefährdender Risiken geeignete Maßnahmen zu ergreifen und zweitens muss er auch diese Maßnahmen ordnungsgemäß überwachen.[641]

1. Geeignete Maßnahmen zur Früherkennung

§ 91 Abs. 2 AktG verpflichtet Vorstand auf einer ersten Stufe, die Früherkennung bestandsgefährdender Entwicklungen durch geeignete Maßnahmen zu gewährleisten. Die Bedeutung der „Bestandsgefährdung" und

---

640 S. hierzu oben Teil 4 A.I.3.

641 *Fleischer*, in: Spindler/Stilz, AktG, § 91 Rn. 36; *Koch*, in: Hüffer/Koch, AktG, § 91 Rn. 6 ff.

„Entwicklung" wurde oben vorgestellt.[642] Zu erläutern bleiben noch die „geeigneten" Maßnahmen sowie die „Früherkennung".

Die Maßnahmen im Sinne des § 91 Abs. 2 AktG sind geeignet, wenn nach der Erfahrung eines ordentlichen und sorgfältigen Geschäftsleiters davon ausgegangen werden kann, dass der Vorstand die erforderlichen Informationen rechtzeitig erhält.[643] Dabei steht dem Vorstand ein Beurteilungsspielraum nach § 93 Abs. 1 S. 2 AktG zu. Er hat insbesondere die Eigenheiten des Unternehmens, wie etwa dessen Größe und Struktur, die Branche und die Möglichkeiten zum Kapitalmarktzugang, zu berücksichtigen.[644] Zudem sollen diese Maßnahmen so eingerichtet sein, dass die existenzgefährdenden IT-Risiken „frühzeitig" erkannt werden. Der Gesetzesbegründung entsprechend wird die Anforderung der „Früherkennung" erfüllt, wenn die Entwicklungen zu dem Zeitpunkt, *„in dem noch geeignete Maßnahmen zur Sicherung des Fortbestandes der Gesellschaft ergriffen werden können"*, erkannt werden.[645]

2. Überwachungssystem

Zu den Maßnahmen, die der Vorstand nach § 91 Abs. 2 AktG treffen muss, gehört insbesondere die Einrichtung eines Überwachungssystems. Darunter ist kein umfassendes Risikomanagementsystem zu verstehen; vielmehr ist der Vorstand lediglich verpflichtet, ein Früherkennungs- und Überwachungssystem zu etablieren, das die bestandsgefährdenden Entwicklungen frühzeitig erkennen kann.[646] Auch hat § 91 Abs. 2 AktG nicht die Pflicht zum Inhalt, auf erkannte Risiken zu reagieren und diese zu bewältigen. Die systematische Institutionalisierung der Risikobewältigung ist dem un-

---

642 S. oben Teil 6 B.I.1.

643 *Kort*, in: Großkommentar AktG, § 91 Rn. 46; *Fleischer*, in: Spindler/Stilz, AktG, § 91 Rn. 33; *Koch*, in: Hüffer/Koch, AktG, § 91 Rn. 7.

644 BT-Drucks 13/9712, S. 15; *Kort*, in: Großkommentar AktG, § 91 Rn. 46a.

645 BT-Drucks 13/9712, S. 15.

646 OLG Celle CCZ 2009, 159; *Fleischer*, in: Spindler/Stilz, AktG, § 91 Rn. 34 f; *Koch*, in: Hüffer/Koch, AktG, § 91 Rn. 8 f.; *Kort*, in: Großkommentar AktG, § 91 Rn. 55 ff.; *Grigoleit/Tomasic*, in: Grigoleit, AktG, § 91 Rn. 14; *Hoffmann-Becking*, in: Münchener Handbuch des Gesellschaftsrechts, Band 4, § 25 Rn. 9; *Baums*, ZGR 2011, 218, 272 f.

ternehmerischen Ermessen des Vorstands vorbehalten und nicht mehr Inhalt von § 91 Abs. 2 AktG, sondern allenfalls von § 93 Abs. 1 S. 1 AktG.[647]

Nach der herrschenden Meinung richten sich die konkrete Einrichtung und Ausgestaltung des Früherkennungs- und Überwachungssystems nach den Umständen des Einzelfalls und der Vorstand besitzt dabei einen Handlungsspielraum.[648] Aus einem Urteil des Landgerichts München I aus dem Jahr 2007 ergeben sich einige Anforderungen dazu: *„Die Einrichtung eines solchen Systems fordert eine Organisation, die unmissverständliche Zuständigkeiten begründet, ein engmaschiges Berichtswesen aufbaut und entsprechend dokumentiert ist“*.[649] In der Literatur sind diese Anforderungen – unmissverständliche Zuständigkeiten, engmaschiges Berichtswesen und entsprechende Dokumentation – als Konkretisierung der Organisationspflicht des § 91 Abs. 2 AktG allgemein anerkannt.[650] Durch diese konkreten Maßnahmen ist sicherzustellen, dass *„vom verantwortlichen Sachbearbeiter über die jeweiligen Hierarchieebenen bis hin zur Unternehmensleitung sämtliche relevante Stellen von vorhandenen Risiken Kenntnis erlangen, um die entsprechenden Maßnahmen zur Beherrschung dieser Risiken einleiten zu können“*.[651]

Zwar haben die Rechtsprechung und Rechtslehre bereits einige wertvolle Hinweise für die Konkretisierung der Verhaltenspflichten in § 91 Abs. 2 AktG entwickelt, doch sind sie für die Vorstandsmitglieder zur Erfüllung ihrer Organisationspflicht in der Praxis noch nicht konkret genügend, besonders wenn es sich um die IT-Risiken handelt. Denn einerseits sind § 91 Abs. 2 AktG und §§ 76, 93 AktG zu allgemein und unbestimmt und andererseits ist die Gefahr der neuen IT-Risiken sowie die Bedeutung der IT-Sicherheit heute ganz anders als vor 10 oder 15 Jahren.[652] Beim Umgang mit den stark steigenden und neu aufkommenden IT-Risiken einschließlich der KI-Risiken hat der Vorstand nur wenig Erfahrung und das Aktiengesetz gibt keine Verhaltensvorgaben zur IT-Sicherheit vor. Es besteht daher ein Bedarf für nähere Konkretisierung der Organisationspflicht im Aktienrecht. Wie oben dargelegt, finden sich im Aufsichtsrecht bereits

---

647 *Kort*, in: Großkommentar AktG, § 91 Rn. 22a.; *Fleischer*, in: Spindler/Stilz, AktG, § 91 Rn. 34 f; *Blasche*, CCZ 2009, 62 f; *Baums*, ZGR 2011, 218, 274.

648 *Koch*, in: Hüffer/Koch, AktG, § 91 Rn. 7; *Fleischer*, in: Spindler/Stilz, AktG, § 91 Rn. 36.

649 LG München I, NZG 2008, 319, 320.

650 *Fleischer*, in: Spindler/Stilz, AktG, § 91 Rn. 36; *Koch*, in: Hüffer/Koch, AktG, § 91 Rn. 10; *Kort*, in: Großkommentar AktG, § 91 Rn. 51 f.; *Grigoleit/Tomasic*, in: Grigoleit, AktG, § 91 Rn. 7; *Spindler*, in: MüKo AktG, § 91 Rn. 29.

651 LG München I, NZG 2008, 319, 320.

652 *Spindler*, CR 2017, 715, 722; *ders*, DB 2018, 41, 45.

an verstreuter Stelle Vorschriften, die spezifische Anforderungen an die Vorstandspflicht zum IT-Risikomanagement enthalten. Im Folgenden ist daher zu untersuchen, ob diese aufsichtsrechtlichen Regelungen zu den Verhaltensvorgaben des Vorstands auf das allgemeine Aktienrecht übertragen werden oder zumindest zur Konkretisierung der aktienrechtlichen Regelungen herangezogen werden können.

II. Übertragung der aufsichtsrechtlichen Anforderungen an IT-Risikomanagement auf das Aktienrecht

1. Keine Analogiebildung

Nach der herrschenden Meinung können die aufsichtsrechtlichen Risikomanagementanforderungen in keiner Weise als für das Aktienrecht rechtsverbindlich angesehen werden. Insbesondere kommt eine Analogie nicht in Betracht.[653] Denn das Aufsichtsrecht reagiert oft auf besondere Risiken in bestimmten Branchen, die nicht in dieser Form auf sämtliche Gesellschaften übertragen werden können.[654] Solche Risiken betreffen vor allem branchenspezifische Risiken der Vertragspartner, Kunden und potenziellen Anleger. Bei § 91 Abs. 2 AktG geht es hingegen um die Gefährdung der Verfolgung des (allgemeinen) Unternehmensinteresses durch allgemeine wirtschaftliche Risiken. Besondere Risiken, die nur in Finanzdienstleistungsunternehmen bestehen, sind in dieser Vorschrift nicht zu berücksichtigen.[655] Zudem sind die Regelungsgründe für das Risikomanagement im Aufsichts- und im Aktienrecht grundverschieden: Der Anlegerschutz und der Schutz der Funktionsfähigkeit des fragilen und für die Gesamtwirtschaft wichtigen Finanzsystems sind die beiden Gründe, die die hohen Anforderungen an das Risikomanagement im Finanzaufsichtsrecht rechtfertigen.[656] Keiner dieser Regelungsgründe findet sich im Aktienrecht

---

653 *Blasche*, CCZ 2009, 62, 64; *Fleischer*, in: Spindler/Stilz, AktG, § 91 Rn. 43; *Koch*, in: Hüffer/Koch, AktG, § 91 Rn. 9; *Hüffer*, NZG 2007, 47, 49; *Kort*, in: Großkommentar AktG, § 91 Rn. 93a; *Spindler*, in: MüKo AktG, § 91 Rn. 40; *Hoffmann-Becking*, in: Münchener Handbuch des Gesellschaftsrechts, Band 4, § 25 Rn. 15; *Weber-Rey*, ZGR 2010, 543, 571; andere Ansicht VG Frankfurt a.M., WM 2004, 2157, 2160; *Preußner*, NZG 2004, 303, 305.

654 *Spindler*, in: MüKo AktG, § 91 Rn. 38; *Fleischer*, in: Spindler/Stilz, AktG, § 91 Rn. 43.

655 *Kort*, in: Großkommentar AktG, § 91 Rn. 93a.

656 *Berenbrok*, Risikomanagement im Aktienrecht, S. 76 ff.

wieder. Aus diesen Gründen ist eine Analogie oder eine pauschale Übertragung der aufsichtsrechtlichen Anforderungen an Risikomanagement ins Aktienrecht, abzulehnen.

Gleiches gilt bei der Übertragung der aufsichtsrechtlichen Regelungen des IT-Risikomanagements auf das allgemeine Aktienrecht. Zum einen ist die Interessenlage des IT-Risikomanagements im Aufsichtsrecht anders als diejenige im allgemeinen Aktienrecht. Die soeben erwähnten öffentlichen Interessen, die besonders detaillierte und scharfe IT-Risikomanagement-Anforderungen im Finanzaufsichtsrecht rechtfertigen, fehlen im allgemeinen Aktienrecht, das auf Gesellschaften in allen Wirtschaftssektoren Anwendung findet. Eine vergleichbare Interessenlage liegt somit nicht vor. Zum anderen ist eine Analogiebildung schon mangels planwidriger Regelungslücke auszuschließen. Es gibt im Aktienrecht bereits Regelungen für den Umgang mit IT-Risiken: IT-Risiken gehören, wenn sie die Existenz des Unternehmens gefährden, zu den bestandsgefährdenden Entwicklungen im Sinne des § 91 Abs. 2 AktG und fallen ohne Weiteres unter seinem Geltungsbereich. Zudem lässt sich die Vorstandspflicht zur Bewältigung der IT-Risiken aus § 93 Abs. 1 S. 1 AktG ableiten. Insofern gibt es im Aktiengesetz keine Regelungslücke. Im Ergebnis sind daher die aufsichtsrechtlichen Anforderungen an IT-Risikomanagement für das Aktienrecht nicht rechtsverbindlich. Sie dürfen nicht pauschal und vorschnell auf das Aktienrecht übertragen werden.

2. Heranziehung zur Auslegung „mit erheblichen Abstrichen"

Zwar ist eine analoge Anwendung der aufsichtsrechtlichen Regelungen auf das Aktienrecht abzulehnen, doch besteht nach der wohl überwiegenden Ansicht die Möglichkeit, dass die Risikomanagementanforderungen im Aufsichtsrecht zur Auslegung des Aktienrechts *„mit erheblichen Abstrichen"* herangezogen werden können.[657] Was genau eine Heranziehung zur Auslegung „mit erheblichen Abstrichen" bedeutet, bedarf freilich einer näheren Erläuterung.

Wichtig ist zunächst, dass jede Anforderung einzeln zu betrachten und auf seine Adäquanz auch im allgemeinen Aktienrecht zu überprüfen ist. Ansonsten könnten die aufsichtsrechtlichen Risikomanagementanforderungen im Wege der Auslegung in das allgemeine Aktienrecht undif-

---

657 *Spindler*, in: MüKo AktG, § 91 Rn. 38; *Fleischer*, in: Spindler/Stilz, AktG, § 91 Rn. 43; *Berenbrok*, Risikomanagement im Aktienrecht, S. 260 ff.

ferenziert übertragen werden. Damit ist noch nicht spezifiziert, welche Kriterien bei der einzelnen Überprüfung zu berücksichtigen sind. *Dreher* schlägt eine Auswahl danach vor, ob die jeweilige aufsichtsrechtliche Anforderung als Konkretisierung eines Rechtsgrundsatzes anzusehen ist, der bereits im Aktienrecht vorhanden ist.[658] Entscheidend sind dabei vor allem zwei Kriterien: Zum einen die tatsächlichen Unterschiede zwischen dem Risikomanagement von finanzwirtschaftlichen und dem von nicht-finanzwirtschaftlichen Unternehmen[659] und zum anderen die unterschiedlichen Regelungsgründe, nach denen im Finanzaufsichtsrecht ein höheres Anforderungsniveau gelten muss.[660]

Hinsichtlich der IT-Sicherheit ist zuerst zu beachten, dass IT-Risiken, anders als die branchenspezifischen Risiken, wie z.B. die Risiken im Derivatehandel, heute alle Aktiengesellschaften treffen können, solange sie IT-Systeme benutzen. Auch sind die Arten und Inhalte der IT-Risiken in allen Typen von Unternehmen ähnlich. Dies hat mit anderen Faktoren, wie der Branche und Größe des Unternehmens, nicht wirklich etwas zu tun. Zudem legt AT 7.2 Tz. 2 MaRisk als Zweck des IT-Risikomanagements im Aufsichtsrecht fest, dass die IT-Systeme und die zugehörigen IT-Prozesse *„die Integrität, die Verfügbarkeit, die Authentizität sowie die Vertraulichkeit der Daten sicherstellen"* müssen. Es ist ersichtlich, dass die IT-Sicherheit im finanzwirtschaftlichen Unternehmen und die im nicht-finanzwirtschaftlichen Unternehmen den gleichen Zweck verfolgt.[661] Die gleichen, zu behandelnden IT-Risiken und der gleiche IT-Sicherheits-Zweck können zu dem Ergebnis führen, dass die Anforderungen an das IT-Risikomanagement im Aufsichtsrecht und die IT-Sicherheitsanforderungen für nicht-finanzwirtschaftliche Unternehmen tatsächlich ähnlich sind. Trotzdem hat der Gesetzgeber die detaillierten Regelungen zum IT-Risikomanagement nur im Aufsichtsrecht und nicht im Aktienrecht geregelt. Der besondere Regelungsgrund im Aufsichtsrecht liegt darin, dass *„der Einsatz von Informationstechnik (IT) in den Instituten, auch unter Einbeziehung von IT-Services, die durch IT-Dienstleister bereitgestellt werden, eine zentrale Bedeutung für die Finanzwirtschaft hat und weiter an Bedeutung gewinnen wird"*.[662] Für das allgemeine Aktienrecht besteht hingegen kein solcher Regelungsanlass:

---

658 *Dreher*, ZGR 2010, 496, 506 f.

659 *Weber-Rey*, ZGR 2010, 543, 571.

660 *Berenbrok*, Risikomanagement im Aktienrecht, S. 260 ff.

661 Zum Zweck des IT-Risikomanagements in nicht-finanzwirtschaftlichen Unternehmen s. bereits oben Teil 6 A.

662 Vgl. Vorbemerkung vom Rundschreiben – Bankaufsichtliche Anforderungen an die IT (BAIT).

Zwar ist Informationstechnik immer wichtiger für die Gesamtwirtschaft und alle Gesellschaften, aber sie ist nicht für alle (nicht-finanzwirtschaftlichen) Aktiengesellschaften von so großer Bedeutung, wie für die finanzwirtschaftlichen Unternehmen.

Denkbar ist aber, dass die aufsichtsrechtlichen IT-Risikomanagement-Anforderungen zwar nicht pauschal auf das Aktienrecht übertragen werden, aber zur Konkretisierung und Auslegung der Vorstandspflichten einzelner Aktiengesellschaften herangezogen werden können. § 93 Abs. 1 S. 1 AktG sieht vor, dass die Vorstandsmitglieder bei ihrer Geschäftsführung die Sorgfalt eines ordentlichen und gewissenhaften Geschäftsleiters anzuwenden haben. Diese Vorschrift ist eine Generalklausel, aus der sich eine Vielzahl einzelner Verhaltensvorgaben ableiten lassen.[663] Die konkreten Verhaltensanforderungen an das IT-Risikomanagement sind von einer Reihe unterschiedlicher Faktoren abhängig und variieren von Situation zu Situation. Entscheidend ist, wie sich ein ordentlicher und gewissenhafter Geschäftsleiter eines Unternehmens vergleichbarer Art und Größe in der konkreten Situation verhalten hätte.[664] Für die größeren Unternehmen oder die IT-Unternehmen, in denen die IT-Anwendung eine zentrale Bedeutung hat, haben die Geschäftsleiter höheren bzw. strengeren IT-Risikomanagement-Anforderungen zu genügen. Dabei können die aufsichtsrechtlichen Regelungen bei der Konkretisierung der Vorstandspflichten herangezogen werden. So ist *Spindler* der Meinung, dass die in der MaRisk formulierten Anforderungen an die IT-Sicherheit heute fast in jedem Bereich eines größeren Unternehmens Geltung beanspruchen können.[665] Auch für die kleineren Unternehmen, in denen das IT-Sicherheit-Thema nicht so bedeutend ist, können die aufsichtsrechtlichen Anforderungen zumindest zur Auslegung der allgemeinen aktienrechtlichen Regelungen eine Orientierungshilfe liefern.[666]

Zusammengefasst enthält das Aktiengesetz neben den allgemeinen Regelungen in § 91 Abs. 2 AktG und § 93 Abs. 1 S. 1 AktG keine konkreten Vorgaben zum IT-Risikomanagement. Weil die Arten der IT-Risiken und der Zweck der IT-Sicherheit in finanzwirtschaftlichen Unternehmen und in nicht-finanzwirtschaftlichen Unternehmen ähnlich sind und weil das

---

663 *Fleischer*, in: Spindler/Stilz, AktG, § 93 Rn. 10; *Hopt/Roth*, in: Großkommentar AktG, § 93 Rn. 43; *Koch*, in: Hüffer/Koch, AktG, § 93 Rn. 5; *Hölters*, in: Hölters, AktG, § 93 Rn. 2.

664 S. oben Teil 4 B.IV.

665 *Spindler*, CR 2017, 715, 722.

666 *Berenbrok*, Risikomanagement im Aktienrecht, S. 264.

Aufsichtsrecht ausführlichere und praktischere Verhaltensvorgaben bezüglich der IT-Sicherheit enthält, können sie aber als nützliche Indiz und Leitbild zur Konkretisierung der Sorgfaltspflicht des Vorstands aller Typen der Aktiengesellschaften herangezogen werden. Die aufsichtsrechtlichen Regelungen über das IT-Risikomanagement, wie z.B. § 25a Abs. 1 S. 3 Nr. 5 KWG, AT 7.2 und AT 7.3 MaRisk und BAIT, können nicht nur bei der Auslegung der Organpflichten in Bezug auf die Früherkennung existenzgefährdender Risiken (§ 91 Abs. 2 AktG) eine Rolle spielen, sondern auch bei der Früherkennung nicht existenzgefährdender Risiken und bei der Konkretisierung der Risikobewältigungsmaßnahmen (§ 93 Abs. 1 S. 1 AktG) Anwendung finden. Ob und inwieweit solche aufsichtsrechtlichen Regelungen zur Konkretisierung der aktienrechtlichen Regelungen herangezogen werden müssen, hängt von den konkreten Umständen des Einzelfalls ab. Zu berücksichtigen sind unter anderem die Größe und Struktur des Unternehmens, seine finanzielle Lage, die Bedeutung der IT-Systeme und die Eintrittsmöglichkeit der IT-Risiken.

3. Analoge Anwendung von § 80 Abs. 2 WpHG?

Bezüglich der Organisationspflichten der Geschäftsleiter über KI-Sicherheit ist besonders § 80 Abs. 2 WpHG zu erwähnen.[667] § 80 Abs. 2 WpHG stellt organisatorische Anforderungen für Wertpapierdienstleistungsunternehmen auf, die einen von Algorithmen gesteuerten Handel betreiben. *Möslein* ist der Ansicht, dass § 80 Abs. 2 WpHG für die Organisationspflichten des Vorstands beim KI-Einsatz analog angewandt werden dürfte: Zum einen liegt eine Regelungslücke vor, weil es bis heute noch keine „*einschlägige Gesetzesregel oder Rechtsprechung*“ für die „*algorithmischen Organisationspflichten*“ gibt. Zum anderen dürfte sich die Vergleichbarkeit der Interessenlage bejahen lassen, weil „*hier wie dort Entscheidungen von Algorithmen in Frage stehen*“ und § 80 Abs. 2 WpHG die „*Verantwortlichkeit für solche Entscheidungen regelt, um potentiell Geschädigte zu schützen*“.[668]

---

667 *Möslein*, ZIP 2018, 204, 211; *Becker/Pordzik*, ZfPW 2020, 334, 351; *Zetzsche*, AG 2019, 1, 8; *Lücke*, BB 2019, 1986, 1992 f.; *Wagner*, BB 2018, 1097, 1099; *Weber/Kiefner/Jobst*, NZG 2018, 1131, 1135.

668 *Möslein*, ZIP 2018, 204, 211.

Dieser Meinung ist aber nicht zuzustimmen.[669] Einerseits gibt es bereits keine Regelungslücke bezüglich der Vorstandspflichten zur Gewährleistung der Sicherheit der KI-Systeme. Trotz ihrer Besonderheiten sind die KI-Systeme noch IT-Systeme und das Thema KI-Sicherheit gehört zur IT-Sicherheit. Die oben aufgelisteten Vorschriften über Vorstandspflichten zur Gewährleistung der IT-Sicherheit, wie §§ 91 Abs. 2 AktG, 93 Abs. 1 S. 1 AktG und § 25a Abs. 1 S. 3 Nr. 5 KWG, gelten somit unmittelbar für die Erkennung und Bewältigung der KI-Risiken. Insofern ist das Vorliegen einer Regelungslücke abzulehnen. Andererseits liegt hier keine vergleichbare Interessenlage vor. Ausweislich der Regierungsbegründung des Hochfrequenzhandelsgesetzes hat der Einsatz des algorithmischen Hochfrequenzhandels *„die Geschwindigkeit und Komplexität des Handels erhöht und birgt darüber hinaus eine Vielzahl von Risiken“*.[670] Um die *„Stabilität und Integrität der Finanzmärkte“* zu stärken, wurde schließlich § 80 Abs. 2 WpHG geschafft, der strenge Anforderungen an den algorithmischen Handel stellt und eine Aufsichtslücke über die Hochfrequenzhändler schließt.[671] Der KI-Einsatz zur Unterstützung des Hochfrequenzhandels ist aber nur ein besonderer Fall der KI-Anwendung in Unternehmen. Wenn die KI-Systeme lediglich innerhalb eines Unternehmens, beispielsweise im Rahmen unternehmerischer Entscheidung zur Informationsbeschaffung, eingesetzt sind, dann haben sie keinen Einfluss auf die Finanzmärkte und bringen auch keine finanzwirtschaftlichen Risiken mit sich. Eine vergleichbare Interessenlage besteht hier damit nicht. Im Ergebnis kann § 80 Abs. 2 WpHG daher nicht für die Organisationspflichten des Vorstands beim KI-Einsatz im Rahmen unternehmerischer Entscheidungen analog angewandt werden.

III. Standards für das IT-Risikomanagement

Zwar enthält das Aufsichtsrecht detaillierte Vorgaben für die IT-Sicherheit, aber die Frage, welche *konkreten Maßnahmen* der Vorstand für die Gewährleistung der IT-Sicherheit treffen kann und muss, ist bislang noch offen geblieben.[672] In der Praxis gibt es bereits verschiedene Normen und

669 *Becker/Pordzik*, ZfPW 2020, 334, 351; *Zetzsche*, AG 2019, 1, 8; *Lücke*, BB 2019, 1986, 1992 f.; *Wagner*, BB 2018, 1097, 1099.
670 BT-Drucks. 17/11631, S. 1.
671 BT-Drucks. 17/11631, S. 1.
672 *Spindler*, CR 2017, 715, 722.

Standards, die standardisierte Sicherheitsanforderungen und Maßnahmen detailliert beschreiben. Diese können für die Geschäftsleiter beim Treffen konkreter Maßnahmen des IT-Risikomanagements sehr hilfreich sein.

AT 7.2 Tz. 2 MaRisk schreibt vor, dass das Institut bei der Ausgestaltung der IT-Systeme und der dazugehörigen IT-Prozesse auf gängige Standards abstellen soll. Dabei erwähnt die BAIT insbesondere die IT-Grundschutzkataloge des BSI und den internationale Sicherheitsstandard ISO/IEC 2700X. Die Methodik des BSI zur Informationssicherheit ist seit 1994 der IT-Grundschutz. Im Jahr 2018 hat das BSI den IT-Grundschutz runderneuert und auf eine neue Stufe gehoben. Die alten IT-Grundschutz-Kataloge werden vom IT-Grundschutz-Kompendium abgelöst. Die wichtigsten Instrumente des heutigen IT-Grundschutzes sind damit das IT-Grundschutz-Kompendium und die drei BSI-Standards (200–1, 200–2 und 200–3).[673] Im IT-Grundschutz-Kompendium werden standardisierte Sicherheitsanforderungen für typische Geschäftsprozesse, Anwendungen und IT-Systeme in einzelnen Bausteinen beschrieben. Eine ausführliche Beschreibung des Prozesses zum Erreichen und Aufrechterhalten eines angemessenen Sicherheitsniveaus sowie eine einfache Verfahrensweise zur Ermittlung des erreichten Sicherheitsniveaus in Form eines Soll-Ist-Vergleichs finden sich in den BSI-Standards 200–1, 200–2 und 200–3.[674]

Bei den internationalen Normungsorganisationen ISO und IEC werden die Normen zur Informationssicherheit in der 2700x-Reihe zusammengeführt, die stetig wächst. Die Normenreihe ISO 2700x wird voraussichtlich langfristig aus den ISO-Normen 27000 bis 271xx bestehen. Alle Normen dieser Reihe behandeln verschiedene Aspekte des Sicherheitsmanagements und beziehen sich auf die Anforderungen der ISO/IEC 27001 („Information security management systems – Requirements"). Die weiteren Normen sollen zum besseren Verständnis und zur praktischen Anwendbarkeit der ISO/IEC 27001 beitragen. Diese beschäftigen sich beispielsweise mit der Umsetzung der ISO/IEC 27001 in der Praxis und mit Methoden zur Kontinuität von Geschäftsprozessen.[675]

---

673 *Djeffal*, MMR 2019, 289, 290.

674 Das IT-Grundschutz-Kompendium (2020) ist online verfügbar unter https://www.bsi.bund.de/SharedDocs/Downloads/DE/BSI/Grundschutz/Kompendium/IT_Grundschutz_Kompendium_Edition2020.pdf%3F__blob%3DpublicationFile%26v%3D6; die BSI-Standards sind online verfügbar unter https://www.bsi.bund.de/DE/Themen/Unternehmen-und-Organisationen/Standards-und-Zertifizierung/IT-Grundschutz/BSI-Standards/bsi-standards_node.html.

675 Ausführliche Informationen zu den Normen ISO 2700x findet man unter https://www.iso.org/isoiec-27001-information-security.html.

Diese Standards bieten den Organmitgliedern zwar sinnvolle Anhaltspunkte für die Ausgestaltung des IT-Risikomanagements, aber ihnen obliegt keine Pflicht zur Einhaltung solcher Standards; diese IT-Sicherheits-Standards sind in der Regel nur Empfehlungen.[676] Bei der Beantwortung der Frage, welche konkreten Maßnahmen zu ergreifen sind, besitzt der Vorstand einen bereiten Ermessenspielraum (§ 93 Abs. 1 S. 2 AktG). Dabei schreibt bereits § 91 Abs. 2 AktG ausdrücklich vor, dass zur Einrichtung eines Früherkennungs- und Überwachungssystems der Vorstand nur „geeignete" Maßnahmen zu treffen hat.[677] Andererseits kann aus der Einhaltung von Normen und Standards nicht per se die Erfüllung der Sorgfaltspflicht in § 93 Abs. 1 AktG abgeleitet werden.[678] Es existiert kein fester Kriterienkatalog, dessen Einhaltung optimale IT-Sicherheit für jedes Unternehmen garantiert. Erforderliche Maßnahmen für das einzelne Unternehmen sind immer auf der Grundlage einer individuellen Analyse zu ermitteln.[679] Ob und inwieweit der Vorstand die Vorgaben des BIS und der ISO befolgen soll, sodass die Sorgfalt eines ordentlichen und gewissenhaften Geschäftsleiters erfüllt werden kann, ist eine Einzelfallfrage und bestimmt sich nach den Gegebenheiten des einzelnen Unternehmens.

D. Ergebnis

Beim KI-Einsatz im Rahmen unternehmerischer Entscheidungen obliegt den Vorstandsmitgliedern eine Leitungspflicht, IT-Sicherheit der KI-Systeme zu gewährleisten. Diese Pflicht lässt sich aus § 91 Abs. 2 AktG und § 93 Abs. 1 S. 1 ableiten. Für die Finanzdienstleistungsunternehmen stellt das Aufsichtsrecht höhere Anforderungen an IT-Risikomanagement und enthält ausführlichere Regelungen.

Im Hinblick auf die Verhaltensvorgaben der Vorstandsmitglieder gibt es im Aktiengesetz keine konkreten Anforderungen zur Gewährleistung der IT-Sicherheit. Die ausführlichen aufsichtsrechtlichen Regelungen über das IT-Risikomanagement dürfen nicht pauschal auf das Aktienrecht übertragen werden. Auch ist eine analoge Anwendung von § 80 Abs. 2 WpHG

---

676 *Schmidl,* in: Hauschka, Corporate Compliance, § 28 Rn. 124; DIN > über Normen und Standards > Normen und Recht > Rechtsverbindlichkeit von Normen, abrufbar unter https://www.din.de/de/ueber-normen-und-standards/normen-und-recht/rechtsverbindlichkeit-durch-normen.

677 S. hierzu bereits oben Teil 6 C.I.1.

678 *Spindler*, CR 2017, 715, 722.

679 *Schmidl,* in: Hauschka, Corporate Compliance, § 28 Rn. 124.

abzulehnen. Doch besteht die Möglichkeit, dass diese zur Konkretisierung und Auslegung der aktienrechtlichen Regelungen „mit erheblichen Abstrichen“ herangezogen werden können.

In der Praxis gibt es bereits Standards, die die IT-Sicherheit-bezogenen Maßnahmen detailliert beschreiben. Ob und inwieweit der Vorstand beim Ergreifen konkreter IT-Sicherheitsmaßnahmen diese Standards zu berücksichtigen hat, bestimmt sich nach den Umständen des jeweiligen Unternehmens. Den Vorstandsmitgliedern steht dabei ein bereiter Ermessensspielraum zu.

Teil 7: Zusammenfassung und Ergebnisse

Teil 1: Einleitung und Gang der Arbeit

Teil 2: KI-Einsatz bei unternehmerischen Entscheidungen

1. Den Begriff „künstliche Intelligenz„ prägte John McCarthy im Jahr 1956. Es gibt bis heute noch keine einheitliche Definition von künstlicher Intelligenz. In dieser Arbeit ist mit dem Begriff „künstliche Intelligenz" ein Teilgebiet der Informatik gemeint, welches sich mit der Erforschung von Mechanismen des intelligenten menschlichen Verhaltens befasst. Dabei geht es darum, technische Systeme so zu konzipieren, dass sie Probleme eigenständig bearbeiten und sich selbst auf veränderte Bedingungen einstellen können.
2. Obwohl die Theorie und Praxis der KI sich noch in ihrem Anfangsstadium befinden, haben bereits Organisationen in vielen Branchen die KI-Technologien in verschiedenen Geschäftsfunktionen eingesetzt. Besonders bei der Unterstützung unternehmerischer Entscheidungen des Vorstands der AG können die KI-Systeme eine wichtige Rolle spielen. Beispielsfälle sind der KI-Einsatz bei der Marktforschung, bei Umsatzprognosen und bei der Erstellung von Kundenprofilen. Das Zusammenspiel zwischen Big Data und KI lässt sich an drei Grundschritten verdeutlichen: (1) Das Sammeln von Daten, (2) die Verarbeitung der Daten durch KI-Software und (3) das Umsetzen der aus der Datenverarbeitung gewonnenen Erkenntnisse.
3. Die deutsche Business Judgment Rule in § 93 Abs. 1 S. 2 AktG setzt insbesondere eine „unternehmerische Entscheidung" und eine „angemessene Informationsgrundlage" voraus. Der Passus „vernünftigerweise annehmen dürfen" stellt eine gemischt objektiv-subjektives Erfordernis dar. Das Wort „vernünftigerweise" soll mit „ohne evidente Fehler" übersetzt werden; praktisch kann man auch sagen, dass das Vorstandsmitglied bei unternehmerischen Entscheidungen nur für grobe Fahrlässigkeit haftet. Bei der Beschaffung der Informationsgrundlage steht dem Vorstand zwar auch ein gewisser Handlungsspielraum zu, aber anders als bei der eigentlichen Abwägungsentscheidung ist hier eine engmaschigere gerichtliche Plausibilitätskontrolle notwendig.
4. In der heutigen Big Data-Ära existieren die Informationen vor allem in Form von Daten. Daten besitzen per se keinen Wert. Nur wenn sie entsprechend analysiert und genutzt werden, können sie dem Un-

ternehmen einen echten Nutzen bringen. Für den Umgang mit den heutigen, höchst variablen und in Echtzeit anfallenden großen Menge von Daten („Big Data") werden neue Werkzeuge und Methoden, vor allem die KI-Software, benötigt.

5. Zurzeit lässt sich noch keine absolute Vorstandspflicht zum Einsatz von KI-Systemen bei der Unterstützung unternehmerischer Entscheidungen ableiten. Mit der rasanten Entwicklung der KI-Technik und der Praxis des KI-Einsatzes kann man sich aber vorstellen, dass in der absehbaren Zukunft eine Vorstandspflicht zum Einsatz von KI-Systemen bei der Entscheidungsstützung vorliegen könnte.
6. Zwar können die KI-Systeme auch bei gebundenen Entscheidungen des Vorstands eine Rolle spielen, aber sie funktionieren zur Zeit nur als Instrument der Anwälte und werden die Pflichten des Vorstands nicht beeinflussen. In dieser Arbeit wird nur der KI-Einsatz im Rahmen unternehmerischer Entscheidungen untersucht. Die KI-Anwendung bei gebundenen Entscheidungen war nicht zu berücksichtigen.

Teil 3: Delegation der Entscheidungsvorbereitung und der unternehmerischen Entscheidungen an KI

7. Die Vorbereitung der unternehmerischen Entscheidung ist immer delegierbar. Unternehmerische Entscheidungen dürfen, solange sie nicht zur Leitungsaufgabe gehören, ebenfalls an Dritte delegiert werden. Das Problem, dass ein KI-System keine natürliche oder juristische Person ist, hat keinen Einfluss auf die rechtliche Zulässigkeit der Delegation der Vorstandsaufgaben an KI. Bei der KI-Delegation hat der Vorstand nur noch dafür zu sorgen, dass das KI-System die ihm übertragenen Aufgaben auch ordnungsgemäß und erfolgreich erfüllen wird.

Teil 4: Anforderungen an den Vorstand beim KI-Einsatz im Rahmen unternehmerischer Entscheidungen innerhalb des Vorstands

8. Der KI-Einsatz im Rahmen unternehmerischer Entscheidungen gehört zu einem größeren Thema – der digitalen Transformation des Unternehmens. Eine allgemeine Beschreibung der neuen Aufgaben und Anforderungen an den Vorstand bei der digitalen Transformation gibt es in der juristischen Literatur noch nicht, sondern sie lässt sich allenfalls durch Untersuchung der neu entstandenen Vorstandsposition des CDOs finden.
9. Eine Delegation der KI-bezogenen Aufgaben an ein einzelnes Vorstandsmitglied ist rechtlich zulässig, solange der Gesamtleitungsgrundsatz eingehalten wird. Eine solche Geschäftsverteilung ist schriftlich

klar und eindeutig festzulegen, ansonsten gilt der Grundsatz der Gesamtverantwortung.

10. Wenn die KI-bezogenen Aufgaben an ein einzelnes Vorstandsmitglied delegiert werden, sind die anderen Vorstandskollegen verpflichtet, das zuständige Mitglied ordnungsgemäß zu überwachen. Grundsätzlich genügt hier eine laufende Kontrolle in Form von regelmäßiger Berichtserstattung in den Vorstandssitzungen. Die Berichte des für die KI-bezogenen Aufgaben zuständigen Mitglieds müssen für die Vorstandskollegen als technisch Laien nachvollziehbar sein. Wenn Verdachtsmomente über eine sorgfaltswidrige Geschäftsführung des zuständigen Mitglieds bestehen, wie z.B. wegen der IT-Risiken, kann eine aktive Intervention der Vorstandskollegen geboten sein.

Teil 5: Vorstandspflichten beim KI-Einsatz im Rahmen unternehmerischer Entscheidungen gegenüber den KI-Systemen

11. Auf die Frage, welche Pflichten den Vorstandsmitgliedern in Bezug auf die KI-Systeme obliegen, wenn diese bei der Vornahme unternehmerischer Entscheidungen eingesetzt werden, kann man zwar im Aktienrecht noch keine Antwort finden, doch können die Delegationsgrundsätze aus dem Deliktsrecht in Gestalt der Verhaltenspflichten des Übertragendem gegenüber dem Übernehmenden eine Orientierungshilfe bieten. Danach ist der Übertragende verpflichtet, einen geeigneten Delegatar auszuwählen, ihm die erforderlichen Anweisungen zu geben und seine Tätigkeit sorgfältig zu überwachen.
12. Neben den deliktsrechtlichen Delegationsgrundsätzen können zudem die Ision-Kriterien, die die Verhaltensvorgaben des Vorstands bei Informationsbeschaffung durch Dritte konkretisieren, auf die Fälle des KI-Einsatzes im Rahmen unternehmerischer Entscheidungen übertragen werden. Anders als die sehr begrenzte Übertragbarkeit der deliktsrechtlichen Delegationsgrundsätze, die nur dem Rechtsgedanken nach übertragbar sind, gelten die Ision-Kriterien unmittelbar für die KI-Delegation bei unternehmerischen Entscheidungen. Allerdings müssen die konkreten Anforderungen an die Besonderheiten des KI-Systems angepasst werden.
13. In der Phase der Auswahl von KI-Systemen haben die Vorstandsmitglieder zunächst zu überlegen, ob der KI-Einsatz dem Unternehmen mehr Nutzen als Kosten bringen wird und daher ein KI-System eingeführt werden soll. Nach der Entscheidung über die KI-Einführung trifft die Vorstandsmitglieder die Pflicht, ein fachlich qualifiziertes und zuverlässiges KI-System auszuwählen. Bei der Beurteilung der „fachlichen Qualifikation“ gibt es heute zwar noch keine festgeleg-

ten Standards. Aber wenn der Vorstand vernünftigerweise annehmen durfte, dass ein bestimmtes KI-System auf der Grundlage angemessener Informationen zum Wohl der Gesellschaft ausgewählt zu haben, liegt keine Verletzung der Auswahlpflicht vor. Die konkrete KI-Auswahl ist stets delegierbar und die Vorstandsmitglieder brauchen diese nicht selbst durchzuführen.

14. Bei der Delegation der Arbeiten bezüglich der unternehmerischen Entscheidungen an KI-Systeme obliegt dem Vorstand auch eine Einweisungspflicht. Da die KI-Analyse von Big Data angetrieben ist und die Einweisung an die KI-Systeme in Form von Dateneingabe erfolgt, haben die Vorstandsmitglieder besonders die datenschutzrechtlichen Regelungen zu beachten. Im Hintergrund von Big Data und KI-Analyse gerät die Verarbeitung der personenbezogenen Daten leicht in rechtliche Konflikte zu den Grundsätzen des Datenschutzrechts, wie dem Zweckbindungsgrundsatz und dem Datenminimierungsgrundsatz. Dabei hat die Einhaltung der gesetzlichen Regelungen immer den Vorrang; Verstöße gegen die Vorschriften der DSGVO und somit gegen die Legalitätspflicht können nicht dadurch gerechtfertigt werden, dass sie im Interesse der Gesellschaft lägen.
15. Das Problem, dass die rechtlich verfügbaren Datensätze für die Erzeugung guter KI-Analyseergebnisse nicht ausreichend sind, kann durch die Anonymisierungstechnik gelöst wird. Daneben kann sich die Rechtsmäßigkeit der Datenverarbeitung auch aus den berechtigten Interessen des Unternehmens ergeben, sofern die Rechten der betroffenen Person nicht überwiegen.
16. Die Einweisungspflicht verlangt weiterhin, dass die eingegebenen Daten richtig und vollständig sind. Grundsätzlich können die Vorstandsmitglieder auf die Richtigkeit und Vollständigkeit der Eingabedaten vertrauen, sofern diese bereits sorgfältig aufbereitet wurden und dabei keine erkennbaren Lücken oder Fehler vorliegen. Eine Delegation der konkreten Datenerhebung und Datenaufbereitung an IT-Experten und KI-Tools ist nicht nur rechtlich zulässig, sondern auch in der Praxis notwendig.
17. Dem Vorstand obliegt beim KI-Einsatz im Rahmen unternehmerischer Entscheidungen auch eine Überwachungspflicht. Diese Überwachungspflicht kann in zwei Teile, nämlich die formale Prüfung und die inhaltliche Prüfung, unterteilt werden. Die formale Prüfung betrifft vor allem die Einweisungspflicht, d.h. die Prüfung der Frage, ob die Eingabedaten vollständig, richtig und auf dem neuesten Stand sind.

18. Bei der inhaltlichen Prüfung sollen die Vorstandsmitglieder untersuchen, ob das KI-Analyseergebnis für sie nachvollziehbar ist oder ob es nur ein Gefälligkeitsgutachten darstellt. Bezüglich der Nachvollziehbarkeit muss man beachten, dass das Verfahren des maschinellen Lernens oft wie eine Black Box erscheint und der Benutzer weiß nicht, wie das KI-System zu seinem Arbeitsergebnis kommt. Das Nachvollziehbarkeitserfordernis verlangt zum einen die Erklärbarkeit der KI-Analyse und zum anderen die Beherrschung algorithmischer Grundkenntnisse seitens der Vorstandsmitglieder.
19. Bei der Gefälligkeitsprüfung haben die Vorstandsmitglieder neben der Gefälligkeit der KI-Analyseergebnisse auch das Diskriminierungsproblem der KI-gestützten Datenanalyse zu beachten. Um eine diskriminierungsfreie KI-Analyse zu gewährleisten, muss der Vorstand in der Auswahlphase ein „zuverlässiges" KI-System auswählen, bei der Einweisung die Eingabedaten sorgfältig aufbereiten und bei der Plausibilitätsprüfung die diskriminierende KI-Analyse manuell korrigieren.
20. Die Intensität der Plausibilitätsprüfung der KI-Analyseergebnisse ist eine Einzelfallfrage. Die konkreten Arbeiten der Überprüfung können an Dritte (wie z.B. IT-Experten) delegiert werden. Die Vorstandsmitglieder dürfen aber nicht darauf verzichten, sich letztendlich ein eigenes Urteil über die Plausibilität der KI-Ergebnisse zu machen.

Teil 6: Vorstandspflichten beim KI-Einsatz im Rahmen unternehmerischer Entscheidungen: Gewährleistung der IT-Sicherheit

21. Beim KI-Einsatz im Rahmen unternehmerischer Entscheidungen trifft die Vorstandsmitglieder neben der Überwachungspflicht aus der vorstandsinternen Geschäftsverteilung und aus der vertikalen KI-Delegation auch eine Leitungspflicht, IT-Sicherheit der KI-Systeme zu gewährleisten. Diese Pflicht lässt sich aus § 91 Abs. 2 AktG und §§ 93 Abs. 1 S. 1, 76 Abs. 1 AktG herleiten. Für die Finanzdienstleistungsunternehmen stellt das Aufsichtsrecht höhere Anforderungen an die IT-Sicherheit und es enthält ausführlichere Regelungen.
22. Im Hinblick auf die Verhaltensvorgaben der Vorstandsmitglieder gibt es im Aktiengesetz keine konkreten Anforderungen über die Gewährleistung der IT-Sicherheit. Die ausführlichen aufsichtsrechtlichen Regelungen über das IT-Risikomanagement dürfen nicht pauschal auf das Aktienrecht übertragen werden. Auch ist eine analoge Anwendung von § 80 Abs. 2 WpHG abzulehnen. Doch besteht die Möglichkeit, dass die aufsichtsrechtlichen Vorgaben zur Konkretisierung und Auslegung der aktienrechtlichen Regelungen „mit erheblichen Abstrichen" herangezogen werden können.

23. In der Praxis gibt es bereits Standards, die die IT-Sicherheit-bezogenen Maßnahmen detailliert beschreiben. Ob und inwieweit der Vorstand beim Ergreifen konkreter IT-Sicherheitsmaßnahmen diese Standards zu beachten hat, bestimmt sich nach den Umständen des jeweiligen Unternehmens. Den Vorstandsmitgliedern steht dabei ein bereiter Ermessensspielraum zu.

Literaturverzeichnis

Armour, John/Eidenmüller, Horst, Selbstfahrende Kapitalgesellschaften?, ZHR 183 (2019), 169.

Arnold, Michael, Verantwortung und Zusammenwirken des Vorstands und Aufsichtsrats bei Compliance-Untersuchungen, ZGR 2014, 76.

Artikel-29-Datenschutzgruppe, Leitlinien zu automatisierten Entscheidungen im Einzelfall einschließlich Profiling für die Zwecke der Verordnung 2016/679, 6. Februar 2018.

Bachmann, Gregor, Die Haftung des Geschäftsleiters für die Verschwendung von Gesellschaftsvermögen, NZG 2013, 1121.

–, Das „vernünftige“ Vorstandsmitglied – Zum richtigen Verständnis der deutschen Business Judgment Rule (§ 93 Abs. 1 Satz 2 AktG), in: Habersack, Mathias/Huber, Karl/Spindler, Gerald (Hrsg.), Festschrift für Eberhard Stilz zum 65. Geburtstag, München 2014, S. 25.

–, Zehn Thesen zur deutschen Business Judgment Rule, WM 2015, 105.

Bartuschka, Wolfram, Compliance durch und bei der Digitalisierung – neue Chancen und Herausforderungen, BB 2020, 941.

Baums, Theodor, Risiko und Risikosteuerung im Aktienrecht, ZGR 2011, 218.

Baur, Alexander, Zur privilegierenden Wirkung der Business Judgment Rule bei Schaffung einer angemessenen Informationsgrundlage: Haften unbefangene Vorstandsmitglieder im Rahmen unternehmerischer Entscheidungen nur für grobe Fehler?, AG 2017, 597.

Becker, Marcus/Pordzik, Philipp, Digitalisierte Unternehmensführung, ZfPW 2020, 334.

Beck-Online Großkommentar AktG (Hrsg.: Henssler, Martin/Gerald, Spindler/Stilz, Eberhard), München 2021; zit.: *Bearbeiter*, in: BeckOGK AktG.

Beck'sche Kompakt-Kommentare Datenschutz-Grundverordnung Bundesdatenschutzgesetz (Hrsg.: Paal, Boris P./Pauly, Daniel A.), 3. Auflage, München 2021; zit.: *Bearbeiter*, in: Paal/Pauly, DS-GVO.

Beck'scher Online-Kommentar BGB (Hrsg.: Hau, Wolfgang/Poseck, Roman), 56. Edition, München 2020; zit.: *Bearbeiter*, in: BeckOK BGB.

Beck'scher Online-Kommentar Datenschutzrecht (Hrsg.: Brink, Stefan/Wolff, Heinrich Amadeus), 33. Edition, München 2020; zit.: *Bearbeiter*, in: BeckOK Datenschutzrecht.

Behling, Thorsten B., Die datenschutzrechtliche Compliance-Verantwortung der Geschäftsleitung, ZIP 2017, 697.

Behme, Caspar/Zickgraf, Peter, Rechtspflichten des Aufsichtsrats bei der Auswahl geeigneter Mitglieder von Vorstand und Aufsichtsrat, AG 2015, 841.

Berenbrok, Maximilian, Risikomanagement im Aktienrecht: Mit bank- und versicherungsaufsichtsrechtlichen sowie betriebswirtschaftlichen Grundlagen, Dissertation, Hamburg 2016; zit.: *Berenbrok*, Risikomanagement im Aktienrecht.

Berger, Victoria Anna, Vorstandshaftung und Beratung: Ision-Kriterien, unternehmerische Entscheidung und Legal Judgment Rule, Dissertation, Mannheim 2015; zit.: *Berger*, Vorstandshaftung und Beratung.

Beste, Dieter, Künstliche Intelligenz für die Produktion, Springer Professional vom 05.12.2018, abrufbar unter https://www.springerprofessional.de/produktion---produktionstechnik/kuenstliche-intelligenz/kuenstliche-intelligenz-fuer-die-produktion/16315710 (zuletzt abgerufen am 30.10.2021).

Bicker, Eike, Compliance – organisatorische Umsetzung im Konzern, AG 2012, 542, 543.

Binder, Jens-Hinrich, „Prozeduralisierung" und Corporate Governance – Innerbetriebliche Entscheidungsvorbereitung und Prozessüberwachung als Gegenstände gesellschaftsrechtlicher Regulierung – Entwicklungslinien und Perspektiven, ZGR 2007, 745.

–, Geschäftsleiterhaftung und fachkundiger Rat, AG 2008, 274.

Blasche, Sebastian, Die Mindestanforderungen an ein Risikofrüherkennungs- und Überwachungssystem nach § 91 Abs. 2 AktG,CCZ 2009, 62.

Blue Yonder, Replenishment und Price Optimization bei OTTO, abrufbar unter https://docplayer.org/113500278-Replenishment-und-price-optimization-bei-otto.html (zuletzt abgerufen am 30.10.2021).

Boeselager, Friedrich von, Der Chief Digital Officer: Die Schlüsselposition für eine erfolgreiche Digitalisierungsstrategie, Wiesbaden 2018; zit.: *Boeselager*, Der Chief Digital Officer.

Buck-Heeb, Petra, Vertrauen auf den Rechtsrat Dritter und Wissenszurechnung bei der Anlageberatung, BKR 2011, 441.

Bundesanstalt für Finanzdienstleistungsaufsicht (BaFin), Big Data trifft auf Künstliche Intelligenz, 15.6.2018.

Bundesamt für Sicherheit in der Informationstechnik (BSI), Leitfaden Informationssicherheit: IT-Grundschutz kompakt, Februar 2012.

Bundesverband Informationswirtschaft, Telekommunikation und neue Medien e.V. (Bitkom), Big Data und Geschäftsmodell-Innovationen in der Praxis: 40+ Beispiele, 2015, abrufbar unter https://www.bitkom.org/151229-Big-Data-und-GM-Innovationen.pdf (zuletzt abgerufen am 30.10.2021).

–, Leitlinien für den Big-Data-Einsatz Chancen und Verantwortung, 2015, abrufbar unter https://www.bitkom.org/sites/default/files/file/import/150901-Bitkom-Positionspapier-Big-Data-Leitlinien.pdf (zuletzt abgerufen am 30.10.2021).

–, Künstliche Intelligenz: Wirtschaftliche Bedeutung, gesellschaftliche Herausforderungen, menschliche Verantwortung, 2017, abrufbar unter https://www.bitkom.org/171012-KI-Gipfelpapier-online.pdf (zuletzt abgerufen am 30.10.2021).

–, Machine Learning und die Transparenzanforderungen der DS-GVO, 2018, abrufbar unter https://www.bitkom.org/sites/default/files/file/import/180926-Machine-Learning-und-DSGVO.pdf (zuletzt abgerufen am 30.10.2021).

–, Empfehlungen für den verantwortlichen Einsatz von KI und automatisierten Entscheidungen: Corporate Digital Responsibility and Decision Making, 2018, abrufbar unter https://www.bitkom.org/sites/default/files/file/import/180202-Empfehlungskatalog-online-2.pdf (zuletzt abgerufen am 30.10.2021).

–, Bitkom Digital Office Index 2018: Eine Studie zur Digitalisierung von Büro- und Verwaltungsprozessen in deutschen Unternehmen, 2018, abrufbar unter https://www.bitkom.org/sites/default/files/file/import/180813-Studienbericht-Bitkom-Digital-Office-Index-2018.pdf (zuletzt abgerufen am 30.10.2021).

Burridge, Nicky, Artificial intelligence gets a seat in the boardroom, Nikkei Asia vom 10.05.2017, abrufbar unter https://asia.nikkei.com/Artificial-intelligence-gets-a-seat-in-the-boardroom (zuletzt abgerufen am 30.10.2021).

Bürkle, Jürgen, Aufsichtsrechtliches Legal Judgment: Sachlicher Anwendungsbereich und prozedurale Voraussetzungen, VersR 2013, 792.

Cahn, Andreas, Business Judgment Rule und Rechtsfragen, Der Konzern 2015, 105.

Cao, Jianfeng, Top 10 Trends in "Law + Artificial Intelligence", All China Lawyers Association vom 17.08.2017, abrufbar unter http://www.acla.org.cn-article-page/detailById/20838 (zuletzt abgerufen am 30.10.2021).

China Institute for Science and Technology Policy at Tsinghua University (CISTP), Report of AI Development in China 2018, Juli 2018.

Deloitte, Künstliche Intelligenz für eine neue Dimension der Entscheidungsfindung Entscheidungsfindung: Wie kann KI in der Praxis einen Mehrwert für Unternehmen schaffen?, abrufbar unter https://www2.deloitte.com-de-de-pages/technology-media-and-telecommunications/articles/kuenstliche-intelligenz-ki.html (zuletzt abgerufen am 30.10.2021).

Deloitte Development LLC (Deloitte), State of AI in the Enterprise: Early adopters combine bullish enthusiasm with strategic investments, 2018, abrufbar unter https://www2.deloitte.com/content/dam/insights/us/articles/4780_State-of-AI-in-the-enterprise/DI_State-of-AI-in-the-enterprise-2nd-ed.pdf (zuletzt abgerufen am 30.10.2021); zit.: *Deloitte*, State of AI in the Enterprise.

–, Thriving in the era of pervasive AI: Deloitte's State of AI in the Enterprise, 2020, abrufbar unter https://www2.deloitte.com/content/Deloitte/cn/Documents-deloitte-cn-dtt-thriving-in-the-era-of-persuasive-ai-en-200819.pdf (zuletzt abgerufen am 30.10.2021).

Deloitte MCS Limited (Deloitte), Organize for Digital – the CIO/CDO relationship, 2018, abrufbar unter https://www2.deloitte.com/Deloitte/uk-Documents-consultancy-deloitte-uk-organise-for-digital-cio-cdo-relationship.pdf (zuletzt abgerufen am 30.10.2021).

Deloitte Touche Tohmatsu Limited (Deloitte), Digital Effectiveness: Der Weg von Factory IT zur Right-Speed IT, 2017, abrufbar unter https://www2.deloitte.com/content/dam/Deloitte/de/Documents/technology/Fast%20IT%20Brosch%C3%BCre%20EN.pdf (zuletzt abgerufen am 30.10.2021).

–, State of AI in the Enterprise: Ergebnisse der Befragung von 100 AI-Experten in deutschen Unternehmen, 2019, abrufbar unter https://www2.deloitte.com/content/dam/Deloitte/de/Documents/technology-media-telecommunications/State%20of%20AI%202019%20Studie.pdf (zuletzt abgerufen am 30.10.2021); zit.: *Deloitte*, State of AI in deutschen Unternehmen.

Die Bundesregierung, Eckpunkte der Bundesregierung für eine Strategie Künstliche Intelligenz, 18. Juli 2018.

–, Strategie Künstliche Intelligenz der Bundesregierung, November 2018.

Djeffal, Christian, IT-Sicherheit 3.0: Der neue IT-Grundschutz – Grundlagen und Neuerungen unter Berücksichtigung des Internets der Dinge und Künstlicher Intelligenz, MMR 2019, 289.

Dorschel, Joachim, Praxishandbuch Big Data, Wiesbaden 2018.

Dorschel, Joachim/Nauerth, Philipp, Big Data und Datenschutz – ein Überblick über die rechtlichen und technischen Herausforderungen, Wirtschaftsinformatik & Management 2013, 32.

Dreher, Meinrad, Die persönliche Verantwortlichkeit von Geschäftsleitern nach außen und die innergesellschaftliche Aufgabenteilung, ZGR 1992, 22.

–, Ausstrahlungen des Aufsichtsrechts auf das Aktienrecht – Unter besonderer Berücksichtigung des Risikomanagement, ZGR 2010, 496.

Erfurter Kommentar zum Arbeitsrecht, Gesetz über die Mitbestimmung der Arbeitnehmer (Hrsg.: Müller-Glöge, Rudi/Preis, Ulrich/Schmidt, Ingrid), 21. Auflage, München 2021; zit.: *Bearbeiter*, MitbestG.

Ernst & Young Management Consulting GmbH, Think beyond tomorrow: Künstliche Intelligenz und die Neuordnung der Wirtschaft, 2018, abrufbar unter https://assets.ey.com/content/dam/ey-sites/ey-com/de_de/topics/ai/ey-think-beyond-tomorrow-edition-1.pdf?download (zuletzt abgerufen am 30.10.2021).

Executive Office of the President National Science and Technology Council Committee on Technology (NSTC), Preparing for the future of artificial intelligence, 2016.

Fleischer, Holger (Hrsg.), Handbuch des Vorstandsrechts, München 2006.

–, Die „Business Judgment Rule“ im Spiegel von Rechtsvergleichung und Rechtsökonomie, in: Wank, Rolf/Hirte, Heribert/Frey, Kaspar/ Fleischer, Holger/Thüsing, Gregor (Hrsg.), Festschrift für Herbert Wiedemann zum 70. Geburtstag, München 2002, S. 827.

–, Zur Leitungsaufgabe des Vorstands im Aktienrecht, ZIP 2003, 1.

–, Zum Grundsatz der Gesamtverantwortung im Aktienrecht, NZG 2003, 449.

–, Corporate Compliance im aktienrechtlichen Unternehmensverbund, CCZ 2008, 1.

–, Haftung des herrschenden Unternehmens im faktischen Konzern und unternehmerisches Ermessen (§§ 317 II, 93 I AktG) – Das UMTS-Urteil des BGH, NZG 2008, 371.

–, Vertrauen von Geschäftsleitern und Aufsichtsratsmitgliedern auf Informationen Dritter, ZIP 2009, 1397.

–, Aktuelle Entwicklungen der Managerhaftung, NJW 2009, 2337.

–, Vorstandshaftung und Vertrauen auf anwaltlichen Rat, NZG 2010, 121.

–, Rechtsrat und Organwalterhaftung im Gesellschafts- und Kapitalmarktrecht, in: Kindler, Peter/Koch, Jens/Ulmer, Peter/Winter, Martin (Hrsg.), Festschrift für Uwe Hüffer zum 70. Geburtstag, München 2010, S. 187.

–, Das unternehmerische Ermessen des GmbH-Geschäftsführers und seine GmbH-spezifischen Grenzen, NZG 2011, 521.

–, Aktienrechtliche Compliance-Pflichten im Praxistest: Das Siemens/Neubürger-Urteil des LG München I, NZG 2014, 321.

Fraunhofer-Allianz Big Data (Fraunhofer), Zukunftsmarkt Künstliche Intelligenz: Potenziale und Anwendungen, 2017, abrufbar unter https://www.bigdata-ai.fraunhofer.de/content/dam/bigdata/de/documents/Publikationen/KI-Potenzialanalyse_2017.pdf (zuletzt abgerufen am 30.10.2021).

–, Künstliche Intelligenz in Deutschland: Ein systematischer Katalog von Anwendungen des maschinellen Lernens, 2018, abrufbar unter https://www.bigdata-ai.fraunhofer.de/content/dam/bigdata/de/documents/Publikationen/Studie_KI_in_De_20181107.pdf (zuletzt abgerufen am 30.10.2021).

Fraunhofer-Gesellschaft zur Förderung der angewandten Forschung e.V. (Fraunhofer), Maschinelles Lernen: Eine Analyse zu Kompetenzen, Forschung und Anwendung, 2018, abrufbar unter https://www.bigdata-ai.fraunhofer.de/content/dam/bigdata/de/documents/Publikationen/Fraunhofer_Studie_ML_201809.pdf (zuletzt abgerufen am 30.10.2021).

Fraunhofer-Institut für sichere Informationstechnologie (Fraunhofer), Begleitpapier Bürgerdialog: Chancen durch Big Data und die Frage des Privatsphärenschutzes, 2015, abrufbar unter https://www.sit.fraunhofer.de/fileadmin/dokumente/studien_und_technical_reports/Big-Data-Studie2015_FraunhoferSIT.pdf (zuletzt abgerufen am 30.10.2021).

Freitag, Robert/Korch, Stefan, Die Angemessenheit der Information im Rahmen der Business Judgment Rule (§ 93 Abs. 1 Satz 2 AktG), ZIP 2012, 2281.

Geminn, Christian, Die Regulierung Künstlicher Intelligenz – Anmerkungen zum Entwurf eines Artificial Intelligence Act, ZD 2021, 354.

Gentsch, Peter, Künstliche Intelligenz für Sales, Marketing und Service: Mit AI und Bots zu einem Algorithmic Business – Konzepte, Technologien und Best Practices, Wiesbaden 2018; zit.: *Gentsch*, Künstliche Intelligenz für Sales, Marketing und Service.

Goette, Wulf, Organisationspflichten in Kapitalgesellschaften zwischen Rechtspflicht und Opportunität, ZHR 175 (2011), 388.

Gottschalk, Eckart/Weng, Andreas, Was ist bei der Inanspruchnahme rechtlicher Beratung zu beachten? Ein Leitfaden für Geschäftsleiter, GWR 2013, 243.

Graumann, Matthias, Gesellschaftsrechtliche Anforderungen an die Informationsgrundlage unternehmerischer Entscheidungen – Versuch einer Konkretisierung unter Einbeziehung betriebswirtschaftlicher Erkenntnisse, CCZ 2010, 222.

Grigoleit, Hans Christoph (Hrsg.), Aktiengesetz: Kommentar, 2. Auflage, München 2020; zit.: *Bearbeiter*, in: *Grigoleit*, Aktiengesetz.

Groome, Charles, Deep Knowledge Venture's Appoints Intelligent Investment Analysis Software VITAL as Board Member, PRWeb vom 13.05.2014, abrufbar unter https://www.prweb.com/releases/2014/05/prweb11847458.htm (zuletzt abgerufen am 30.10.2021).

Großkommentar AktG (Hrsg.: Hirte, Heribert/Mülbert, Peter O./Roth, Markus), 5. Auflage, Berlin 2016; zit.: *Bearbeiter*, in: Großkommentar AktG.

Habersack, Mathias, Die Legalitätspflicht des Vorstands der AG, in: Ulrich Burgard/Walther Hadding/Peter O. Mülbert/Michael Nietsch/Reinhard Welter (Hrsg.), Festschrift für Uwe. H. Schneider zum 70. Geburtstag, Köln 2011, S. 429.

Habersack, Mathias/Henssler, Martin, Mitbestimmungsrecht, 4. Auflage, München 2018; zit.: *Bearbeiter*, in: Mitbestimmungsrecht.

Hahn, Christopher/Naumann, Daniel, Organhaftung trotz sachverständiger Beratung – Entscheidungskonflikte zwischen dem „Gebot des sichersten Weges“ und unternehmerischer Wagnis, CCZ 2013, 156.

Harbarth, Stephan, Unternehmensorganisation und Vertrauensgrundsatz im Aktienrecht, ZGR 2017, 211.

Harvey Nash/KPMG, CIO Survey 2018: The Transformational CIO, 2018, abrufbar unter https://assets.kpmg/content/dam/kpmg/xx/pdf/2018/06/harvey-nash-kpmg-cio-survey-2018.pdf (zuletzt abgerufen am 30.10.2021).

Hauschka, Christoph E./Moosmayer, Klaus/Lösler, Thomas, Corporate Compliance – Handbuch der Haftungsvermeidung im Unternehmen, 3. Auflage, München 2016; zit.: *Bearbeiter*, in: Hauschka, Corporate Compliance.

Henze, Hartwig, Leitungsverantwortung des Vorstands – Überwachungspflicht des Aufsichtsrats, BB 2000, 209.

High Level Expert Group on Artificial Intelligence, A definition of AI: Main capabilities and scientific disciplines, abrufbar unter https://ec.europa.eu-newsroom/document.doc (zuletzt abgerufen am 30.10.2021).

Hill, Hermann/Martini, Mario/Wagner, Edgar (Hrsg.), Die digitale Lebenswelt gestalten, Baden-Baden 2015; zit.: *Bearbeiter*, in: Die digitale Lebenswelt gestalten.

Hoch, Veronica R. S., Anwendung Künstlicher Intelligenz zur Beurteilung von Rechtsfragen im unternehmerischen Bereich: Zulässigkeit, Grenzen und Haftungsfragen beim Einsatz von Legal Robots, AcP 219 (2019), 646.

Hoffmann-Riem, Wolfgang, Big Data – Regulative Herausforderungen, Baden-Baden 2018.

Homburg, Christian, Grundlagen des Marketingmanagements: Einführung in Strategie, Instrumente, Umsetzung und Unternehmensführung, 6. Auflage, Wiesbaden 2020; zit.: *Homburg*, Grundlagen des Marketingmanagements.

Hölters, Wolfgang (Hrsg.), Aktiengesetz: Kommentar, 3. Auflage, München 2017; zit.: *Bearbeiter*, in: Hölters, AktG.

Hüffer, Uwe, Die leitungsbezogene Verantwortung des Aufsichtsrats, NZG 2007, 47.

Hüffer, Uwe/Koch, Jens (Hrsg.), Beck'sche Kurzkommentare: Aktiengesetz, 14. Auflage, München 2020; zit.: *Bearbeiter*, in: Hüffer/Koch, AktG.

IBM Corporation, From business insight to business action: Combining the power of IBM Predictive Analytics and IBM Decision Optimization, 2015, abrufbar unter https://www.ibm.com/downloads/cas/KXLY1L7E (zuletzt abgerufen am 30.10.2021).

Ihrig, Hans-Christoph, Reformbedarf beim Haftungstatbestand des § 93 AktG, WM 2004, 2098.

Jung, Robert/Janiec, Steven, Warum CDOs unbequem sein sollten und sich bestenfalls selbst abschaffen, Ernst & Young vom 08.09.2020, abrufbar unter https://www.ey.com/de_de/digital/warum-cdos-unbequem-sein-sollten-und-sich-bestenfalls-selbst-abschaffen (zuletzt abgerufen am 30.10.2021).

Junker, Claudia/Biederbick, Jörn, Die Unabhängigkeit des Unternehmensjuristen – Dürfen Organmitglieder auf den Rat der Rechtsabteilung hören?, AG 2012, 898.

Jürgen, Gehb/Heckelmann, Martin, Haftungsfreistellung von Vorständen, ZRP 2005, 145.

Kauer, Dorothee, Die Informationsbeschaffungspflicht des Vorstands einer AG: Ein Beitrag zur angemessenen Informationsgrundlage innerhalb und außerhalb der business judgment rule, Dissertation, Regensburg 2015; zit.: *Kauer*, Die Informationsbeschaffungspflicht des Vorstands einer AG.

Kiefner, Alexander/Krämer, Lutz, Geschäftsleiterhaftung nach Ision und das Vertrauendürfen auf Rechtsrat – Plädoyer für eine Anwendung der Rechtsprechungsgrundsätze mit Augenmaß, AG 2012, 498.

Klöhn, Lars, Geschäftsleiterhaftung und unternehmensinterner Rechtsrat, DB 2013, 1535.

Koch, Jens, Das Gesetz zur Unternehmensintegrität und Modernisierung des Anfechtungsrechts (UMAG), ZGR 2006, 769.

–, Die Anwendung der Business Judgment Rule bei Interessenkonflikten innerhalb des Vorstands, in: Joost, Detlev/Oetker, Hartmut/Marian, Paschke (Hrsg.), Festschrift für Franz Jürgen Säcker zum 70. Geburtstag, München 2011, S. 403.

Kocher, Dirk, Zur Reichweite der Business Judgment Rule, CCZ 2009, 215.

Kock, Martin/Dinkel, Renate, Die zivilrechtliche Haftung von Vorständen für unternehmerische Entscheidungen – Die geplante Kodifizierung der Business Judgment Rule im Gesetz zur Unternehmensintegrität und Modernisierung des Anfechtungsrechts, NZG 2004, 441.

KPMG AG Wirtschaftsprüfungsgesellschaft (KPMG), Der Chief Digital Officer – Phantom oder Wegbereiter?, 2016, abrufbar unter https://hub.kpmg.de/chief-digital-officer (zuletzt abgerufen am 30.10.2021).

KPMG Holding AG/SA (KPMG), Clarity on Digitale Transformation in der Schweiz, 2014, abrufbar unter https://assets.kpmg/content/dam/kpmg/pdf/2016/04/ch-clarity-on-digital-transformation-in-switzerland-de.pdf (zuletzt abgerufen am 30.10.2021).

Krause, Nils, Managerhaftung und Strategien zur Haftungsvermeidung, BB 2009, 1370.

Krieger, Gerd, Wie viele Rechtsberater braucht ein Geschäftsleiter? – Ein kritischer Zwischenruf zu Strohn ZHR 176 (2012), 137, ZGR 2012, 496.

Leeser, Daniel Christian, Digitalisierung in KMU kompakt: Compliance und IT-Security, Berlin 2020; zit.: *Leeser*, Digitalisierung in KMU kompakt.

Lernende Systeme – Die Plattform für Künstliche Intelligenz (Hrsg.), Künstliche Intelligenz und Diskriminierung: Herausforderungen und Lösungsansätze, 2019, abrufbar unter https://www.plattform-lernende-systeme-de/publikationen-details/kuenstliche-intelligenz-und-diskriminierung-herausforderungen-und-loesungsansaetze-html-file-files-Downloads-Publikationen-AG3-Whitepaper-250619.pdf (zuletzt abgerufen am 30.10.2021).

–, Künstliche Intelligenz und IT-Sicherheit: Bestandsaufnahme und Lösungsansätze, 2019, abrufbar unter https://www.plattform-lernende-systeme.de/files-Downloads-Publikationen-20190403-Whitepaper-AG3-final.pdf (zuletzt ab gerufen am 30.10.2021).

Linardatos, Dimitrios, Künstliche Intelligenz und Verantwortung, ZIP 2019, 504.

Liu, Haiou/Sun, Jingjing/Sun, Yanyuan/Zhang, Yaming, Literature Review of Persona at Home and Abroad, Information studies: Theory & Application Vol. 41 No. 11 (2018), 155.

Lücke, Oliver, Der Einsatz von KI in der und durch die Unternehmensleitung – "Lieutenant Commander Data" on bord oder natural intelligence still needed?, BB 2019, 1986.

McCarthy, John/Minsky, Marvin L./Rochester, Nathaniel /Shannon, Claude E., A Proposal for the Dartmouth Summer Research Project on Artificial Intelligence, vom 31.08.1955, abrufbar unter http://jmc.stanford.edu/articles/dartmouth/dartmouth.pdf (zuletzt abgerufen am 30.10.2021).

McCulloch, Warren S./Pitts, Walter H., A Logical Calculus of the Ideas Immanent in Nervous Activity, Bulletin of Mathematical Biophysics Vol. 5 (1943), 115.

Merkt, Hanno/Mylich, Falk, Einlage eigener Aktien und Rechtsrat durch den Aufsichtsrat – Zwei aktienrechtliche Fragen im Lichte der ISION-Entscheidung des BGH, NZG 2012, 525.

Meyer, Andreas, Finanzmarktkrise und Organhaftung, CCZ 2011, 41.

Microsoft, The Future Computed: Artificial Intelligence and its role in society, 2018, abrufbar unter https://news.microsoft.com/uploads/2018/02/The-Future-Computed_2.8.18.pdf (zuletzt abgerufen am 30.10.2021).

Moor, James, The Dartmouth College Artificial Intelligence Conference: The Next Fifty Years, AI Magazine Vol. 27 No. 4 (2006), 87.

Möslein, Florian, Digitalisierung im Gesellschaftsrecht: Unternehmensleitung durch Algorithmen und künstliche Intelligenz?, ZIP 2018, 204.

Müller, Hans-Friedrich, Geschäftsleiterhaftung und Vertrauen auf fachkundigen Rat, DB 2014, 1301.

Münchener Handbuch des Gesellschaftsrechts, Band 4 Aktiengesellschaft (Hrsg.: Hoffmann-Becking, Michael), 5. Auflage, München 2020; zit.: *Bearbeiter*, in: Münchener Handbuch des Gesellschaftsrechts, Band 4.

Münchener Kommentar zum Aktiengesetz, Band 2 (§§ 76 – 117) (Hrsg.: Goette, Wulf/Habersack, Mathias), 5. Auflage, München 2019; zit.: *Bearbeiter*, in: MüKo AktG.

Münchener Kommentar zum Bürgerlichen Gesetzbuch, Band 7 (§§ 705 – 853) (Hrsg.: Säcker, Franz Jürgen/Rixecker, Roland/Oetker, Hartmut/Limperg, Bettina), 8. Auflage, München 2020; zit.: *Bearbeiter*, in: MüKo BGB.

Nilsson, Nils J., The Quest for Articial Intelligence: A History of Ideas and Achievements, Cambridge 2009; zit.: *Nilsson*, The Quest for Articial Intelligence.

Noack, Ulrich, Organisationspflichten und Strukturen kraft Digitalisierung, ZHR 183 (2019), 105.

–, Künstliche Intelligenz und Unternehmensleitung, NZG 2021, 305.

Oppenheim, Robert, Die Pflicht des Vorstands zur Einrichtung einer auf Dauer angelegten Compliance-Organisation – Zugleich Besprechung von LG München I, Urteil vom 10.12.2013, DStR 2014, 1063.

Preußner, Joachim, Deutscher Corporate Governance Kodex und Risikomanagement, NZG 2004, 303.

PricewaterhouseCoopers GmbH Wirtschaftsprüfungsgesellschaft (PwC), Künstliche Intelligenz als Innovationsbeschleuniger im Unternehmen: Zuversicht und Vertrauen in Künstliche Intelligenz, März 2018, abrufbar unter https://www.pwc.de/de/digitale-transformation/ki-als-innovations-beschleuniger-in-unternehmen-white paper.pdf_(zuletzt abgerufen am 30.10.2021).

–, Künstliche Intelligenz in Unternehmen: Eine Befragung von 500 Entscheidern deutscher Unternehmen zum Status quo – mit Bewertungen und Handlungsoptionen von PwC, Februar 2019, abrufbar unter https://www.pwc.de/de/digitale-transformation/kuenstliche-intelligenz/studie-kuenstliche-intelligenz-in-unternehmen.pdf (zuletzt abgerufen am 30.10.2021).

PricewaterhouseCoopers International Limited (PwC), Sizing the prize: What's the real value of AI for your business and how can you capitalise?, 2017, abrufbar unter https://www.pwc.com.au/government/pwc-ai-analysis-sizing-the-prize-report.pdf (zuletzt abgerufen am 30.10.2021).

PwC Strategy& (PwC), The 2019 Chief Digital Officer Study Global Findings, March 2019, abrufbar unter https://www.strategyand.pwc.com/gx/cdo/2019-cdo-study-global-findings.pdf_(zuletzt abgerufen am 30.10.2021).

Qi, Cong/Wu, Jun, Research on the Conceptual Origin and Application of Persona, Journal of Chongqing Jiaotong University Vol. 17 No. 5 (2017), 82.

Qin, Zhongchi/Zhuang, Muni/Guan, Hui/Li, Yong, Analysis of User Portraits in L'OREAL (China) from the Perspective of Big Data, Journal of Changsha University Vol. 32 No. 5 (2018), 44.

Redeke, Julian, Zur gerichtlichen Kontrolle der Angemessenheit der Informationsgrundlage im Rahmen der Business Judgment Rule nach § 93 Abs. 1 Satz 2 AktG, ZIP 2011, 59.

Reinnarth, Jörg/Schuster, Claus/Möllendorf, Jan/Lutz, André, Chefsache Digitalisierung 4.0, Wiesbaden 2018.

Rosner, David, CIO, CDO, or CDIO? As pharma plays digital catch-up, who should lead the charge?, Deloitte vom 13.12.2018, abrufbar unter https://www2.deloitte.com/us/en/blog/health-care-blog/2018/cio-cdo-or-cdio-as-pharma-plays-digital-catch-up-who-should-lead-the-charge.html (zuletzt abgerufen am 30.10.2021).

Russell, Stuart/Norvig, Peter, Artificial Intelligence: A Modern Approach, 3. Auflage, New Jersey 2010.

Sander, Julian/Schneider, Stefan, Die Pflicht der Geschäftsleiter zur Einholung von Rat – Dogmatische Grundlagen und praktische Folgerungen, ZGR 2013, 725.

Sattler, Andreas, Der Einfluss der Digitalisierung auf das Gesellschaftsrecht, BB 2018, 2243.

Schatsky, David/Muraskin, Craig/Gurumurthy, Ragu, Demystifying artificial intelligence: What business leaders need to know about cognitive technologies, Deloitte vom 04.11.2014, abrufbar unter https://www2.deloitte.com/us/en/insights/focus/cognitive-technologies/what-is-cognitive-technology.html (zuletzt abgerufen am 30.10.2021).

Schäfer, Carsten, Die Binnenhaftung von Vorstand und Aufsichtsrat nach der Renovierung durch das UMAG, ZIP 2005, 1253.

Schäfer, Frank A., Vorsatz bei unterlassener Aufklärung über den Erhalt von Rückvergütungen, WM 2012, 1022.

Schiessl, Maximilian, Gesellschafts- und mitbestimmungsrechtliche Probleme der Spartenorganisation (Divisionalisierung), ZGR 1992, 64.

Schlimm, Katrin, Das Geschäftsleiterermessen des Vorstands einer Aktiengesellschaft – die Kodifikation einer "Business Judgment Rule" deutscher Prägung in § 93 Abs. 1 S. 2 AktG, Baden-Baden 2009; zit.: *Schlimm,* Das Geschäftsleiterermessen des Vorstands einer Aktiengesellschaft.

Schmidt-Versteyl, Sarah, Cyber Risks – neuer Brennpunkt Managerhaftung?, NJW 2019, 1637.

Schneider, Uwe H., Anwaltlicher Rat zu unternehmerischen Entscheidungen bei Rechtsunsicherheit, DB 2011, 99.

Selter, Wolfgang, Haftungsrisiken von Vorstandsmitgliedern bei fehlendem und von Aufsichtsratsmitgliedern bei vorhandenem Fachwissen, AG 2012, 11.

Singh, Anna/Barthel, Philipp/Hess, Thomas, Der CDO Als Komplement Zum CIO, Wirtschaftsinformatik & Management 2017, 38.

Spindler, Gerald, Prognosen im Gesellschaftsrecht, AG 2006, 677.

–, Haftung der Geschäftsführung für IT-Sachverhalte – Die Verantwortung für spezifische IT-Fragen und Compliance bei Datenschutz und IT-Sicherheit mit besonderem Blick auf die Haftung der Organe, CR 2017, 715.

–, Gesellschaftsrecht und Digitalisierung, ZGR 2018, 17.

–, Zukunft der Digitalisierung – Datenwirtschaft in der Unternehmenspraxis, DB 2018, 41.

Spindler, Gerald/Seidel, Andreas, Die zivilrechtlichen Konsequenzen von Big Data für Wissenszurechnung und Aufklärungspflichten, NJW 2018, 2153.

Spindler, Gerald/Stilz, Eberhard, Kommentar zum Aktiengesetz, 4. Auflage, München 2019; zit.: *Bearbeiter,* in: Spindler/Stilz, AktG.

Stanford University, Artificial Intelligence and life in 2030, 2016, abrufbar unter https://ai100.stanford.edu/sites/default/files/ai_100_report_0831fnl.pdf (zuletzt abgerufen am 30.10.2021).

Steber, Tobias, Die Weiterentwicklung der Rechtsprechung zur Enthaftung von Vorstandsmitgliedern bei Einholung von Rechtsrat, DStR 2015, 2391.

Strohn, Lutz, Beratung der Geschäftsleitung durch Spezialisten als Ausweg aus der Haftung?, ZHR 176 (2012), 137.

–, Pflichtenmaßstab und Verschulden bei der Haftung von Organen einer Kapitalgesellschaft, CCZ 2013, 177.

Taylor, Jordyn, V.C. Firm Names Robot To Board of Directors, Obsever vom 13.05.2014, abrufbar unter_https://observer.com/2014/05/v-c-firm-names-robot-to-board-of-directors/_(zuletzt abgerufen am 30.10.2021).

The Boston Consulting Group Inc., Building a cyberresilient organization, 2017, abrufbar unter https://image-src.bcg.com/Images/BCG-Building-a-Cyberresilient-Organization-Jan-2017_tcm9-186244.pdf (zuletzt abgerufen am 30.10.2021).

Thümmel, Roderich C., Organhaftung nach dem Referentenentwurf des Gesetzes zur Unternehmensintegrität und Modernisierung des Anfechtungsrechts (UMAG) – Neue Risiken für Manager?, DB 2004, 471.

Turiaux, André/Knigge, Dagmar, Vorstandshaftung ohne Grenzen? – Rechtssichere Vorstands- und Unternehmensorganisation als Instrument der Risikominimierung, DB 2004, 2199.

Turing, Alan Mathison, Computing Machinery and Intelligence, Mind Vol. 59 No. 236 (1950), 433.

Ulmer, Peter, Haftungsfreistellung bis zur Grenze grober Fahrlässigkeit bei unternehmerischen Fehlentscheidungen von Vorstand und Aufsichtsrat?, DB 2004, 859.

Vetter, Eberhard, Drittanstellung von Vorstandsmitgliedern, aktienrechtliche Kompetenzverteilung und Exkulpation des Vorstands bei rechtlicher Beratung, NZG 2015, 889.

Von Staudinger, Julius (Begr.), Kommentar zum Bürgerlichen Gesetzbuch mit Einführungsgesetz und Nebengesetzen, Berlin 2009; zit.: *Bearbeiter*, in: Staudinger BGB.

Wagner, Jens, „Internal Investigations" und ihre Verankerung im Recht der AG, CCZ 2009, 8.

–, Die Rolle der Rechtsabteilung bei fehlenden Rechtskenntnissen der Mitglieder von Vorstand und Geschäftsführung, BB 2012, 651.

–, Legal Tech und Legal Robots in Unternehmen und den diese beratenden Kanzleien: Teil 1: Einsatzbereiche und praktische Folgen, BB 2017, 898.

–, Legal Tech und Legal Robots in Unternehmen und den sie beratenden Kanzleien: Teil 2: Folgen für die Pflichten von Vorstandsmitgliedern bzw. Geschäftsführern und Aufsichtsräten, BB 2018, 1097.

Walchshofer, Manuela/Riedl, René, Der Chief Digital Officer (CDO): Eine empirische Untersuchung, HMD Praxis der Wirtschaftsinformatik Vol. 54 No. 3 (2017), 324.

Weber-Rey, Daniela, Ausstrahlungen des Aufsichtsrechts (insbesondere für Banken und Versicherungen) auf das Aktienrecht – oder die Infiltration von Regelungssätzen?, ZGR 2010, 543.

Weber, Robert/Kiefner, Alexander/Jobst, Stefan, Künstliche Intelligenz und Unternehmensführung, NZG 2018, 1131.

Wicke, Hartmut, Der CEO im Spannungsverhältnis zum Kollegialprinzip – Gestaltungsüberlegungen zur Leitungsstruktur der AG, NJW 2007, 3755.

World Economic Forum, Regional Risks for Doing Business 2019, abrufbar unter http://www3.weforum.org/docs/WEF_Regional_Risks_Doing_Business_report_2019.pdf (zuletzt abgerufen am 30.10.2021).

Zetzsche, Dirk, Corporate Technologies – Zur Digitalisierung im Aktienrecht, AG 2019, 1.

Zolfagharifard, Ellie, Would you take orders from a ROBOT? An artificial intelligence becomes the world's first company director, Daily Mail vom 19.05.2014, abrufbar unter https://www.dailymail.co.uk/sciencetech/article-2632920/Would-orders-ROBOT-Artificial-intelligence-world-s-company-director-Japan.html (zuletzt abgerufen am 30.10.2021).

FSC
www.fsc.org
MIX
Papier | Fördert gute Waldnutzung
FSC® C083411

Kolibri 360 GmbH
Ferdinand-Jühlke-Straße 7
99095 Erfurt, Deutschland
produktsicherheit@kolibri360.de